Eltern von sexuell missbrauchten Kindern

Dr. Dirk Bange, geb. 1963. 1985–1989 Studium der Erziehungswissenschaft in Dortmund. 1992 Promotion. 1992–1996 hauptamtlicher Mitarbeiter bei der Kontakt- und Informationsstelle gegen sexuellen Missbrauch an Mädchen und Jungen Zartbitter Köln. Seit 1996 wissenschaftlicher Mitarbeiter der Behörde für Soziales, Familie, Gesundheit und Verbraucherschutz in Hamburg, derzeit Leiter der Abteilung Familie und Kindertagesbetreuung.

Bibliografische Information der Deutschen Nationalbibliothek
Die Deutsche Nationalbibliothek verzeichnet diese Publikation in der Deutschen Nationalbibliografie; detaillierte bibliografische Daten sind im Internet über http://dnb.d-nb.de abrufbar.

Göttingen · Bern · Wien · Paris · Oxford · Prag · Toronto
Cambridge, MA · Amsterdam · Kopenhagen · Stockholm
Rohnsweg 25, 37085 Göttingen

http://www.hogrefe.de
Aktuelle Informationen · Weitere Titel zum Thema · Ergänzende Materialien

Umschlagabbildung: Gisela Dauster, Rheinbach
Satz: ARThür Grafik-Design & Kunst, Weimar
Gesamtherstellung: Druckerei Kaestner, Rosdorf
Printed in Germany
Auf säurefreiem Papier gedruckt

ISBN 978-3-8017-2357-6

Inhaltsverzeichnis

Einleitung

In meiner Zeit bei der Kontakt- und Informationsstelle gegen sexuellen Missbrauch an Mädchen und Jungen Zartbitter Köln e. V. begegneten mir immer wieder verzweifelte Eltern. Sie waren erschüttert über den sexuellen Missbrauch ihres Kindes und fragten sich, warum sie „es" nicht bemerkt hatten und was sie hätten tun können. Viele Mütter und Väter machten sich Vorwürfe und wurden von Schuldgefühlen gegenüber ihren Kindern geplagt. Gleichzeitig und nicht minder ausprägt war bei ihren Kindern eine große Enttäuschung über ihre nicht missbrauchenden Eltern vorhanden, die bis zu Hassgefühlen gegenüber den Müttern und Vätern reichte. Die Frage „Warum haben Mama und Papa nichts gemerkt und mir nicht geholfen?" quälte viele Mädchen und Jungen regelrecht. Sie wurde von vielen von ihnen als fast oder genauso schlimm erlebt wie der sexuelle Missbrauch selbst. Besonders intensiv waren Trauer, Scham, gegenseitige Schuldvorwürfe, Wut und Hass beim innerfamilialen sexuellen Missbrauch. Die Gefühle und Gedanken der Eltern und Kinder kreisten vielfach um die gleichen Themen und spiegelten sich indirekt. Besonders problematisch war die meist gleichzeitig bestehende Sprachlosigkeit auf beiden Seiten.

Eine solch emotional hoch aufgeladene Situation, über die noch dazu nicht miteinander gesprochen wird, beinhaltet immer das Risiko von Missverständnissen und gegenseitigen Schuldzuweisungen. Diese sind aber letztlich weder für die Eltern noch für die Kinder hilfreich, denn die Bedeutung der nicht missbrauchenden Eltern für die betroffenen Kinder kann gar nicht unterschätzt werden: Eine einfühlsame Unterstützung durch sie ist *der* wirksamste Schutzfaktor gegen die traumatisierende Wirkung sexueller Gewaltwiderfahrnisse.

Seit dieser Zeit bei Zartbitter e. V. und den dort gesammelten Erfahrungen interessiert mich die Rolle der nicht missbrauchenden Eltern beim sexuellen Missbrauch an Mädchen und Jungen. Noch einmal verstärkt wurde mein Interesse, als ich selbst Vater wurde und erlebte, wie Eltern für alles und jedes in Bezug auf ihre Kinder verantwortlich gemacht werden und wie anspruchsvoll die Kindererziehung ist. Letztlich hat es aber mehr als ein Jahrzehnt gedauert, bis ich mit diesem Buch begonnen habe.

In der Literatur findet sich eine ähnlich emotional geführte Debatte über die Mütter sexuell missbrauchter Mädchen und Jungen wie bei den Betroffenen selbst. Die Mütter werden insbesondere beim innerfamilialen sexuellen Missbrauch mit Schuldvorwürfen überhäuft und von den Experten häufig als „stille Partnerin" für den sexuellen Missbrauch mitverantwortlich gemacht. Oftmals ist die Empörung über die Mütter größer als die über die missbrauchenden Väter. Bei einigen Texten gewinnt man gar den Eindruck die „wahren Täter" seien die Mütter. Diese durch Mythen über die „gute Mutter" gespeiste Sichtweise wird manchmal sogar auf Mütter übertragen, deren Kinder außerfamilial sexuell missbraucht werden. Teilweise beruht sie auf irrationalen Argumenten. Es würde mich deshalb nicht wundern, wenn irgendwann z. B. gegenüber den Müttern der in der Odenwaldschule sexuell missbrauchten Jungen der Vorwurf auftaucht, sie hätten ihre Kinder ja nicht in die Obhut dieser Männer geben müssen und sie selbst erziehen können.

Die nicht missbrauchenden Väter werden dagegen bis heute weder beim innerfamilialen Missbrauch durch Großväter, Brüder oder andere Verwandte noch beim außerfamilialen Missbrauch in der Forschung und Literatur berücksichtigt. Was sich in anderen Bereichen der Erziehungs- und Sozialwissenschaften kein Autor[1] mehr traut, nämlich die Väter außen vor zu lassen, ist beim sexuellen Missbrauch an Mädchen und Jungen bis heute normal. Es liegen mittlerweile im englischsprachigen Raum etwa 100 Studien über die Rolle der nicht missbrauchenden Mütter vor. Keine einzige widmet sich den Vätern. Dies liegt vermutlich daran, dass viele bestehende „Mythen" über die Mütter (s. Kapitel 2) als falsch entlarvt werden würden, wenn man die Väter einbezöge. Denn was man den Müttern vorwirft, müsste ja gleichermaßen für die Väter gelten. Einem nicht missbrauchenden Vater aber direkt oder indirekt zu unterstellen, er sei der eigentliche Täter (so wie dies häufig den Müttern vorgeworfen wird) und nicht der Sportlehrer, Geistliche oder Freund der Familie, der das Kind sexuell missbraucht hat, würde jedoch zu Empörung führen. Ein solcher Vorwurf würde mit Sicherheit als Verdrehung der Tatsachen bewertet und scharf zurückgewiesen werden.

Keineswegs sollen jedoch die nicht missbrauchenden Eltern durch dieses Buch von jeder Verantwortung freigesprochen werden. Die Eltern sind verantwortlich für den Schutz ihrer Kinder. Dieser Aufgabe sind sie nicht gerecht geworden, wenn ihr Kind sexuell missbraucht worden ist. An dieser Erkenntnis geht kein Weg vorbei. Die Kinder sind deshalb häufig zu Recht enttäuscht und wütend. Die Eltern müssen sich folglich intensiv damit auseinandersetzen, wie es zum sexuellen Missbrauch ihres Kindes kommen konnte, warum sie nichts davon mitbekommen haben und gegebenenfalls auch, warum sie nichts zum Schutz ihres Kindes unternommen haben. Dies ist allein schon notwendig, um ihr verletztes Kind unterstützen und zukünftige Gefahren für ihr Kind frühzeitig bemerken zu können.

In diesem Buch wird basierend vor allem auf internationalen Forschungsergebnissen die Rolle der nicht missbrauchenden Mütter und Väter analysiert. Es werden in sachlicher Art und Weise die vorliegenden Daten und Fakten dargestellt, um es dem Leser zu ermöglichen, sich ein eigenständiges Bild von den nicht missbrauchenden Eltern machen zu können. Viele Zusammenhänge und Fragen sind aber noch nicht hinreichend erforscht. An einigen Stellen wird deshalb das Bild verschwommen bleiben und gemischte Gefühle und Gedanken auslösen. Denn über die Rolle der nicht missbrauchenden Mütter und Väter lässt sich trefflich streiten.

Im ersten Kapitel wird kurz der derzeitige Wissensstand über das Ausmaß, die Umstände und die Folgen sexuellen Missbrauchs als Hintergrund für die nachfolgende Diskussion skizziert. Daran anschließend werden im zweiten Kapitel bestehende „Mythen" über nicht missbrauchende Mütter beschrieben und widerlegt. Zudem wird hinterfragt, warum die Väter bei der Diskussion bisher kaum berücksichtigt werden. Im dritten Kapitel werden die vorliegenden Erkenntnisse zum Aufdeckungsprozess präsentiert, um zu

1 Aus Gründen der besseren Lesbarkeit wird meistens lediglich die männliche Form benutzt, womit jedoch auch immer weibliche Personen gemeint sind. An den Stellen, an denen ausschließlich von weiblichen Personen die Rede ist, wird entsprechend die weibliche Form gewählt.

verdeutlichen, wie schwer es den Kindern in der Regel fällt, sich ihren Eltern oder anderen Personen anzuvertrauen. Außerdem werden die erheblichen Probleme der Eltern, die Hinweise ihrer Kinder und ihre eigenen Wahrnehmungen richtig zu interpretieren, ergründet. Das vierte Kapitel befasst sich ausführlich damit, was es für die Eltern bedeutet und welche Folgen es für sie hat, wenn sie vom sexuellen Missbrauch ihres Kindes erfahren. Im fünften Kapitel werden die Reaktionen der Eltern gegenüber ihren Kindern geschildert. Im Mittelpunkt stehen dabei die häufig bei den Eltern zu beobachtenden ambivalenten Gefühle, Gedanken und Verhaltensweisen. Ausgehend von diesen Erkenntnissen werden im sechsten Kapitel die Auswirkungen der Aufdeckung eines sexuellen Missbrauchs auf die Eltern-Kind-Beziehung beschrieben, die tiefgreifend und dauerhaft seien können. Im siebten Kapitel geht es um die zum Teil massiven Auswirkungen des sexuellen Missbrauchs auf die Elternbeziehung. Das achte Kapitel befasst sich mit den Eltern, die selbst als Kind sexuell missbraucht worden sind und wie diese Erfahrung sich auf ihren Umgang mit ihrem Kind auswirkt. Im neunten Kapitel stehen die Täterstrategien im Mittelpunkt. Ohne sich mit dem raffinierten Vorgehen der Täter auseinandergesetzt zu haben, bleiben viele Reaktionen von nicht missbrauchenden Eltern unverständlich. Gleiches gilt für die im zehnten Kapitel dargestellten Daten und Fakten über die Diskussion des „Missbrauchs mit dem Missbrauch“, die in den letzten zehn Jahren viele Eltern und Professionelle verunsichert hat. Die Erkenntnisse der ersten zehn Kapitel fließen in den beiden letzten Kapiteln zusammen. Im elften Kapitel werden die für die Beratung und Therapie zu ziehenden Konsequenzen ausführlich beschrieben. Angesichts der weitgehend fehlenden Untersuchungen aus Deutschland stellt dies jedoch „nur“ einen ersten Rahmen dar, der durch weitere Studien sowie praktische Erfahrungen fundiert und ausgebaut werden muss. Schließlich wird im zwölften Kapitel der Frage nachgegangen, welche Bedeutung die Einbeziehung der Eltern für die Prävention hat.

Ziel dieses Buches ist es den Helfern zu ermöglichen, betroffene Eltern und ihre Reaktionen besser verstehen und sie unterstützen zu können. Eltern soll es helfen, sich mit ihren eigenen „Verstrickungen“ auseinandersetzen und ihre Kinder bei der Verarbeitung des sexuellen Missbrauchs effektiver begleiten zu können.

Damit die Fakten nicht allzu theoretisch wirken, sind an vielen Stellen Zitate von betroffenen Müttern und Vätern, meist aus autobiografischen Texten, eingefügt worden. Vielfach sind sie präziser als die Forschungsergebnisse und machen die beschriebenen Zusammenhänge greifbarer. Damit nicht einseitig die Elternsicht dominiert, kommen immer wieder auch betroffene Mädchen und Jungen zu Wort. Denn eine blinde Parteilichkeit, die die Widersprüche und unterschiedliche Sichtweisen ausblendet, hilft weder den Kindern noch den Eltern.

1 Definitionen und Fakten

Über sexuellen Missbrauch an Mädchen und Jungen ist in den letzten drei Jahrzehnten viel geschrieben und berichtet worden. Dabei sind oftmals falsche Informationen verbreitet worden, die bei vielen Müttern und Vätern sowie Professionellen zu Verunsicherungen geführt haben. In diesem Kapitel soll deshalb als Grundlage für die Diskussion über die Rolle der nicht missbrauchenden Mütter und Väter ein kurzer Überblick über die derzeitigen Erkenntnisse zur Definition, zum Ausmaß, den Umständen und den Folgen sexuellen Missbrauchs gegeben werden.

1.1 Was ist sexueller Missbrauch?

In der (Fach-)Literatur über den sexuellen Missbrauch an Kindern werden zahlreiche, teilweise sehr unterschiedliche Definitionen verwendet. Dies kann bei Diskussionen und bei der Interpretation von Daten und Fakten zu erheblichen Missverständnissen und Fehlinterpretationen führen.

„Weite" und „enge" Definitionen

Für Forschung, Diagnostik, Behandlung und den öffentlichen Diskurs sind möglichst exakte und vergleichbare Definitionen erforderlich. Bis heute gibt es jedoch keine allgemein akzeptierte Definition sexuellen Missbrauchs an Mädchen und Jungen. Die vorhandenen Definitionen lassen sich nach verschiedenen Systemen kategorisieren. In der Regel wird zwischen „weiten" und „engen" Definitionen unterschieden. „Weite" Definitionen versuchen sämtliche als potenziell schädlich angesehene Handlungen zu erfassen. So werden bei „weiten" Definitionen sexuelle Handlungen ohne Körperkontakt, wie Exhibitionismus, zum sexuellen Missbrauch gezählt. „Enge" Definitionen beziehen dagegen nur bereits als schädlich identifizierte bzw. nach allgemeinem Verständnis als solche bewertete Handlungen ein (Wipplinger & Amann 2005, S. 25 f.). „Weite" Definitionen werden in der Regel von Autorinnen aus der Frauenbewegung und in Projekten, die sich gegen sexuellen Missbrauch engagieren, verwendet.

Definitionskriterien

Um die Definitionen zu konkretisieren, werden verschiedene mehr oder weniger strittige Kriterien verwendet. Einigkeit besteht im Allgemeinen darüber, alle durch Drohungen und körperliche Gewalt erzwungenen sexuellen Handlungen als sexuellen Missbrauch anzusehen. Allerdings werden von den Tätern längst nicht in allen Fällen Drohungen und/oder körperliche Gewalt als Mittel zur Durchsetzung des sexuellen Missbrauchs eingesetzt (Bange & Deegener 1996, S. 49; Kapitel 9). Fast ebenso einhellig gilt es als sexuelle Gewalt, wenn die sexuellen Kontakte gegen den Willen des Kindes stattfinden. Da Mädchen und Jungen in Einzelfällen jedoch sagen, sie hätten „es" auch gewollt bzw. der Missbrauch sei nicht gegen ihren Willen geschehen, ergeben sich hier weitere Probleme (Clancy 2009, S. 132 ff.). Für betroffene Kinder kann eine solche Aussage eine wichtige Strategie sein, um die Situation auszuhalten. Sie versuchen so ihre eigene Machtlosigkeit und das sie verletzende Verhalten des Täters umzudeuten (Herman 1994, S. 142). Um es an dieser Stelle schon einmal deutlich zu sagen: Auch wenn Kinder sexuelle Handlungen ohne Widerstand über sich ergehen lassen, z. B. weil sie sie aufgrund ihres Entwicklungsalters nicht als sexuellen Missbrauch erkennen und bewerten oder sie durch diese Handlungen erregt werden, sind und bleiben sexuelle Handlungen eines Erwachsenen mit einem Kind sexuelle Gewalt.

Eine Lösung für das Dilemma der „scheinbaren Einwilligung" bietet das Konzept des wissentlichen Einverständnisses. Kinder können demnach gegenüber Erwachsenen keine gleichberechtigten Partner sein, weil sie ihnen körperlich, psychisch, kognitiv und sprachlich unterlegen und rechtlich unterstellt sind. Daher können sie sexuelle Kontakte mit Erwachsenen nicht wissentlich ablehnen oder ihnen zustimmen. Aufgrund dieses strukturellen Machtgefälles ist jeder sexuelle Kontakt zwischen einem Kind und einem Erwachsenen als sexueller Missbrauch zu betrachten (Bange 2004, S. 30 f.).

Einige wenige Autoren lehnen dieses Konzept ab. Sie behaupten, sexuelle Beziehungen zwischen Kindern und Erwachsenen seien keineswegs immer ungleiche Beziehungen mit verschiedenen Machtpositionen (z. B. Kentler 1994, S. 149). Diese Wissenschaftler verleugnen die fehlende Entscheidungsgewalt von Jungen und Mädchen in allen wichtigen Lebensbereichen. Außerdem haben Kinder und Erwachsene nicht die gleichen sexuellen Interessen. Es besteht zwischen ihnen eine „Disparität der Wünsche" (Dannecker 1987, S. 84). Natürlich haben Mädchen und Jungen sexuelle Bedürfnisse, die sie auch ausleben sollen. Aber „aus der kindlichen Neugier an sexuellen Dingen einen Wunsch nach sexuellen Kontakten abzuleiten, ist ebenso unangemessen, wie aus der kindlichen Neugier an Tätigkeiten, die Erwachsene ausüben, einen Wunsch nach Berufstätigkeit abzuleiten" (Rust 1986, S. 14). Schließlich kennen Kinder die volle Bedeutung der „Erwachsenen-Sexualität" nicht. Sie können also gar nicht überblicken, auf was sie sich einlassen.

Verschiedene Forscher modifizieren das Konzept des wissentlichen Einverständnisses. Sie verwenden einen Altersunterschied zwischen Opfer und Täter (meist fünf Jahre) als Definitionskriterium, bevor sie von sexuellem Missbrauch sprechen. So wollen sie eine Ausuferung der Definition sexuellen Missbrauchs vermeiden. Problematisch an diesem Kriterium ist, dass sexuelle Gewalt unter Kindern und Jugendlichen nicht berücksichtigt wird: Fünf Jahre Altersunterschied können bei Kindern und Jugendlichen aber sehr große Entwicklungsunterschiede ausmachen.

Fachliche Kontroversen bestehen auch bezüglich der Frage, ob sexualisierte Blicke und Exhibitionismus – d. h. Übergriffe ohne Körperkontakt – sexuellem Missbrauch zuzurechnen sind oder nicht. Einige Wissenschaftler klammern solche Handlungen aus, da sie sie für wenig oder nicht traumatisierend halten (z. B. Wolff 1994, S. 83); andere beziehen sie mit ein, weil sie zumindest von einem Teil der betroffenen Kinder als belastend erlebt werden. So fühlen sich viele Opfer von Exhibitionisten geschockt und erheblich gestresst, wie eine Genfer Schülerbefragung von 568 Mädchen und 548 Jungen im Alter von 13 bis 17 Jahren ergab (Halperin, Bouvier, Jaffe, Mounoud, Pawlak, Laederach et al. 1996, S. 1328; s. a. Krück 1989, S. 315 f.).

Eines der wahrscheinlich gängigsten Argumente gegen Sexualität zwischen Erwachsenen und Kindern ist die Annahme einer Schädigung der Kinder. Dieses Argument ist jedoch

Tabelle 1: Untersuchungen zum Ausmaß sexuellen Missbrauchs in Deutschland

Studie	Methode	Stichprobengröße	Art der Stichprobe	Ausmaß von sexuellem Missbrauch	Missbrauch durch …			
					Familienmitglieder	Bekannte	Unbekannte	Keine Angabe
Wetzels (1997)	Fragebogen	1.661 Frauen 1.580 Männer	repräsentativ für Deutschland	18 % 7 %	27 %	42 %	26 %	5 %
Bange & Deegener (1996)	Fragebogen	431 Frauen 437 Männer	Studenten der Universität Homburg/Saarland (328), Auszubildende und Krankenpflegeschüler (288), Auszubildende und Angestellte einer Schule für Beamte im öffentlichen Dienst (340)	22 % 5 %	23 % 15 %	33 % 55 %	44 % 30 %	–
Richter-Appelt (1995)	Fragebogen	616 Frauen 452 Männer	Studenten der Universität Hamburg	25 % 4 %	–	–	–	–
Burger & Reiter (1993)	Fragebogen	303 Frauen 255 Männer	Beratungsstellenmitarbeiter	31 % 14 %	–	–	–	–
Raupp & Eggers (1993)	Fragebogen	520 Frauen 412 Männer	Studenten der Universität Essen, Schüler der Berufsfachschule Essen	25 % 6 %	40 % 35 %	27 % 46 %	31 % 15 %	3 % 4 %
Bange (1992)	Fragebogen	518 Frauen 343 Männer	Studenten der Universität Dortmund	25 % 8 %	22 % 18 %	50 % 46 %	28 % 36 %	–

Jennifer Kilcoyne (1995, S. 584) gaben 7 % der befragten 91 Täter an, zwischen 41 und 450 Opfer gehabt zu haben, 23 % hatten zwischen 10 und 40 Opfer und die restlichen 70 % hatten zwischen 1 und 9 Opfer.

1.3 Die Umstände des sexuellen Missbrauchs

Die meisten Menschen assoziieren bis heute mit „sexuellem Missbrauch" einen einmaligen Überfall durch einen Fremden. In den letzten beiden Jahrzehnten ist das Bild der „Väter als Täter" hinzugekommen, die ihre Kinder über Jahre hinweg sexuell missbrauchen. Die bei vielen Menschen im Jahr 2010 angesichts der bekanntgewordenen Missbrauchsfälle in Internaten, Klöstern und Sportvereinen ausgelöste Überraschung über Lehrer, Geistliche und Trainer als Täter zeigt, wie wenig immer noch über die Realität sexuellen Missbrauchs bekannt ist. Die folgenden Ausführungen zu den Umständen des sexuellen Missbrauchs fassen den Wissenstand kurz zusammen, um einer Mythenbildung entgegenzuwirken.

Innerfamilialer und außerfamilialer sexueller Missbrauch

Mädchen werden zu etwa einem Viertel bis zu einem Drittel von Familienangehörigen sexuell missbraucht. Bei Jungen kommen die Täter mit etwa 20 % etwas seltener aus der Familie. Beim innerfamilialen Missbrauch sind darüber hinaus keineswegs immer die Väter die Täter. In erheblichem Ausmaß treten Großväter, Onkel, Brüder, Cousins und Mütter als Täter bzw. Täterinnen auf. Mädchen werden nach den Ergebnissen der vorliegenden Dunkelfelduntersuchungen mit etwa 50 % am häufigsten von Bekannten aus dem außerfamilialen Nahraum (z. B. Nachbarn, Pfarrer, Lehrer, Freunde der Familie) sexuell missbraucht. Bei den Jungen liegt dieser Wert mit etwa 60 % etwas höher. Die im Jahr 2010 diskutierten Fälle von sexuellem Missbrauch durch Lehrer, Geistliche und Trainer sind also keineswegs als Ausnahme zu betrachten. Etwa ein Fünftel des Missbrauchs an Mädchen und Jungen geht auf das Konto fremder Täter. Im Gegensatz zu den Tätern und Täterinnen aus der Familie und dem Bekanntenkreis, die fast immer sexuelle Handlungen mit Körperkontakt erzwingen, treten den Kindern unbekannte Täter allerdings sehr häufig als Exhibitionisten in Erscheinung. Vergewaltigungen von Mädchen und Jungen durch ihnen Unbekannte sind insgesamt relativ selten.

Ein weiteres Ergebnis der bereits zitierten Studie von Gene Abel und Joanne Rouleau (1990, S. 15) war, dass Männer, die sich ihre Opfer innerhalb der Familie suchten, im Durchschnitt 1,8 Kinder missbrauchten. Die Männer, die außerhalb der Familie Mädchen sexuell ausbeuteten, hatten im Durchschnitt 20 Opfer und die Männer, die Jungen außerfamilial missbrauchten, sogar ca. 150 Opfer. Die hohe Zahl der Fälle außerfamilialen sexuellen Missbrauchs beruht also zum Teil auf Tätern mit hohen Opferzahlen. In erster Linie dürften hierfür Pädosexuelle verantwortlich sein. Als Pädosexuelle gelten Menschen, deren sexuelles Interesse dauerhaft in erster Linie vorpubertären Kindern gilt. Über die Zahl pädosexueller Männer und Frauen gibt es keine genauen Angaben.

Rebecca M. Bolen (2001, S. 36 und 98) hält es aus Sicht der betroffenen Kinder und Familien für einen der größten Fehler der letzten 20 Jahre, dass außerfamilialer sexueller Missbrauch bis heute vernachlässigt worden ist. Die Diskussion hätte sich viel zu sehr um den sexuellen Missbrauch durch Väter gedreht, der weniger als 10 % aller Fälle betrifft. Für die Gesellschaft sei dies ihrer Ansicht nach aber funktional gewesen, da sie so den sexuellen Missbrauch als Problem einiger weniger dysfunktionaler Familien hätte betrachten können. Schulen, Kindertagesbetreuungseinrichtungen, Internate, Heime oder Sportvereine als Tatorte in den Blick zu nehmen, hätte ein völlig anderes Niveau der gesellschaftlichen Auseinandersetzung bedeutet. Meiner Ansicht nach ist deshalb auch die Diskussion über den sexuellen Missbrauch an Jungen und in Institutionen außerhalb eines begrenzten Kreises von Fachleuten nie wirklich geführt worden.

Art der sexuellen Missbrauchshandlungen

Auf Fortbildungen, Elternabenden und Informationsveranstaltungen stellen Teilnehmer häufig die Frage, wie viele der Kinder vergewaltigt bzw. andere Formen sexueller Gewalt erleben würden. Ein Vergleich der neueren Dunkelfelduntersuchungen ergibt folgendes Bild: Etwas weniger als 30 % der befragten Mädchen und Jungen wurden oral oder anal vergewaltigt bzw. der Täter versuchte dies. Ungefähr 40 % mussten genitale Manipulationen über sich ergehen lassen oder den Täter manipulieren. Das restliche Drittel erfuhr „weniger intensive" Formen sexueller Gewalt wie Zungenküsse oder Exhibitionismus.

Allerdings haben Mädchen und Jungen besondere Schwierigkeiten über anale und orale Vergewaltigungen zu sprechen. Dafür sind die folgenden zwei Gründe hauptverantwortlich: Erstens gelten anale Sexualpraktiken immer noch vielfach als „pervers". Zweitens stellen beide Vergewaltigungsformen für die betroffenen Mädchen und Jungen eine besonders tiefe Erniedrigung dar. Diese schweren Formen sexuellen Missbrauchs könnten folglich in den Studien selten(er) berichtet worden sein und in der Wirklichkeit deutlich häufiger vorkommen (Watkins & Bentovim 1992, S. 221 f.).

Einige Autoren beschreiben die „weniger intensiven" Formen sexueller Gewalt als für die Kinder nicht oder nur wenig traumatisierend (z. B. Wolff 1994, S. 83). Dies trifft zwar ohne Zweifel für einen Teil der Mädchen und Jungen zu, darf aber keineswegs generalisiert werden. Denn die Auswirkungen solcher Übergriffe sind personen- und situationsabhängig. So ist es ein großer Unterschied, ob ein 6-jähriger Junge einem Exhibitionisten allein auf einem einsamen U-Bahnhof begegnet oder am Tag mit mehreren anderen Jungen in sicherer Entfernung. Auch individuelle Unterschiede spielen eine Rolle. Ein Mädchen, das schon einmal sexuell missbraucht wurde, fühlt sich durch so eine Begegnung möglicherweise an den früheren Missbrauch erinnert. Alte Wunden brechen wieder auf. Dagegen kann ein Mädchen, das mit seinen Eltern zusammen schon mal einen Exhibitionisten in die Flucht geschlagen hat, sich vielleicht sogar über den Mann lustig machen (s. Kapitel 1.1).

Dauer des Missbrauchs

Durch die zahlreichen Veröffentlichungen in den Medien, autobiografische Romane und Therapieberichte über sehr schweren und lang andauernden sexuellen Missbrauch hat sich in vielen Köpfen die Vorstellung festgesetzt, jeder sexuelle Missbrauch ziehe sich über Jahre hin. Auch dies entspricht nur einem Teil der Wirklichkeit: Je nach Studie berichten etwa 50 % der befragten Frauen und Männer, der sexuelle Missbrauch habe einmal stattgefunden. Bei der anderen Hälfte hat sich der Missbrauch monate- oder jahrelang hingezogen. In dieser zum Teil langen Zeit ist es bei einigen Opfern zu hunderten von Vergewaltigungen und sexuellen Übergriffen gekommen.

Alter der Kinder

Kinder werden als Säuglinge, Kleinkinder, im Grundschulalter und als Jugendliche sexuell missbraucht. Das in den Dunkelfelduntersuchungen ermittelte Durchschnittsalter liegt zwischen 10 und 12 Jahren. Etwa ein Drittel der sexuellen Übergriffe beginnt in dieser Altersphase. Die restlichen zwei Drittel verteilen sich zu etwa gleichen Teilen auf die Zeit vor dem 10. Lebensjahr bzw. auf die Pubertät.

Für viele Menschen ist der sexuelle Missbrauch von Säuglingen oder Kleinkindern besonders schwer vorstellbar. In der Praxis von Beratungseinrichtungen ist dies aber ein häufig vorkommendes Phänomen. So waren beispielsweise von den 1.761 Mädchen und 337 Jungen, die im Jahr 1990 in 248 Beratungsstellen und 78 Allgemeinen Sozialen Diensten vorgestellt wurden, 4,2 % jünger als 3 Jahre und 16,5 % zwischen 4 und 6 Jahre alt (Burger & Reiter 1993, S. 52 f.). In den Befragungen von Studentinnen und Studenten der Universitäten Dortmund und Homburg waren von den 154 betroffenen Frauen aus Dortmund 7 % vor ihrem 6. Lebensjahr sexuell missbraucht worden, von den 122 Homburger Frauen war dies bei 11 % der Fall (Bange & Deegener 1996, S. 144).

Gewalt und Drohungen

Es liegt auch dann ein sexueller Missbrauch vor, wenn die sexuellen Handlungen ohne körperliche Gewalt erreicht werden. Zahlreiche Mädchen und Jungen fühlen sich sexuell missbraucht, obwohl der Täter sie nicht schlug oder bedrohte. Sehr häufig nutzen die Täter beispielsweise die emotionale Abhängigkeit oder Bedürftigkeit der Mädchen und Jungen aus. Andere Täter arbeiten mit Manipulationen und psychischem Druck. Sie bestechen die Kinder mit Geschenken, geben ihnen Geld oder nutzen ihre kindliche Neugier aus. In einem Teil der Fälle setzen die Täter jedoch von Anfang an auf Drohungen oder körperliche Gewalt, um die sexuellen Handlungen durchzusetzen bzw. die Kinder zum Schweigen zu bringen. „Deine Eltern sterben, wenn du was erzählst", „Du kommst ins Heim und ich ins Gefängnis" usw. sind übliche Drohungen. Bei längerfristigem sexuellem Missbrauch steigern sich die Drohungen und die eingesetzte Gewalt vielfach mit dem Alter der Kinder (s. Kapitel 9).

Das Alter der Täter

Viele Täter, die Kinder sexuell missbrauchen, sind selbst noch Jugendliche. In den meisten Dunkelfelduntersuchungen und klinischen Studien machen sie etwa 30 % der Täter aus. Gemäß diesen Ergebnissen liegt das Durchschnittsalter der Täter deutlich unter 30 Jahren. Durch Befragungen von Tätern werden diese Ergebnisse bestätigt: Je nach Studie begingen 30 bis 50 % der untersuchten erwachsenen Sexualstraftäter bereits in ihrem Jugendalter sexuell abweichende Handlungen (Deegener 1999, S. 356; Rossihol 2002, S. 28 ff.).

Vor dem Hintergrund schwerer Fälle von sexuellem Missbrauch durch Kinder oder Jugendliche, begangen an anderen Kindern, und der entsprechenden Berichterstattung in den Medien ist die Öffentlichkeit beunruhigt. Es hat sich bei vielen Menschen die Meinung festgesetzt, die Zahl der Sexualstraftaten von Minderjährigen würde permanent und deutlich zunehmen. In der Tat ist in der Polizeilichen Kriminalstatistik in den letzten Jahren ein Anstieg zu verzeichnen. Allerdings ist dieser überzeichnet, weil die Aufklärungsquoten gestiegen sind und solche Taten von Minderjährigen heute verstärkt angezeigt werden. Diese Entwicklung ist dennoch sehr ernst zu nehmen. Die Hilfesysteme sind deshalb gefordert, Konzepte für die Arbeit mit solchen auffälligen Kindern und Jugendlichen zu entwickeln (Bange, Hofmann & Kristian 2007, S. 43 ff.). In den letzten Jahren ist dies vielerorts auch bereits geschehen (z. B. Kohlhofer, Neu & Sprenger 2008; Freund & Riedel-Breitenstein 2004).

Frauen als Täterinnen

Mädchen und Jungen werden überwiegend von Männern sexuell missbraucht. Der Täterinnenanteil ist jedoch in fast allen Studien beträchtlich. Bei den weiblichen Opfern liegt er bei bis zu 10 %, bei den männlichen Opfern bei durchschnittlich 10 bis 20 %. Allerdings gibt es einige Studien, die bei den Männern mit bis zu über 75 % eine deutlich höhere Anzahl von Frauen als Täterinnen feststellen (Tracey 2009, S. 1112 f.; Bange 2007, S. 41 f.; Rossihol 2002, S. 58). Keineswegs agieren die Frauen nur als „sanfte Verführerinnen", sondern ein Teil der Täterinnen setzt den sexuellen Missbrauch mit körperlicher Gewalt durch und die von ihnen begangenen sexuellen Handlungen reichen bis hin zu extremen sadistischen Übergriffen (Longdon 1995, S. 104; Homes 2005, S. 32 f.).

Familiäre Hintergründe

Es sind vor allem emotional oder sozial vernachlässigte Mädchen und Jungen, die sexuell missbraucht werden. Im Vergleich zu den nicht missbrauchten Frauen und Männern kommen deutlich mehr der sexuell ausgebeuteten Befragten aus sogenannten „broken homes", d. h. ihre Eltern haben sich scheiden lassen oder ein Elternteil ist gestorben. Deutlich schlechter bewerten sexuell missbrauchte Frauen und Männer in den Untersuchungen auch das Familienklima, in dem sie aufgewachsen sind. Sie schätzen die Beziehung ihrer Eltern und ihre Beziehung zu den Eltern – insbesondere zum Vater – schlechter ein als die anderen Befragten. Außerdem geben sie signifikant häufiger an, körperliche Gewalt durch ihre Eltern erfahren und/oder Gewalt zwischen ihren Eltern beobachtet zu haben (Bange & Deegner 1996, S. 160 ff.).

Oftmals nutzen die Täter die sich aus der Gewalt ergebende emotionale Bedürftigkeit der Kinder aus. Sie suchen sich gezielt Mädchen und Jungen, die sich durch die Scheidung ihrer Eltern, durch den Tod eines Elternteils, durch eine beruflich bedingte Überlastung der Eltern oder körperliche Misshandlung einsam fühlen. Solche Täterstrategien gilt es zu kennen, um die Reaktionen der Kinder und der nicht missbrauchenden Elternteile verstehen zu können. Den Täterstrategien wird deshalb ein eigenes Kapitel gewidmet.

Soziale Schicht

Bis heute glauben viele Menschen, sexueller Missbrauch an Mädchen und Jungen käme fast ausschließlich in den sogenannten unteren Gesellschaftsschichten vor. Dieses Vorurteil erfährt durch die Tatsache, dass vor allem emotional vernachlässigte Mädchen und Jungen Opfer werden, eine scheinbare Bestätigung. Ein Haus, viel Geld, einen „guten" Beruf und ein schnelles Auto zu haben, bedeutet jedoch keineswegs, dass die emotionalen Bedürfnisse von Kindern besser erkannt und erfüllt werden als in nicht so gut betuchten Familien. Die sogenannten „Wohlstandswaisen", die zwar viel Taschengeld bekommen, für die aber oft – z. B. aufgrund der beruflichen Belastung der Eltern – wenig Zeit und Liebe bleibt, beweisen dies. In den Dunkelfelduntersuchungen wurde dementsprechend festgestellt, dass sexueller Missbrauch in allen sozialen Schichten vorkommt. Wie er über die verschiedenen Schichten verteilt ist, lässt sich derzeit allerdings nicht genau beurteilen.

1.4 Folgen bei betroffenen Kindern

Sexueller Missbrauch löst bei den betroffenen Kindern eine Reihe unangenehmer Gefühle und Gedanken aus. Die meisten sexuell missbrauchten Mädchen und Jungen fühlen sich verraten, sind verzweifelt und sprachlos. Ein Mensch, dem sie vertraut haben, hat ihre Sehnsucht nach Liebe und Geborgenheit ausgenutzt, um seine eigenen (sexuellen) Bedürfnisse zu befriedigen. Sie haben Angst, dass sich der sexuelle Missbrauch wiederholt. Sie haben Angst vor den Schmerzen und Angst vor den Reaktionen der Umwelt, vor Schwangerschaft und vielem anderen mehr. Fast alle Mädchen und Jungen schämen sich darüber hinaus für das, was ihnen passiert ist. Sie fühlen sich mitschuldig, weil sie z. B. mit zum Täter in die Wohnung gekommen sind oder sich bei ihm angekuschelt haben. Von den Tätern wird dieses Gefühl oftmals bewusst verstärkt, um die Kinder am Sprechen zu hindern. „Du hast es doch selbst so gewollt, sonst wärst du doch nicht mitgekommen" oder „Es hat dir doch auch großen Spaß gemacht, sonst wärst du doch nicht erregt gewesen" sind entsprechende, vielfach erfolgreiche Versuche. Einerseits nährt das die Zweifel der Kinder an ihrer eigenen Wahrnehmung, andererseits werden ihre Schuldgefühle dadurch verstärkt. Sie sind deshalb oft sprachlos und fühlen sich hilflos der Situation ausgeliefert.

Sexuell missbraucht worden zu sein, löst zudem eine tiefe Trauer aus. Es gibt so vieles, was durch einen sexuellen Missbrauch verloren gehen kann: die Vorstellung einer gerechten Welt, das Gefühl von Sicherheit und Vertrauen in sich selbst und andere, der Verlust einer positiven Beziehung zum eigenen Körper, der Verlust eines intakten Elternbildes oder familiärer Geborgenheit.

Es gibt kein spezifisches Missbrauchssyndrom!

Viele der sexuell missbrauchten Mädchen und Jungen entwickeln – angesichts dieser Gefühle und Gedanken nicht überraschend – Verhaltensauffälligkeiten und psychische Probleme. Infolge sexuellen Missbrauchs sind bei Kindern fast alle bekannten Verhaltensauffälligkeiten beobachtet worden. Sie reichen von Kopf- und Magenschmerzen ohne erkennbare organische Ursachen, über Essstörungen, Schlafstörungen, Sprachstörungen, depressiven Reaktionen, Suizidgedanken und -versuchen, Alkohol- und Drogenmissbrauch bis hin zu (sexuell) aggressiven Verhaltensweisen. Ein spezifisches Symptom bzw. Syndrom konnte jedoch trotz aller Anstrengungen bis heute nicht beschrieben werden (Hébert, Parent, Daignault & Tourigny 2006, S. 204). Bei vielen der missbrauchten Mädchen und Jungen setzen sich die Folgen bis ins Erwachsenenleben fort und beeinträchtigen ihr Leben teilweise erheblich. Es gibt allerdings auch Mädchen und Jungen, die den sexuellen Missbrauch gut verarbeiten und bei denen keinerlei Folgen festzustellen sind. Letzteres ist wichtig festzustellen, da sexueller Missbrauch von vielen Menschen automatisch mit schwersten Traumatisierungen assoziiert wird. Es besteht deshalb zum einen die Gefahr, dass Kinder ohne erkennbare Folgen nicht ernstgenommen werden und an ihren Aussagen gezweifelt wird. Zum anderen könnte es zu einer sich selbst erfüllenden Prophezeihung kommen. Viele Erwachsene – Eltern und Professionelle – erwarten quasi schwerste Probleme und reagieren auf jede entsprechende Auffälligkeit beim Kind. Dadurch können solche Verhaltensweisen indirekt verstärkt, die positiven Entwicklungen zu wenig beachtet und letztlich eine negative Spirale in Gang gesetzt werden (Kouyoumdjian et al. 2005, S. 480 ff.). Leider gibt es bezogen auf den sexuellen Missbrauch bisher keine Studien, die diesen wichtigen Zusammenhang untersucht haben. Allerdings sind aus der Schulforschung zahlreiche Belege für solche sich aufschaukelnden Prozesse bekannt. So reagierten z. B. Lehrer bei Schülern mit Lernschwierigkeiten bei einer Untersuchung fast ausschließlich auf negative Verhaltensweisen der Kinder. Die durchaus von diesen Kindern während des Unterrichts gezeigten positiven Verhaltensweisen wurden dagegen kaum wahrgenommen und dementsprechend nicht gelobt (ebd., S. 478 f.).

Alle im Zusammenhang mit sexuellem Missbrauch an Mädchen und Jungen genannten psychischen Probleme und Verhaltensauffälligkeiten können im Übrigen andere Ursachen haben (z. B. Scheidung der Eltern, Vernachlässigung, körperliche Misshandlung). Dies und das Fehlen eines spezifischen Missbrauchssyndroms verhindern es, dass ein sexueller Missbrauch eindeutig anhand seiner Folgen zu erkennen ist.

Kinder mit auffälligem Sexualverhalten

Einzig das Symptom „altersunangemessenes Sexualverhalten" tritt mit relativ hoher Wahrscheinlichkeit als Folge sexuellen Missbrauchs auf. In zahlreichen Studien wurde bei sexuell missbrauchten Mädchen und insbesondere bei Jungen im Vergleich zu Kindern, die aus anderen Gründen in therapeutischer Behandlung bzw. gar nicht in Behandlung waren, signifikant häufiger ein solches Verhalten festgestellt. So zeigen in den vorliegenden Untersuchungen je nach Studie 7 bis 90 % der sexuell missbrauchten Kinder ein solches Verhalten. Nimmt man den Durchschnitt aus den Ergebnissen der Untersuchungen, so sind bei 28 % der Mädchen und Jungen solche Verhaltensweisen zu beobachten. Es werden also viele, aber längst nicht alle sexuell missbrauchten Mädchen und Jungen in sexueller Hinsicht auffällig (Elkovitch, Latzman, Hansen, & Flood 2009, S. 590 f.; Association for the Treatment of Sexual Abusers 2006, S. 4; Kendall-Tackett, Williams & Finkelhor 2005, S. 190 f.). Außerdem ist das Alter der Kinder zu berücksichtigen. Sexualisiertes Verhalten tritt offenbar besonders häufig im Vorschulalter auf, während der Grundschuljahre scheint es seltener zu sein und in der Pubertät taucht es als promiskuitives oder sexuell-aggressives Verhalten wieder verstärkt auf (Kendall-Tackett, Williams & Finkelhor 2005, S. 190 f.). Allerdings könnte dieser Unterschied dadurch mit bedingt sein, dass die Kinder je älter sie werden, solche Verhaltensweisen besser vor den Eltern verbergen können und diese es deshalb nicht bemerken (Elkovitch et al. 2009, S. 593). Schließlich findet sich in den Studien ein besonders enger Zusammenhang, wenn die Kinder von ihren Vätern bzw. Familienmitgliedern missbraucht wurden, sie vaginal, anal oder oral vergewaltigt wurden und sich der Missbrauch über eine längere Zeit hingezogen hat (ebd.).

Dennoch sei hier vor einer Überinterpretation sexualisierten Verhaltens ausdrücklich gewarnt. „Doktorspiele", Zeichnungen, auf denen Genitalien dargestellt sind oder ein provokanter Wortschatz finden sich auch häufig bei nicht missbrauchten Mädchen und Jungen. So fanden sich bei einer Untersuchung von 247 Kindern, die wegen des Verdachts auf einen sexuellen Missbrauch untersucht wurden, zwischen den sexuell missbrauchten und den nicht missbrauchten Kindern keine Unterschiede hinsichtlich sexuell auffälligen Verhaltens (Drach, Wientzen & Ricci 2001, S. 497).

Neuere Untersuchungen schreiben neben dem sexuellen Missbrauch auch Faktoren wie körperlichen Misshandlungen, Vernachlässigung, unzureichendem Erziehungsverhalten der Eltern, häuslicher Gewalt und dem Kontakt mit Pornografie ursächliche Wirkungen zu (Elkovitch et al. 2009, S. 594 f.; Merrick, Litrownik, Everson & Cox 2008, S. 128 f.; Association for the Treatment of Sexual Abusers 2006, S. 4). So fanden sich bei einer Untersuchung von 37 Kindern, die wegen sexuell auffälligen Verhaltens behandelt wurden, bei 62 % der Kinder keine eindeutigen Hinweise auf einen sexuellen Missbrauch. Viele dieser Kinder hatten körperliche Misshandlungen (47 %) und/oder häusliche Gewalt (58 %) erlebt (Silovsky & Niec 2002, S. 191 f.).

Außerdem bereitet es erhebliche Probleme, den Begriff „altersunangemessenes Sexualverhalten" präzise zu definieren und von normaler kindlicher Sexualität abzugrenzen (Schuhrke 2002, S. 543 ff.). Die Kenntnisse über die normale sexuelle Entwicklung von Kindern sind generell immer noch ungenügend. Ein sichere Einschätzung, was abweichendes sexuelles Verhalten bei Kindern ist, ist deshalb weiterhin mit Unsicherheiten behaftet (Elkovitch et al. 2009, S. 587 f.). Für den einen ist es z. B. ein untrügliches Zeichen für sexualisiertes Verhalten, wenn ein 11-jähriger Junge zweimal am Tag onaniert, für den anderen ist dies normal. Darüber hinaus verändern sich die Sichtweisen über kindliche Sexualität mit der Zeit. Wurde z. B. die Selbstbefriedigung noch Anfang des 19. Jahrhunderts als abweichend eingeschätzt, wird sie heute weitgehend als normal betrachtet (Association for the Treatment of Sexual Abusers 2006, S. 3 f.). Zudem gibt es teilweise erhebliche kulturelle Unterschiede in der Einschätzung, was abweichendes kindliches Sexualverhalten ist. Des Weiteren unterscheidet sich das sexuell auffällige Verhalten in seiner Schwere und in seinem Potenzial, andere Kinder zu schädigen, von Kind zu Kind erheblich. Wenn sich z. B. ein Junge dauernd selbst befriedigt, ohne andere Kinder einzubeziehen, ist dies etwas völlig anderes, als wenn ein Junge andere Kinder zu sexuellen Handlungen zwingt, diese mit körperlicher Gewalt durchsetzt und sein Handeln zu verschleiern versucht. Schließlich wiesen bei verschiedenen Studien die Kinder mit sexualisierten Verhaltensauffälligkeiten gleichzeitig verschiedene andere Symptome wie z. B. ein Aufmerksamkeitsdefizit-Hyperaktivitäts-Syndrom (ADHS) auf, was bei der Bewertung der Vorfälle und bei der Planung der Interventionen ebenfalls berücksichtigt werden muss (Silovsky & Niec 2002, S. 192 f.; Drach et al. 2001, S. 496).

Für die Eltern ist sexuell auffälliges und aggressives Verhalten der Kinder ein besonders bedrohliches Symptom. Es löst laut der Studie von Jane F. Silovsky und Larissa Niec (2002, S. 193 f.) bei allen Eltern erheblichen Stress aus und zwar unabhängig davon, ob das Kind sexuell missbraucht wurde oder nicht (s. Kapitel 5 bis 7). Wie im Kapitel 11 zur Beratung und Therapie noch ausführlicher dargestellt wird, verschwindet dieses Verhalten bei vielen Kindern mit der Zeit jedoch wieder und lässt sich durch therapeutische Maßnahmen insbesondere unter Einbezug der Eltern deutlich verbessern (Association for the Treatment of Sexual Abusers 2006, S. 15). Zudem gibt es – für betroffene Eltern zumindest etwas beruhigend – Untersuchungsergebnisse, nach denen Kinder mit sexuell auffälligen Verhaltensweisen nicht „die Sexualstraftäter von morgen“ sind (Chaffin 2008; S. 113 f.; Caldwell 2007, S. 110 ff.; Amand, Bard & Silovsky 2008, S. 147; Carpentier, Silovsky & Chaffin 2006, S. 486; Silovsky & Niec 2002, S. 194). Das folgende Studienergebnis belegt dies recht eindrucksvoll: Bei einer prospektiven Untersuchung von 135 Mädchen und Jungen im Alter zwischen 5 und 12 Jahren mit sexuell auffälligem Verhalten machten 64 eine kognitive Verhaltenstherapie über 12 Sitzungen in einer Gruppe und 71 eine weniger strukturierte Spieltherapie. Von den Kindern, die eine solche Verhaltenstherapie gemacht hatten, fielen in den darauf folgenden zehn Jahren „nur“ 2 % durch Sexualstraftaten öffentlich auf. Die Kinder lagen damit noch unter der Rate von 3 %, die bei der Vergleichsgruppe von 153 verhaltensauffälligen Kindern erhoben wurde, die ebenfalls eine Verhaltenstherapie gemacht hatten. Von den 71 Kindern, die eine Spieltherapie machten, fielen allerdings 10 % durch sexuelle Übergriffe auf (Carpentier, Silovsky & Chaffin 2006, S. 486 f.). Letzteres Ergebnis wirft die Frage nach der angemessenen Therapieform für diese Kinder auf. Nach den bisherigen Erkenntnissen sind strukturierte Verhaltenstherapien weniger strukturierten Therapieansätzen überlegen (s. Kapitel 11).

Kurz erwähnt sei noch, dass die Posttraumatische Belastungsstörung von vielen Autoren eng mit dem sexuellen Missbrauch oder anderen Formen der Gewalt gegen Kinder verknüpft wird. In den vorliegenden Studien finden sich aber längst nicht bei allen betroffenen Kindern entsprechende Symptome. Bei einer Untersuchung von 34 traumatisierten Jugendlichen, die in der Asklepios Fachklinik Tiefenbrunn behandelt wurden, fand sich z. B. „nur“ bei 32 % ein sexueller Missbrauch als Hintergrund und 71 % erfüllten die Diagnosekriterien für eine PTBS nicht (Herbst, Jaeger, Leichsenring & Streeck-Fischer 2009, S. 619; siehe z. B. auch van der Kolk, Hopper & Crozier 2001, S. 7). Die Diagnose PTBS wird deshalb kritisiert. Die Störungen seien komplexer und vielgestaltiger. Es wird deshalb kontrovers über die Einführung einer neuen Diagnose „Entwicklungstrauma-Störung“ diskutiert (van der Kolk 2009, S. 573f.; Schmid, Fegert & Petermann 2010, S. 48 ff.).

In den USA werden seit etwa 10 Jahren zunehmend Studien durchgeführt, die nicht nur isoliert eine Form der Gewalt gegen Kinder wie z. B. den sexuellen Missbrauch und seine Folgen untersuchen, sondern die sogenannte „Mehrfachvikitimisierungen“ in den Blick nehmen. Diese Studien kommen übereinstimmend zu dem Ergebnis, dass zwar die einzelnen Formen der Gewalt gegen Kinder jeweils etwas zu den bei Kindern und Erwachsenen zu beobachtenden Verhaltensauffälligkeiten beitragen, letztlich aber das Zusammenspiel der verschiedenen Gewalterfahrungen entscheidender ist. Als Konsequenz fordern die Autoren dieser Untersuchungen, dass sich weder bei der Diagnostik noch bei der Intervention auf eine Form der Gewalt gegen Kinder beschränkt werden darf (Finkelhor, Ormond & Turner 2009; Richmond, Elliott, Pierce, Aspelmeier & Alexander 2009; Finkelhor, Ormond & Hamby 2005; Higgins & McCabe 2000).

Traumatisierungsfaktoren

Nicht alle Mädchen und Jungen sind im gleichen Maße geschädigt. Einige leiden dauerhaft, andere vorübergehend und wieder andere zeigen zumindest äußerlich keine Auffälligkeiten. Ob und wie lange die Kinder unter den Folgen des sexuellen Missbrauchs leiden, hängt von verschiedenen Faktoren ab: Zum einen sind die Umstände des sexuellen Missbrauchs bedeutsam, wobei es keinen Automatismus im Sinne von „je schwerer der sexuelle Missbrauch, umso schlimmer die Folgen“ gibt (Hébert et al. 2006, S. 204; Kendall-Tacket, Williams & Finkelhor 2005, S. 186 ff.). Zum anderen spielen die Reaktionen, insbesondere der Eltern, auf die Aufdeckung des sexuellen Missbrauchs eine besonders wichtige Rolle. Gehen die Eltern einfühlsam mit den Kindern um, mildert dies die Auswirkungen der sexuellen Gewalt erheblich. Des Weiteren sind für die Verarbeitung traumatischer Erfahrungen die Entwicklung und die Situation des Kindes vor dem sexuellen Missbrauch und die Bewertung des Missbrauchs durch das Kind mitbestimmend. So fanden Martin Hébert und Kollegen (2006, S. 211) in einer Untersuchung von 123 sexuell missbrauchten Kindern aus Montréal eine Gruppe von 20 Kindern, die keinerlei klinische Auffälligkeiten zeigten, obwohl sie schweren sexuellen Missbrauch erlebt hatten. Sie verfügten im Vergleich zur Kontrollgruppe nicht sexuell missbrauchter Kinder und im Vergleich zu den anderen sexuell missbrauchten Kindern über ein hohes Selbstbewusstsein, lebten meist in Familien, in denen es wenig Konflikte gab und setzen weniger Vermeidungsstrategien als die anderen Mädchen und Jungen ein. Folglich spielen die sogenannten Schutzfaktoren ebenfalls eine bedeutende Rolle. Allerdings muss bei diesen Kindern darauf geachtet werden, dass sie nicht mit der Zeit schleichend Symptome („sleeper effects“) entwickeln.

Dieses und andere vergleichbare Ergebnisse machen Hoffnung: Wenn den Kindern und den Eltern angemessen geholfen wird, lassen sich die negativen Folgen eines sexuellen Missbrauchs deutlich minimieren oder sogar völlig vermeiden.

2 Vorwürfe an die Eltern: Schuldzuweisungen an die Mütter und Nichtbeachtung der Väter

Bis heute werden Mütter in vielen Veröffentlichungen insbesondere über innerfamilialen sexuellen Missbrauch entweder als verantwortlich für den Missbrauch oder als „stille Partnerin“ des Täters beschrieben. Ihnen wird ohne Betrachtung des Einzelfalles generell vorgeworfen, sie würden den Missbrauch nicht wahrnehmen wollen oder sich nicht schützend vor ihre Kinder stellen, weil sie aus dem sexuellen Missbrauch ihres Kindes einen wie auch immer gearteten Gewinn ziehen würden (Gerwert 1996, S. 8; Breitenbach 1993, S. 45). Mütter sind nach dieser Auffassung immer Mittäterinnen oder zumindest mitschuldig. So schrieben z. B. Blair und Rita Justice (1979, S. 97) in ihrer seinerzeit vielbeachteten Studie, die auf der Untersuchung von 112 Fällen innerfamilialen sexuellen Missbrauchs basiert:

> Eine Mutter kann beim Inzest nur in einer von zwei Rollen involviert sein: indirekt oder direkt, durch ein heimliches Einverständnis oder durch Teilhabe. Sie ist direkt beteiligt, wenn sie sexuelle Aktivitäten mit ihren Sohn initiiert oder sein Drängen danach akzeptiert. Sie ist heimlich einverstanden und indirekt beteiligt, wenn ihr Ehemann sexuelle Handlungen an seiner Tochter begeht, während die Mutter ein Teil der Familie bleibt. In beiden Fällen kann sie ihrer Verantwortung für das Problem nicht entkommen.

Solche Einschätzungen beruhen auf dem familiendynamischen Erklärungsansatz für sexuelle Gewalt. Sexueller Missbrauch wird demnach nicht als individuelles Problem des Täters gesehen, sondern als funktional innerhalb des beteiligten Systems bzw. der betroffenen Familie. Er ist Ausdruck von dysfunktionalen familiären Beziehungs- und Kommunikationsstrukturen. Alle Familienmitglieder sind an der Entstehung und Aufrechterhaltung des sexuellen Missbrauchs gleichermaßen beteiligt. Begriffe wie „Opfer“ und „Täter“ verlieren dadurch ihre Bedeutung (Gerwert 1996, S. 9 f.).

Den Müttern die Hauptverantwortung für den sexuellen Missbrauch ihres Kindes zuzuschreiben und sie zum Eckpfeiler des pathologischen Familiensystems hochzustilisieren, ist jedoch vielfach schlicht falsch.

Mit dieser Feststellung sollen die nicht missbrauchenden Mütter (und Väter) jedoch keinen Freibrief ausgestellt bekommen. Es kann aus Sicht der betroffenen Mädchen und Jungen nicht darum gehen, die nicht missbrauchenden Mütter und Väter von jeder Verantwortung für das Wohl und Wehe ihrer Kinder zu entlasten. Die nicht missbrauchenden Eltern sind ihrer Aufgabe, ihr Kind zu schützen, nicht gerecht geworden.

Einige Mütter und Väter vernachlässigen ihre Kinder emotional und sozial. Sie tragen damit zu einer erhöhten Verletzlichkeit ihrer Kinder bei. Andere Eltern ahnen etwas, unterlassen es aber, ihren Gefühlen, Gedanken und Beobachtungen auf den Grund zu gehen. Ein kleinerer Teil der nicht missbrauchenden Eltern weiß vom sexuellen Missbrauch ihres Kindes und unternimmt nichts dagegen oder ist nicht in der Lage, ihn zu beenden. In den wenigen vorliegenden Untersuchungen zu dieser Frage schwankt die Zahl der Mütter, die vom sexuellen Missbrauch ihres Kindes wussten, zwischen 5 bis höchstens 25 % (Bolen 2001, S. 190). So wussten z. B. von den 65 Müttern, mit denen Kathleen

Coulborn Faller (1990, S. 66) Tiefeninterviews geführt hatte, nur drei Bescheid. Diese drei Mütter sahen sich als zu schwach und machtlos an, um den sexuellen Missbrauch zu melden bzw. zu stoppen. Einige wenige nicht missbrauchende Elternteile initiieren schließlich sogar den sexuellen Missbrauch und führen ihr Kind dem Täter direkt zu. Diese Fakten sollen und dürfen nicht in Abrede gestellt werden. Sie zu negieren, würde bedeuten die Gefühle und Gedanken der betroffenen Kinder zu missachten und den Blick auf die Realität vieler Fälle sexuellen Missbrauchs zu verstellen. Der Anteil der nicht missbrauchenden Mütter (und Väter) am Geschehen muss aber auf der Basis ihrer realen Möglichkeiten, den Missbrauch wahrnehmen, ihn verhindern und beenden zu können, diskutiert werden (Dunand 1993, S. 10). Allerdings verschwimmen in vielen Veröffentlichungen insbesondere über die Mütter sexuell missbrauchter Kinder die Koordinaten: Der aktiv Handelnde ist und bleibt der Täter, und zwar unabhängig von der Rolle der nicht missbrauchenden Mütter (und Väter). Dies darf nicht aus den Augen verloren werden (ebd.). Darüber hinaus gibt es die „Inzestfamilie" nicht und außerfamilialer sexueller Missbrauch ist durch ein familiendynamisches Modell nicht zu erklären.

2.1 Häufige Vorwürfe an die Mütter bei innerfamilialem sexuellen Missbrauch

Vorwurf des Rollentausches

Vor allem von psychoanalytisch und familientherapeutisch orientierten Autoren wird den Müttern vorgeworfen, sie würden bei innerfamilialem Missbrauch mehr oder weniger unbewusst die Rolle mit ihrer Tochter tauschen, um sich selbst den Partner bzw. den Täter (sexuell) vom Leib zu halten. Die Mütter würden den Mädchen sämtliche häusliche Aufgaben wie Einkaufen, Putzen und die Versorgung der jüngeren Geschwister übertragen und sie letztlich in die Rolle des Sexualpartners des Mannes drängen. Damit in Verbindung steht der Vorwurf, sie wären ihrer Pflicht als Mutter nicht nachgekommen, hätten ihr Kind verraten, um sich selbst zu entlasten und die Familie für sich zu erhalten (Hirsch 1987, S. 120 f. u. 129 f.; Gerwert 1996, S. 29; Bolen 2001, S. 188 f.). Das Verhalten der Mütter wird in diesen meist älteren Veröffentlichungen vor dem Hintergrund traditioneller Rollenbilder bewertet. Je weniger die Mütter diesem Bild entsprechen, umso größer ist die ihnen zugeschriebene Schuld. Als Beispiel für diese Sichtweise sollen noch einmal Blair und Rita Justice (1979, S. 97) zitiert werden:

> Sie sucht den Rollentausch mit ihrer Tochter. Die Mutter will Kind sein, das Kind soll Mutter sein. Diese grundlegende symbiotische Qualität kennzeichnet fast durchgängig das Wesen jener Mütter, deren Ehemänner und Töchter einen Inzest begehen … Sie fordert die Tochter auf, ihre Rolle zu übernehmen, und meint damit auch die Rolle als Sexualpartnerin des Mannes.

In der Tat gibt es bei einigen Müttern unzweifelhaft Tendenzen, ihr Kind in eine Erwachsenenrolle zu drängen (Hirsch 1987, S. 120 f.; Herman 1981, S. 55; Dietrich, Fichtner, Halatcheva, Sandner & Weber 2010, S. 22). Mona Michaelsen beschreibt dies in ihrer Autobiografie so:

> Ich als Älteste war immer sehr bemüht, den anderen vorzumachen, wie man dafür sorgt, dass es Dir gut geht, Dich unterstützt, Dich bei Laune hält. Ich konnte schon vor meinem fünften

> Geburtstag den Abwasch erledigen, ich konnte die Abendbrotwurst wieder so einpacken, dass keine Luft drankam, und den Tisch perfekt von Krümeln und Käserinden reinigen.
> (Michaelsen 2010, S. 17).

Ein solches Verhalten findet sich allerdings längst nicht bei allen Müttern und darf deshalb nicht generalisiert werden (Bolen 2001, S. 190 f.; Gerwert 1996, S. 29; Armstrong 1985, S. 61 ff.; Kapitel 7).

Rückzugsvorwürfe

Den Müttern wird im Kontext der Diskussion um ihre Beteiligung am innerfamilialen sexuellen Missbrauch neben dem Rollentausch ein mehrfacher Rückzug vorgeworfen (Nahkle Tamraz 1996, S. 77; Rijnaarts 1988, S. 175 ff.): Erstens würden sie sich physisch aus der Familie zurückziehen. So würden sie z. B. absichtlich krank, wären dadurch körperlich abwesend und würden so den Missbrauch erst ermöglichen (z. B. Justice & Justice 1979, S. 120). Herbert Maisch (1968, S. 102 ff.) bewertet es aufgrund seiner Untersuchung von 78 Inzestfällen als tatauslösend bzw. die Tat begünstigend, wenn die Ehefrau krank oder im Krankenhaus bzw. aus anderen Gründen viel außer Haus ist. So erkrankten 33 % der Mütter, bevor oder während der sexuelle Missbrauch stattfand, körperlich (s. auch Hirsch 1987, S. 77; Herman 1981, S. 77 f.). Selbst Krankenhausaufenthalte werden den Müttern also negativ, tatunterstützend oder tatauslösend angelastet. Die Täter werden durch eine solche Argumentation indirekt entlastet und entschuldigt. In den letzten Jahren hat sich der Inhalt der Vorwürfe etwas gewandelt: Den Müttern wird heute zunehmend vorgeworfen, sie würden zu viel arbeiten und sich deshalb nicht genügend um ihr Kind kümmern. Noch einmal Blair und Rita Justice (1979, S. 120) zur Illustration der „alten“ Vorwürfe gegenüber den Müttern:

> Mütter werden krank, kommen ins Krankenhaus und schaffen damit letztlich die Voraussetzungen für den Inzest. … andere Mütter entfernen sich nicht real, sondern eher im übertragenen Sinne. Sie gehen nicht … ins Krankenhaus, sind aber zu Hause zu nichts mehr fähig. Sie können hochschwanger sein, oder ziehen sich mit chronischer Erkrankung oder einem anderen Leiden auf ihr Zimmer zurück und überlassen es der Tochter, „Frau des Hauses“ und Partnerin des Mannes zu werden.

Zweitens werden die Mütter im Vergleich zu anderen Frauen als psychisch labiler beschrieben. Ihnen wird in diesem Zusammenhang unterstellt, sie würden ihren Partner und insbesondere ihre Kinder nicht genügend umsorgen, seien zu keiner liebevollen Beziehung fähig und vernachlässigten insgesamt ihre Familie (z. B. ebd., S. 99; Maisch 1968, S. 128). Letztlich hätten sie eine gestörte Beziehung zu ihren Töchtern bzw. ihren Kindern, weshalb das Risiko eines sexuellen Missbrauchs steige.

Als eine wichtige Ursache für die schwierige Beziehung zur Tochter wird insbesondere von psychoanalytisch orientierten Autoren die eigene Mutterbeziehung betrachtet. Die Mutter sei kaltherzig und feindselig gewesen. Sie hätte so ein geringes Selbstwertgefühl und ein negatives weibliches Selbstgefühl bei der Mutter hinterlassen, was wiederum zu einer Angst vor emotionaler Nähe geführt hätte (Hirsch 1987, S. 117 f.; Kapitel 8).

Drittens wird den Müttern ein sexueller Rückzug angekreidet getreu dem Motto: Wenn Vater und Mutter nicht mehr miteinander schlafen, ist der Vater-Tochter-Inzest beinahe unausweichlich. Den Frauen wird unterstellt, sie seien „frigide", „kühl" oder „sexuell uninteressiert" und ihr sexueller Rückzug führe direkt zum sexuellen Missbrauch. Mütter hätten demnach die Pflicht, ihren Männern sexuell zur Verfügung zu stehen, ob sie Lust haben oder nicht. Herbert Maisch (1968, S. 108 f.) fasst dies wie folgt zusammen:

> Wie auch immer, die Analyse des Materials lässt klar erkennen, dass die Einschränkung des ehelichen Sexualverkehrs auf ein von der Norm abweichendes Maß … in erster Linie das Symptom einer viel allgemeineren sozialen und emotionalen Störung der Partnerschaftsbeziehung darstellt … Nach diesen Ausführungen über die familiäre Situation vor Tatbeginn wird man sich kaum dem Eindruck entziehen können, dass der Inzest nicht die Ursache, sondern das Symptom oder die Folge einer gestörten Familienordnung ist.

Indirekt werden Männer so zu Menschen degradiert, die ihre Sexualität nicht steuern können. Sie werden im wahrsten Sinne des Wortes zu willenlosen „Triebtätern" gemacht. Steht ihre Frau ihnen nicht zur Verfügung, fallen sie ohne Hemmungen über ihre Töchter her. Dass diese Männer, statt ihr Kind sexuell zu missbrauchen, sich z. B. selbst befriedigen oder sich eine gleichaltrige Partnerin außerhalb ihrer Beziehung suchen können, was viele von ihnen auch tun, scheint den Autoren gar nicht in den Sinn zu kommen. Das Bild vom Mann als „Triebtäter" ist genauso eindimensional wie das beschriebene Mutterbild.

Christel Dorpat (1982, S. 123) kommentiert dies aus Sicht einer betroffenen Mutter wie folgt:

> Ich hatte mich schon immer gefragt, wo dieses Heer frigider, gefühlarmer Frauen eigentlich stecken sollte. Ich hatte in meinen wochenlangen Klinikaufenthalten scharenweise Frauen kennengelernt, mit vielen hatte ich über Sexualität gesprochen. Es lag auf der Hand, wir waren ja als Folge unserer Sexualität dort, manche Frauen konnten zwar nicht mit ihrem Mann, aber frigide war keine gewesen. Die Frigidität wurde immer von Männern ins Spiel gebracht, wenn es ihnen nützlich erschien. Waren die Frauen frigide, war ihr sexueller Ausbruch schon entschuldigt.

Außerdem haben einige Täter während des sexuellen Missbrauchs ihres Kindes weiterhin regelmäßig sexuelle Kontakte mit ihrer Partnerin. In der Untersuchung von Kathleen Coulborn Faller (1990, S. 67) hatten von den 65 befragten Müttern nur sechs sexuelle Probleme mit ihren Partnern. Bei einer Untersuchung von 383 missbrauchenden Vätern aus Gefängnissen und therapeutischen Kontexten hatten 19 % während ihrer Ehe homosexuelle Beziehungen, 48 % betrogen ihre Partnerin, 47 % gingen zu Prostituierten und 80 % konsumierten Pornografie (Ballard et al. 1990, S. 54). Darüber hinaus missbrauchen nicht wenige Täter gleichzeitig Kinder innerhalb und außerhalb der Familie. Bei den von Gene Abel und Joanne Rouleau (1990, S. 16) befragten Männern war letzteres bei 23 % der Fall. Ein Teil dieser Männer vergewaltigte zudem noch Frauen (s. auch Bolen 2001, S. 191).

Viertens werden die Mütter als (finanziell) abhängig von ihrem Partner, als passiv, als masochistisch, als desillusioniert und manchmal als dominant beschrieben (Massat & Lundy 1998, S. 372; Nahkle Tamraz 1996, S. 80). Einer der Urväter der neuen Kinderschutzbewegung, Henry C. Kempe, tat sich gemeinsam mit seiner Frau Ruth S. Kempe bei den Schuldzuweisungen an die Mütter in besonders negativer Weise hervor. Sie schrieben:

> Aussagen von Müttern, sie könnten gar nicht überraschter sein, darf man generell nur teilweise glauben; uns ist noch kein einziger Fall von seit langem praktizierten Inzest vorgekommen, in dem die Mutter unschuldig war. (Kempe, H. C. & Kempe, R. S. 1978, S. 69 f.)

Bis heute fehlen empirische Untersuchungen, die diese Vorwürfe gegen die Mütter und den Rollentausch nachweisen, weitestgehend (Bolen 2001, S. 189 ff.; Nahkle Tamraz 1996, S. 77; Breitenbach 1993, S. 48). Es gibt zwar bei einigen Müttern unzweifelhaft Tendenzen, ihr Kind in eine Erwachsenenrolle zu drängen, ein solches Verhalten findet sich aber längst nicht bei allen (Gerwert 1996; Hirsch 1987, S. 118 ff.; Armstrong 1985; Herman 1981, S. 75; s. auch Kapitel 7). Außerdem fanden Daniel W. Smith und Benjamin E. Saunders (1995, S. 614 ff.) in ihrer Untersuchung von 94 Vätern, die ihre Kinder missbraucht hatten, und 65 nicht missbrauchenden Müttern bei den Vätern 30 und bei den Müttern 33 verschiedene Persönlichkeitsprofile. Darüber hinaus konnten sie keinerlei Belege für die in der Literatur häufig beschriebene Konstellation eines dominierenden Mannes und einer unterwürfigen, passiven Frau finden. Die Partnerinnen und Partner ähnelten sich vielmehr in ihren Persönlichkeitsprofilen. Angesichts solcher Ergebnisse haben Verallgemeinerungen und einseitige Zuschreibungen bei der Diskussion über die nicht missbrauchenden Eltern nichts zu suchen. Es stellt sich zudem die Frage, wie sich die Situation beim innerfamilialen Missbrauch von Söhnen durch ihre Väter darstellt. Hier hat das Modell des Rollentausches keinen Erklärungswert und taucht deshalb in der Literatur nicht auf. Gleiches gilt für sexuelle Übergriffe durch Großväter oder Geschwister. Zum Geschwisterinzest im Kindes- und Jugendalter hat Esther Klees (2008) die erste lesenswerte deutschsprachige Untersuchung vorgelegt, in deren Rahmen die internationalen Forschungsergebnisse umfassend dargestellt werden.

2.2 Die Sicht der Kinder auf ihre nicht missbrauchenden Eltern

Um nicht falsch verstanden zu werden: Es ist – wie bereits ausgeführt – angemessen, den Anteil, den nicht missbrauchende Mütter und Väter am sexuellen Missbrauch haben, mit in den Blick zu nehmen: Ein Teil der Eltern vernachlässigt ihre Kinder und erhöht so ihr Risiko sexuell missbraucht zu werden. Andere Mütter und Väter nehmen trotz aller Hinweise der Kinder den sexuellen Missbrauch nicht wahr, wieder andere wissen von der sexuellen Ausbeutung ihrer Kinder und dulden sie schweigend. Durch letzteres Verhalten laden die Eltern unzweifelhaft passiv Schuld auf sich (s. auch Kapitel 2.1). Es ist dabei keine Entschuldigung, auf eine eigene schwere Kindheit zu verweisen oder schwierige Lebensumstände anzuführen. Die Kinder sind vor dem Hintergrund solcher Erfahrungen deshalb häufig zutiefst enttäuscht über ihre Eltern bzw. den nicht missbrauchenden Elternteil. Dies bringen sie oftmals mit großer Bitterkeit zum Ausdruck. Vier Zitate von drei betroffenen Frauen und einem Mann sollen diese Gefühle der Opfer stellvertretend illustrieren:

> Meine Mutter berührte mich niemals. Ich habe keine Erinnerung daran, dass sie mich jemals geküsst hätte. Ich weiß, sie wollte mich nie an erster Stelle. (Herman 1981, S. 112)

> Sie ist der selbstbezogene Märtyrer der Familie: „Alles geschieht nur mir." Tatsächlich war sie oft krank und ich versuchte sie zu trösten und für sie zu sorgen, aber sie war damit nie zufrieden.

missbrauchen. Selbst wenn ein Elternteil sein Kind regelrecht anbietet, bleibt dem potenziellen Täter jederzeit die Möglichkeit „Nein" zu sagen und sich wegen einer Kindeswohlgefährdung an das Jugendamt zu wenden.

2.3 Traditionelles Mutterbild und Ideologie der „heiligen Familie"

Die kulturhistorischen Ausgangspunkte der oben beschriebenen negativen Zuschreibungen an die Mütter und der Sichtweise als „stiller Partnerin" sind die Ideologie der „heiligen Familie" und das damit in enger Verbindung stehende traditionelle Bild der „guten Mutter". Diese beiden Leitbilder entstanden im 18. und 19. Jahrhundert. Mit der Ausbreitung der kapitalistischen Produktionsweise im Verlauf der industriellen Revolution wurden die Arbeits- und die Wohnstätten immer stärker voneinander getrennt. Die Sozialform des „ganzen Hauses" büßte an Bedeutung ein. An ihre Stelle trat das Ideal der bürgerlichen Kleinfamilie. Das neue Leitbild der Ehe hob die Einzigartigkeit des Partners hervor. Liebe wurde zum zentralen ehestiftenden Motiv. Damit einher ging eine Polarisierung der Geschlechterrollen: Die Frau bleibt zu Hause, der Mann geht zur Arbeit. Die Kindheit wurde zu einer eigenständigen Lebensphase und die Erziehung des Kindes zur „ureigensten" Aufgabe der Mutter. Mütterlichkeit wurde damit stark aufgewertet und letztlich ging damit ein Verdrängen der Väter aus dem Leben der Kinder einher. Bis sich diese Sichtweise durchsetzte und zum Ideal für alle Schichten wurde, dauerte es allerdings bis zum Anfang des 20. Jahrhunderts. Erst als immer mehr Menschen der Armut und der materiellen Not entfliehen konnten, war es für breite Bevölkerungsschichten möglich, nach diesen Vorstellungen zu leben (Peuckert 1999, S. 22 ff.; Schenk 1998, S. 174 ff.; Olivier 1993, S. 31 ff.; Badinter 1996, S. 159 ff.; Lenzen 1991, S. 195 ff.).

Die Mutter wird seitdem – getreu diesem Bild – als eine unerschöpfliche Quelle von Liebe gesehen. Sie ist in der Familie allgegenwärtig und ihr emotionaler Mittelpunkt. Sie spürt intuitiv, wenn ihrem Kind ein sexueller Missbrauch droht und schreitet frühzeitig ein, um ihr Kind zu schützen. Dies gilt auch, wenn der Täter versucht, den Missbrauch vor ihr systematisch zu verbergen. Ihr Kind kommt beim kleinsten Anzeichen eines möglichen sexuellen Missbrauchs zu ihr und vertraut sich ihr an. Grundsätzlich werden Mütter für alle Probleme ihrer Kinder in Haftung genommen bzw. als dafür verantwortlich betrachtet. Dadurch wird den Müttern eine Aufgabe übertragen, die nicht zu bewältigen ist (Carter 1993, S. 76; Hooper & Humphreys 1998, S. 568; Hill 2001, S. 388 f.). Claudia Voigt (2009) beschreibt diese Zuschreibungen in einem Kommentar zum aufsehenerregenden Urteil des Europäischen Gerichtshofs über das Sorgerecht von ledigen Vätern sehr treffend:

> Wenn ein Kind in Mathe einen Fünfer nach Hause bringt – Schuld der Mutter, sie hat in den Tagen vor der Klassenarbeit nicht ausreichend mit dem Sohn oder der Tochter gepaukt.
>
> Wenn es an Allergien erkrankt – Schuld der Mutter, sie hat das Baby nicht oder nicht lang genug gestillt.
>
> Wenn das erwachsene Kind später von einer Beziehungskrise in die nächste trudelt – Schuld der Mutter, sie hat es in den ersten Jahren nicht zufriedenstellend an sich gebunden.

Diese Reihe von Zuschreibungen an die „ideale Mutter“ lässt sich beliebig fortsetzen. Kehrt man diese Aussagen um, entsteht quasi als Negativ das Bild der „bösen Mutter“. „Böse Mütter“ sind alles, was die „gute Mutter“ nicht verkörpert. Mütter sind nach diesem Schema keine Frauen, sondern ausschließlich Mütter (s. Tab. 2).

Tabelle 2: Zuschreibungen an die „gute“ und die „böse“ Mutter (vgl. Miller & Dwyer 1997, S. 195)

Die „gute“ Mutter	Die „böse“ Mutter
Sie weiß alles und sie sieht alles, was ihr Kind betrifft	Sie möchte gar nicht wissen, was die Wahrheit ist
Sie weiß in jedem Fall, was das Beste für ihr Kind ist	Sie schadet ihrem Kind
Sie hat eine warme und einzigartige Beziehung mit ihrem Kind	Sie zieht andere Personen ihrem Kind vor
Ihre Rolle als Mutter geht ihr über alles	Sie geht zuerst ihren eigenen Bedürfnissen nach
Sie fördert eine enge Beziehung ihres Kindes zu ihrem Partner	Sie gestattet es ihrem Partner, ihr Kind zu missbrauchen
Sie behandelt alle ihre Kinder gleich	Sie ignoriert die Bedürfnisse ihres Kindes

Das gleiche Verhalten einer Mutter kann vor diesem Hintergrund diametral unterschiedlich interpretiert werden: Fördert sie eine warme Beziehung zwischen ihrem Partner und ihrem Kind wird sie dafür gelobt, wie vorbildlich sie sich verhält, allerdings nur so lange, wie kein sexueller Missbrauch geschieht. Kommt es zum Missbrauch, hat sie dem Täter das Kind zugeführt (Miller & Dwyer 1997, S. 195; Breitenbach 1993, S. 46). Josephine Rijnaarts (1988, S. 186) beschriebt dieses Dilemma wie folgt:

> Nach meiner Auffassung wird die Rolle des „Mütterchens“ erst dann zum Symptom, wenn der Vater seine Tochter sexuell missbraucht. Mit anderen Worten: Jeder findet es normal, wenn Töchter im Haushalt mithelfen; erst wenn es in einer Familie zum Vater-Tochter-Inzest kommt, muss dieser Umstand plötzlich als Argument herhalten, um der Mutter die Schuld am Fehlverhalten des Vaters in die Schuhe schieben zu können.

Mit der Realität haben diese Zuschreibungen jedoch wenig zu tun. Keine Mutter kann ihr Kind 24 Stunden täglich schützen und den Vorgaben dieses Mutterbildes entsprechen. Dennoch beeinflusst es die Reaktionen der Mütter selbst, der betroffenen Kinder, der Väter, der Angehörigen und des Umfeldes, wenn ein sexueller Missbrauch öffentlich wird. Die Mutter muss es doch gewusst haben und hätte ihr Kind schützen müssen, ist eine fast intuitive Reaktion der meisten Beteiligten. Barbara Kavemann und Ingrid Lohstöter (1984, S. 89) fragten sich dies bereits vor 25 Jahren in ihrem Buch „Väter als Täter“: „Wie kann die eigene Tochter in der eigenen Wohnung jahrelang missbraucht werden, ohne dass die Mutter es wahrnimmt und einschreitet? Wir konnten es uns kaum vorstellen." Es ist deshalb nicht möglich, über innerfamilialen sexuellen Missbrauch insbesondere an Mädchen nachzudenken, ohne den kulturellen Kontext der Mutterrolle einzubeziehen (Miller & Dwyer 1997, S. 194).

Das beschriebene Mutterbild haben Mütter und Töchter bzw. Söhne internalisiert und es bestimmt ihre Erwartungen und Wahrnehmungen (ebd., S. 195; Rijnaarts 1988, S. 166). David Finkelhor (1979, S. 204) zitiert dazu ein durch ihren Vater sexuell missbrauchtes Mädchen:

> Ich war böse auf sie, weil sie mich nicht beschützte. Als ich älter wurde, wurde mir klar, dass sie es … nicht konnte, aber ich bin mir immer noch nicht sicher … ich denke, es hat etwas damit zu tun, dass man früher einfach sicher war, die Mutter würde einen vor allem Bösen beschützen, wenn man sich verletzt fühlte oder sich wehgetan hatte und sich an niemanden wenden konnte. Wenn man als Kind Schmerzen hat oder weint, läuft man normalerweise zur Mutter. Und wenn sie nicht da ist, dann vielleicht zum Vater. Aber wenn der Vater die Ursache des Kummers ist, dann ist die Mutter die einzige, zu der man noch gehen kann, und wenn sie dann nicht reagiert …, wird man wirklich sehr böse.

An dieser Stelle und vor dem Hintergrund dieses Zitates kann man deshalb fragen: Wie sollen Töchter und Söhne ihre Mütter nicht beschuldigen vor dem Hintergrund dieser mächtigen kulturellen Bilder und des geschickten Vorgehens der Täter? Es ist deshalb fast schon normal, dass viele Töchter und Söhne mehr Ärger und Wut gegenüber den Müttern (und Vätern) zeigen als gegenüber den Tätern (Miller & Dwyer 1997, S. 197).

Birgit Rommelspacher (1989, S. 91) meint, diese hohen Erwartungen an die Mütter seien Ausdruck kindlicher Allmachtsphantasien. Sie sieht darin die Reaktivierung eigener frühkindlicher Ängste, von der Mutter verlassen zu werden. Angesichts der starken Emotionen, die die nicht missbrauchenden Mütter bei vielen auslösen, steckt in dieser Erklärung einige Wahrheit.

Exkurs: Wandel der Mutter- und Vaterrolle

In den letzten drei Jahrzehnten ist intensiv über den Wandel der Mutter- und Vaterrolle diskutiert und geschrieben worden. Der „neue Vater" wurde entdeckt und gefeiert. Väter sollen heute beruflich erfolgreich und für ihre Kinder da sein. Die Mütter sollen Beruf und Familie ebenfalls vereinbaren und nach der Geburt eines Kindes möglichst schnell wieder in den Beruf zurückkehren. Die Hausarbeit und die Kindererziehung sollen von den Müttern und Vätern gleichberechtigt erledigt werden. Zudem soll die Elternbeziehung spannend bleiben. Doch wie sieht die Wirklichkeit aus? Bei einer vom Deutschen Jugendinstitut (DJI) im Auftrag der Bertelsmann Stiftung durchgeführten Befragung von 1.803 Männern im Alter zwischen 15 und 42 Jahren gaben nahezu zwei Drittel an, das erste Kind solle erst dann kommen, wenn sie selbst in der Lage sind, eine Familie ernähren zu können. Jeweils etwa 95 % gaben an, der Familie ein Heim bieten zu wollen und den Lebensunterhalt für die Familie verdienen zu wollen. 42 % der befragten Männer sahen sich als traditionell eingestellt an. Der höchste Anteil an Traditionalisten fand sich unter den jüngsten Befragten sowie unter den Vätern. Gleichzeitig, anders als früher, wollen die Männer sich aber Zeit für ihr Kind nehmen (94,9 %) sowie es betreuen und beaufsichtigen (45,4 %). Immerhin 43 % möchten die eigene Karriere für das Kind zurückstellen (Zerle & Krok 2008, S. 3 ff.). Männer sehen sich also zunehmend und überwiegend als „moderne Ernährer“ an. Sie entsprechen damit zumindest verbal den neuen Anforderungen.

In der Realität verändert sich aber nur langsam etwas. Der Anstieg der Inanspruchnahme der sogenannten Vätermonate kann als Einstieg in einen solchen Wandel verstanden werden. Im Jahr 2009 nahm bereits etwa jeder fünfte Vater Elternzeit (18,6 % aller im Jahr 2009 beendeten Leistungsbezüge). Allein gegenüber dem Jahr 2008 ist dies ein Anstieg um knapp 3 %. Allerdings nahmen ca. drei Viertel der Väter nur die zusätzlichen zwei Vätermonate (74,7 %). Der Hauptteil der Elternzeit wird also nach wie vor von den Müttern genommen (Statistisches Bundesamt 2010a, S. 7). Dementsprechend sinkt – trotz der anders lautenden verbalen Äußerungen – die durchschnittliche Erwerbszeit von Müttern nach der Geburt eines Kindes signifikant ab, während die der Väter steigt. So waren im Jahr 2008 in den alten Bundesländern nur 29 % der Mütter mit Kindern unter 3 Jahren erwerbstätig. Je älter die Kinder werden, umso mehr Mütter nehmen dann wieder eine Arbeit auf (Kinder 3 bis 5 Jahre: 59 %; 6 bis 9 Jahre: 65 %, 10 bis 14 Jahre: 70 %). Bei den Vätern ist die Beteiligung am Erwerbsleben weitestgehend unabhängig vom Alter der Kinder. Sie lag im Jahr 2008 je nach Alter des Kindes zwischen 83 und 86 %. Hinzu kommt, dass Mütter generell häufiger einer Teilzeitarbeit nachgehen als Väter. So arbeiteten 2008 fast drei Viertel der erwerbstätigen Mütter mit Kindern in Teilzeit (Statistisches Bundesamt 2010b, S. 1 f.). In den alten Bundesländern ist zwischen 1996 und 2005 die Quote der vollzeitbeschäftigten Mütter mit Kindern unter 3 Jahren sogar von 11,2 auf 9,7 % zurückgegangen (Statistisches Bundesamt 2007). Die Quote der erwerbstätigen Mütter sinkt zudem mit der Kinderzahl. Bei einer Befragung von Eltern zum Bundeselterngeld waren 75 % der Frauen, die ihr erstes Baby bekamen, vorher erwerbstätig. Bei den Frauen, die bereits ein Kind hatten, lag die Rate dagegen bei 43 %. Außerdem arbeiteten letztere Frauen deutlich häufiger in Teilzeit (Bundesministerium für Familie, Senioren, Frauen und Jugend 2010, S. 49).

Bei einer repräsentativen Befragung von 501 Vätern im November 2009 durch das Meinungsforschungsinstitut forsa im Auftrag des Männer-Lifestylemagazins „Men's Health“ und der Deutschen Angestellten Krankenkasse gaben rund 50 % an, sie würden ihre berufliche Karriere gerne zurückstellen, aber nur 18 % setzten dies bereits in die Tat um. Etwa ein Drittel der befragten Väter lehnte eine Einschränkung ihrer beruflichen Entwicklung kategorisch ab. Vor allem geringer verdiendende und jüngere Väter zwischen 21 und 29 Jahren gaben dies an. Mehr als ein Drittel der Väter fühlte sich manchmal mit der Aufgabe, Familie und Beruf unter einen Hut zu bringen, überfordert. Dass sich der Vater um die Kinder kümmert, während die Partnerin arbeiten geht, ist mit 4 % weiterhin die Ausnahme (Men's Health 2010).

Offenbar verändern sich zudem die Arbeitsaufteilung und die Beteiligung der Väter an der Hausarbeit und Erziehung mit der Dauer der Partnerschaft. In einer Längsschnittstudie, bei der 1.483 Paare teilnahmen, die 1988 geheiratet hatten, gaben z. B. zu Beginn ihrer Partnerschaft 44 % an, sie würden sich die Hausarbeit partnerschaftlich teilen. 14 Jahre später waren es nur noch 14 %. Im gleichen Zeitraum nahm der Anteil der stark traditionellen Rollenverteilung von 25 auf 60 % zu. Nicht traditionelle Formen der Arbeitsteilung kamen über die Jahre hinweg nicht einmal bei 2 % der Paare vor. Wichtigster Faktor bei dieser Retraditionalisierung war die Geburt eines Kindes (Schulz 2007, S. 2 ff.; Schulz & Blossfeld 2006, S. 37 ff.). Zahlreiche weitere empirische Untersuchungen bestätigen diesen Befund: Die Geburt des ersten Kindes führt zu einem deutlichen „Rückfall" in eine traditionelle Rollenverteilung zwischen Müttern und Vätern (Institut für Demoskopie Allensbach 2010, S. 13 ff.; Bundesministerium für Familien, Senioren, Frauen und Jugend 2006, S. 107 ff.). Einzig bei der Beteiligung der Väter an der Kindererziehung sind deutlichere Veränderungen festzustellen. Die Väter kümmern sich insgesamt mehr um ihre Kinder als früher. Allerdings übernehmen die Mütter immer noch eindeutig die Hauptlast und die Väter beteiligen sich in erster Linie an Aktivitäten, die einen spielerischen Charakter haben. Die Routinetätigkeiten, Versorgungsaufgaben und die Organisation des Alltag werden nach wie vor vorwiegend von den Müttern übernommen (ebd., S. 108 f.; Volz & Zulehner 2009, S. 96).

Diese Zahlen belegen, dass sich der Wandel nur langsam vollzieht und dies, obwohl Männer wie Frauen verbal nach mehr Gleichberechtigung streben. Bezüglich der Elternschaft ist eine erstaunliche Konstanz festzustellen. Dabei ist die Mutterrolle weiterhin relativ klar konturiert, während sich das Vaterbild eher diffus weiterentwickelt. Norbert Schneider (2010, S. 14) ist deshalb weitgehend zuzustimmen, wenn er schreibt:

> Der Wandel vom Ernährer zum Erzieher ist eine Idee, die in der Praxis noch kaum angekommen ist und der neue sogenannte „Neue Vater" lässt sich empirisch nicht entdecken. Vielmehr ist festzustellen, dass sich Frauen nach der Geburt eines Kindes aus dem Arbeitsmarkt zurückziehen, während gleichzeitig die Arbeitszeit der Männer steigt.

Die Geburt eines Kindes löst also immer noch eine Retraditionalisierung der Rollenaufteilung aus. Der Wandel der Mutter- und Vaterrollen wird durch die Mythen über die „gute Mutter" und den „Vater als Ernährer der Familie" massiv behindert. Sie haben bis heute einen großen Einfluss darauf, wie Eltern und ihr Verhalten bewertet werden. Dies gilt für Eltern im Allgemeinen und insbesondere für nicht missbrauchende Eltern im Besonderen. Letzteres wird im Verlaufe der weiteren Ausführungen noch mehrfach ausgeführt.

2.4 Mutterbilder bei Helferinnen und Helfern

Angesichts dieser mächtigen, von uns allen mehr oder weniger verinnerlichten Bilder finden sich solche abwertenden Haltungen gegenüber Müttern und zum Teil auch Vätern ebenfalls bei Helferinnen und Helfern. Insbesondere ist dies bei Professionellen der Fall, die in erster Linie mit den Kindern arbeiten und täglich ihr Leiden und ihren Schmerz mitbekommen. David Finkelhor (1979, S. 212) meint sogar, Kliniker, Kinderschutzfachkräfte und Wissenschaftler hätten ihr Bild der Mutter von den Opfern übernommen und sich zu wenig mit der Realität der nicht missbrauchenden Mütter (und Väter) befasst.

Christel Dorpat (1982, S. 124) beschreibt dies als betroffene Mutter mit fast den gleichen, gegenüber ihrer Tochter recht aggressiven Worten:

Du wusstest ja immer, dass er mich nicht liebte, und jetzt wisst ihr, dass ich frigide bin. Aber ich muss dir sagen, dass mir diese Tatsache ganz neu ist, ich bin nicht frigide, auch wenn ihr beide es noch so gern hättet und es in allen Büchern steht. Und ich bin es nie gewesen. Frage doch mal deinen Psychiater, mit wie vielen Frauen er gesprochen hat, die in meiner Lage waren. Ich schätze mit keiner, denn nur die Tochter und der arme Vater sind interessant, was mit der Mutter los ist, interessiert keinen Menschen.

Laut verschiedener Untersuchungen aus den USA und einzelner Befragungen aus Deutschland beschuldigen dementsprechend nicht nur einzelne, sondern sehr viele Helferinnen und Helfer die Mütter (Plummer & Eastin 2007a, S. 779 ff.; McGuffey 2005, S. 631; Hill 2001, S. 390; Bolen 2001, S. 31; Miller & Dwyer 1997, S. 196 f.; Klopfer, Berger, Lennertz, Breuer, Deget, Wolke, Fegert, Lehmkuhl, Lehmkuhl, Lüderitz & Walter 1999, S. 657 f.; Roth 1997, S. 292 ff.). So hielten bei einer Befragung von 228 Polizisten, Kinderschutzfachkräften und Krankenschwestern 88 % den Täter nicht für allein verantwortlich. Immerhin 12 % sahen in der Mutter die Hauptverantwortliche und insgesamt 84 % schrieben der Mutter zumindest eine Mitverantwortung zu – und zwar egal, ob der Täter aus der Familie oder von außerhalb kam. 20 % gaben den Kindern eine Mitverantwortung (Kelley 1990b, S. 46). Bei einer anderen Befragung glaubten von 200 Sozialarbeitern 87 %, die Mütter würden dem Missbrauch unbewusst zustimmen und 65 % gingen davon aus, die Mütter wären in gleichem Maße verantwortlich für den sexuellen Missbrauch wie die Täter (Dietz & Craft 1980, S. 606). Obwohl die Mehrzahl der Sozialarbeiter in den von ihnen konkret bearbeiteten Fällen sehr häufig parallel zum sexuellen Missbrauch von häuslicher Gewalt gegen die Mütter wusste, vertrat sie diese Meinung. Eine solch verurteilende und ablehnende Haltung gegenüber den Müttern fand sich signifikant häufiger bei den Professionellen, die Fachliteratur gelesen hatten. Die zumindest in der damaligen Literatur regelmäßig vertretene Meinung, die Mütter seien per se „stille Partnerinnen", hatte also offenbar mehr Einfluss auf die Haltung der Sozialarbeiter als ihre praktischen Erfahrungen (ebd.). Dieses Ergebnis unterstreicht noch einmal nachdrücklich die Wirkung der Mythen über die Mütter.

Bei einer Gruppendiskussion von zehn nicht missbrauchenden Müttern, die der Mittelschicht angehörten, wurde ebenfalls von zahlreichen Vorwürfen und wenig Unterstützung berichtet. Wenn die Kinderschutzfachkräfte nicht an den Missbrauch glaubten, wurden die Mütter oft harsch und ablehnend behandelt. Eine Mutter äußerte z. B. „sie sei behandelt worden wie eine Bürgerin zweiter Klasse" (Plummer & Eastin 2007a, S. 779 f.). Vorwürfe über Falschbeschuldigungen waren eher die Regel und nicht die Ausnahme. Respektvoll wurde den Müttern fast ausschließlich bei außerfamilialen Missbrauch begegnet (ebd., S. 782). Darüber hinaus hatten die Mütter das Gefühl, sie würden von den Sozialarbeitern als ihr Kind nicht unterstützend und für den Missbrauch verantwortlich angesehen. Eine Mutter dazu: „Die Kinderschutzfachkraft sagte, wäre ich zu Hause bei meinem Kind geblieben, wäre so eine Sache nicht passiert" (ebd., S. 779). Nicht überraschend belehrten die Kinderschutzfachkräfte dementsprechend die Mütter darüber, was eine „gute Mutter" ist und wirkten ungehalten, wenn die Mütter diesen Vorstellungen nicht entsprachen. Die Mütter wurden zudem kaum über den Verlauf der Intervention informiert. So hörten sie z. B. nichts über die weiteren Ergebnisse der polizeilichen Untersuchungen. Schließlich resümierten die meisten Mütter, sie würden sich nicht noch einmal an das Hilfesystem wenden. Eine Mutter begründete dies wie folgt: „Wenn sie Wut zeigen, sind sie hysterisch. Wenn sie keine Emotionen zeigen, sind sie gefühllos und sie werden beschuldigt für nicht schützendes Verhalten“ (ebd., S. 783; s. auch Hill 2001, S. 390).

In einer in Deutschland durchgeführten Befragung von zehn Professionellen schrieben immerhin fünf den Müttern eine Mitverantwortung zu und acht meinten, die Mütter würden den Missbrauch zwar spüren, ihn aber leugnen (Roth 1997, S. 293). Von 41 in Köln und Berlin zum Verhalten der Helfer befragten, nicht missbrauchenden Müttern gab ein Teil an, sie seien teilweise nicht ernst genommen, abgewertet und misstrauisch beäugt worden (Klopfer et al. 1999, S. 657 f.). Die Haltung gegenüber den nicht missbrauchenden Müttern dürfte in Deutschland also nicht entscheidend anders sein als in den USA. Zwei Zitate sollen das illustrieren:

> Viele Mütter wollen nicht sehen, wenn ihr Mann ihre Tochter missbraucht, das kann nicht sein, das darf nicht sein. In einer intakten Familie, in einer intakten Ehe kommt so etwas nicht vor (Kindertagestätte). (Roth 1997, S. 293)

> Wenn mir eine Frau sagt: „Ich habe über fünf oder acht Jahre nichts mitbekommen“, ich nehme ihr das inzwischen nicht mehr ab. Ich habe damit massive Schwierigkeiten ... man muss genauso auch einmal sagen, dass die Mütter sich genauso schuldig machen. (ebd.)

Allerdings gibt es in den Untersuchungen immer auch Professionelle, die versuchen, jeden Einzelfall für sich zu betrachten und nicht blind irgendwelchen Stereotypen zu folgen. Sie behandeln die Eltern respektvoll, gehen einfühlsam mit ihnen um und setzen sich für sie ein (Klopfer et al. 1999, S. 657). Außerdem ist es in der Praxis oftmals angesichts des Auftretens von Müttern und Vätern schwer, rational und professionell zu bleiben.

Untersuchungen aus den USA zeigen, dass Kinderschutzfachkräfte, Psychologen, Ärzte und Polizisten zumindest bis vor 10 bis 15 Jahren zum Teil immer noch verschiedene falsche Vorstellungen über den sexuellen Missbrauch an Mädchen und Jungen äußerten (Kovera, Borgida, Gresham, Swim & Gray 1993, S. 391 ff.; Hibbard & Zollinger 1990, S. 349 f.). In der Studie von Roberta Hibbard und Terrel W. Zollinger (1990, S. 351) fehlte mindestens 20 % der Befragten genügend Wissen über wichtige Aspekte für Interventionen bei sexuellem Missbrauch.

2.5 Welche Funktion hat die Abwertung der nicht missbrauchenden Mütter?

Die Abwertung der Mütter stellt den Versuch dar, sich selbst, den Täter und die Gesellschaft als Ganzes aus der Verantwortung zu entlassen (Oelze 1996, S. 279). Je mehr eine außenstehende Person der nicht missbrauchenden Mutter, beim außerfamilialen Missbrauch zusätzlich dem Vater, eine Mit- oder Hauptverantwortung geben kann, desto besser geht es dieser Person. Sie entlastet sich so von eigenen Ohnmachts- und Hilflosigkeitsgefühlen. Selten wird deshalb danach gefragt, warum z. B. die Erzieher im Kindergarten oder die Lehrer in der Schule nichts bemerkt haben, obwohl sie doch täglich ebenfalls viel Zeit mit den Kindern verbringen und durch ihre Ausbildung darin geschult seien müssten, einen sexuellen Missbrauch wahrzunehmen. Kinderärzte, Psychologen oder Mitarbeiter von Jugendämtern, die mit diesen Kindern Kontakt hatten, werden ebenfalls nicht in gleicher Weise wie die Mütter (und Väter) hinterfragt. Noch viel seltener wird den Professionellen eine Mitverantwortung für ein früheres Erkennen des sexuellen Missbrauchs zugeschrieben. Neben ihrer Ausbildung verfügen sie gegenüber den nicht missbrauchenden Eltern aber sogar noch über einen weiteren Vorteil, der es ihnen eigentlich erleichtern müsste, einen sexuellen Missbrauch zu erkennen: Sie haben zum Täter in der Regel keine enge Beziehung, die ihnen den Blick auf die Realität erschwert. Sylvia Oelze (1996, S. 281) ist deshalb zuzustimmen, wenn sie schreibt:

> Es macht wenig Sinn, den Müttern eine Art „Absolution" zu erteilen; wir sollten jedoch darüber reflektieren, inwieweit es für unser persönliches Wohlbefinden nützlich ist, eine möglichst große Mitschuld der Mütter zu konstruieren.

An dieser Stelle möchte ich betonen, dass für den Schutz der Kinder vor sexuellem Missbrauch nicht nur die Eltern verantwortlich sind, sondern das soziale Umfeld hierbei ebenfalls eine wichtige Rolle spielt.

2.6 Die Väter dürfen nicht ignoriert werden

Beim innerfamilialen sexuellen Missbrauch durch Mütter wird in der Literatur so gut wie nie nach dem Vater gefragt. Ihm wird in der Regel nicht vorgeworfen, seine Frau sexuell nicht befriedigt zu haben, sich bewusst ins Krankenhaus begeben zu haben oder nichts gemerkt zu haben. Wenn bei den Vätern mit dem gleichen Maß gemessen würde wie bei den Müttern, müssten sich in der Literatur solche Vorwürfe finden. Selbst wenn man Christa Mulacks Buch „Etwas so Unvorstellbares – Sexueller Missbrauch und das Schweigen der Mütter" als sehr einseitig, ja fast feindselig gegenüber Vätern empfindet, ist ihr vor diesem Hintergrund zuzustimmen, wenn sie von einer Tabuisierung männlicher Verantwortung schreibt (Mulack 1999, S. 37; s. auch Bolen 2001, S. 197).

Die nicht missbrauchenden Väter werden selbst beim außerfamilialen sexuellen Missbrauch nicht oder kaum in die Untersuchungen einbezogen. So wie sie durch die mit der bürgerlichen Kleinfamilie einhergehende Rollenzuschreibung insgesamt aus dem Leben ihrer Kinder herausgedrängt worden sind, so werden sie auch beim sexuellen Missbrauch ihrer Kinder übersehen. Dabei sind sie für die Heilung ihrer Kinder genauso wichtig wie die Mütter. Außerdem benötigen sich die Partner gegenseitig, um mit der Krise eines Missbrauchs des eigenen Kindes fertig zu werden. Das hier noch einiges zu tun ist, zeigt ein Studienergebnis von Betty Carter (1993, S. 84). Von elf Vätern waren aus Sicht ihrer Frauen nach der Aufdeckung des sexuellen Missbrauchs nur drei ihre größten Stützen. Allerdings wurden in dieser Studie – natürlich, möchte man ergänzen – die Väter nicht befragt, wie sie die Situation eingeschätzt haben.

Wie wenig die nicht missbrauchenden Väter beim Thema des sexuellen Missbrauchs einerseits einbezogen werden und wie die missbrauchenden Väter andererseits entschuldigt und die Mütter beschuldigt werden, kann an einer Kampagne des Deutschen Kinderschutzbundes (DKSB) gegen sexuellen Missbrauch verdeutlicht werden. Mitte der 1990er Jahre fand sich auf Plakaten des DKSBs unter dem Motto „Helfen satt strafen" folgender Text:

> Papis Liebe tut weh. Sabine ist Papis „Ein und Alles“. Sie wird von ihm geliebt. Aber mehr als sie verkraften kann. Denn Papi vergeht sich sexuell an seiner Tochter. Dabei möchte er ihr nicht weh tun, er liebt sie doch ... Er kann nur schwer Zuwendung und sexuelles Verlangen voneinander trennen ... Sabine ist eine von circa 80.000 Opfern sexuellen Missbrauchs in der Bundesrepublik jährlich. Ihre Mutter weiß nichts davon. Oder will es nicht wahrhaben. Sie verschließt die Augen – genau wie die Nachbarn, Freunde oder Verwandten. Doch Sabines brauchen Hilfen. Sabines Väter brauchen Hilfe. Ihre Hilfe. Unsere Hilfe.

Zum Glück ist diese Kampagne nicht mehr aktuell. Sie ist ein Beispiel für die Schuldzuweisung an die Mütter, die Entschuldigung der Täter, die Verharmlosung ihrer Taten und die Nichtbeachtung der nicht missbrauchenden Väter. Zum einen wurde darin der sexuelle Missbrauch auf innerfamilialen sexuellen Missbrauch beschränkt, wo doch die häufigste Form der außerfamiliale sexuelle Missbrauch durch der Familie nahestehende Personen ist (s. Kapitel 1). In der seit dem Jahre 2010 geführten Diskussion über den sexuellen Missbrauch in Institutionen war es erneut der DKSB, der mit als erster auf den sexuellen Missbrauch innerhalb der Familie hinwies und forderte, er müsse ein wichtiges Thema an den „runden Tischen“ der Bundesregierung sein (Deutschlandfunk 22.09.2010). Natürlich ist der innerfamiliale sexuelle Missbrauch häufig und hat oftmals besonders massive Auswirkungen. Die Einlassungen des DKSB wirkten aber dennoch wie ein Ablenkungsmanöver. Zum anderen gerieten bei der Kampagne Mitte der 90er Jahre Mütter als Täterinnen genauso aus dem Blick wie Geschwister oder Großeltern als Täter. Dementsprechend tauchen die nicht missbrauchenden Väter als Personen erst gar nicht auf. Väter sind laut der Kampagne Männer, die ihre Töchter zu viel lieben und sie deshalb missbrauchen. Dazu lässt sich nur feststellen: Welch eine Verharmlosung der teilweise grausamen Handlungen, die die Kinder über sich ergehen lassen müssen und welch eine Verkürzung der Hintergründe sexueller Gewalt. Laut der Kampagne benötigen die Väter Hilfe und sind Opfer ihrer überbordenden Zuneigung. Die wahren Schuldigen sind die Mütter, die nichts gemerkt haben. Die Nachbarn, Freunde und Verwandte bekommen ebenfalls „ihr Fett weg“. Die Notwendigkeit eines Hilfsangebotes für die Mütter und andere Beteiligten wird nicht gesehen. Bis heute hat sich der DKSB nicht von dieser Kampagne distanziert (Mulack 1999, S. 115 ff.).

Zusammenfassend lassen sich die Inhalte dieses Kapitels mit den Worten von Josephine Rijnaarts (1988, S. 191) treffend auf den Punkt bringen:

> Das Problem all dieser Theorien ist nicht, dass ihre Aussagen über die Mütter von Inzestopfern nicht wahr wären oder dass bestimmte Eigenschaften, Verhaltensweisen oder Umstände nicht auf bestimmte Mütter zuträfen; das Problem ist, dass der Mutter des Inzestopfers praktisch alles, was sie ist oder nicht ist, was sie tut oder unterlässt im Nachhinein als bewusster oder unbewusster, aktiver oder passiver Beitrag zur Entstehung des Vater-Tochter-Inzests ausgelegt wird. Sie darf nicht sterben, sie darf keine psychischen Probleme haben, nicht krank und nicht schwanger werden; sie darf das Haus nicht verlassen, schon gar nicht zu ihrem eigenen Vergnügen, sie hat aber anderseits die Familie vor sozialer Isolierung zu bewahren; sie darf nicht unterwürfig sein, aber auch nicht dominieren, nicht frigide, aber auch nicht allzu leidenschaftlich, nicht prüde, aber auch nicht promiskuitiv, und so weiter, und so weiter.

All dies gilt für nicht missbrauchende Väter in übertragener Form ebenfalls.

3 Der Aufdeckungsprozess

Die Frage, ob eine Mutter oder ein Vater seinem Kind glaubt und es unterstützt, hängt nicht unwesentlich davon ab, wie das Kind über den sexuellen Missbrauch spricht bzw. wie bei den Eltern der Verdacht entstanden ist. Bevor die Reaktionen der Eltern auf die Aufdeckung geschildert werden, wird deshalb der derzeitige Kenntnisstand über den Aufdeckungsprozess dargestellt.

3.1 Was bedeutet Aufdeckung?

Der Begriff „Aufdeckung" ist relativ unbestimmt (Mosser 2009, S. 27 ff.; Alaggia 2004, S. 1214): Erstens ist unklar, ob nur dann von Aufdeckung zu sprechen ist, wenn der sexuelle Missbrauch einer offiziellen Stelle bekannt wird oder ob es reicht, wenn ein Kind mit einer anderen Person, z. B. einer Freundin, über den sexuellen Missbrauch spricht.

Zweitens wird die Aufdeckung eines sexuellen Missbrauchs vielfach nur als punktuelles Ereignis aufgefasst. Sie wird auf den Augenblick reduziert, wo ein Kind sich erstmals einem anderen Menschen anvertraut. Diese Sichtweise ist aus verschiedenen Gründen verkürzt: Die Aufdeckung eines sexuellen Missbrauchs geschieht selten in einem Schritt. Sie ist vielmehr in den meisten Fällen für die betroffenen Mädchen und Jungen sowie für die nicht missbrauchenden Eltern wie ein Puzzle und zieht sich häufig über längere Zeit hin. So müssen sich die betroffenen Mädchen und Jungen erst einmal als Opfer sexuellen Missbrauchs betrachten (Browne 1991, S. 150). Allein dies kann z. B. für ein Kind im Vorschul- oder Grundschulalter, dem vom Vater suggeriert wird, die sexuellen Handlungen seien normal, ein längerer Prozess sein. Zum Teil verstehen die Kinder aufgrund ihres Entwicklungsalters und fehlenden Wissens einfach nicht, was ihnen da passiert und dass dies ein sexueller Missbrauch ist. Ein missbrauchter Mann hat dies mir gegenüber seinerzeit so formuliert:

> Ich habe das damals keinem erzählt, weil ich nicht wusste, wie das hätte sagen können. Ich habe zwar richtig darunter gelitten, aber ich kannte keine Worte dafür. Hättest Du mich als ich acht oder neun war, gefragt, wirst Du missbraucht, hätte ich glatt nein gesagt. Ich kannte diese Begriffe einfach nicht. Außerdem hatte ich große Angst, dass die Leute mich auslachen und für einen Schwächling halten. (Bange & Enders 1995, S. 125)

Mädchen und Jungen in der Pubertät haben aus anderen Gründen oft Probleme, sich als Opfer sexueller Gewalt zu sehen. Da unter Jugendlichen der Begriff „Opfer" sehr häufig wie ein Schimpfwort verwendet wird und Opfer als schwach und uncool gelten, möchten sie nicht als solche gesehen werden. Außerdem erwarten Jugendliche berechtigterweise eher Vorwürfe seitens der Eltern bzw. der Erwachsenen. Sie hätten sich doch wehren müssen oder sich erst gar nicht in eine solche Situation bringen dürfen, sind Schuldzuweisungen, die Jugendliche häufig zu hören bekommen, wenn sie sich öffnen. Des Weiteren wägen Mädchen und Jungen, je älter sie werden, genau ab, welche Konsequenzen die Aufdeckung für sie und ihr Umfeld hat.

Bei den nicht missbrauchenden Müttern und Vätern entwickelt sich in der Regel parallel zum Zuwachs an Informationen die innere Akzeptanz schrittweise darüber, ob ein Missbrauch stattgefunden hat oder nicht (Plummer 2006, S. 1228).

Drittens wird die Aufdeckung oft auf sprachliche Äußerungen eines Kindes verkürzt. Ein Kind kann aber ebenfalls durch Verhaltenshinweise zur Aufdeckung eines sexuellen Missbrauchs beitragen. So schlafen Kinder plötzlich z. B. voll bekleidet, möchten nicht mehr zum heißgeliebten Sport oder fallen durch altersunangemessenes Sexualverhalten auf. Bezüglich der Berücksichtigung von Verhaltenssignalen stellen sich zwei weitere Fragen:

1. Sind nur solche Verhaltensauffälligkeiten zum Aufdeckungsprozess zu zählen, die die Kinder bewusst als Signal für einen sexuellen Missbrauch entwickeln oder gehören auch solche dazu, die „einfach" Folgen des sexuellen Missbrauchs sind?
2. Sind solche Verhaltenssignale nur Teil des Aufdeckungsprozesses, wenn sie von anderen Personen als Indiz für einen sexuellen Missbrauch interpretiert werden (Mosser 2009, S. 28)?

Unabhängig von der akademischen Beantwortung dieser beiden Fragen ist für die betroffenen Mädchen und Jungen eines ganz klar: Sie legen vielfach bewusst bestimmte Verhaltensweisen an den Tag, um ihre nicht missbrauchenden Eltern oder andere Erwachsene auf den Missbrauch aufmerksam zu machen. Wie die Wissenschaft dies interpretiert, ist ihnen völlig egal. Allerdings sind diese bewusst gegebenen Hinweise der Kinder nicht immer leicht zu interpretieren, wie das folgende Beispiel zeigt:

> Doch, körperliche Zeichen. Da war das mit den Zähnen. Schon als ganz kleines Kind hatte ich das. Ich biss dauernd so stark auf die Zähne, dass ich in ständiger zahnärztlicher Behandlung war. Ein Zahn nach dem anderen musste mir gezogen werden. Eine sicher nicht alltägliche Behandlung. Aber auch der Zahnarzt hat sich nicht die Mühe genommen, nach Ursachen zu fragen. Das mit den Zähnen scheint mir ein klares Zeichen gewesen zu sein. Man sagt ja auch: Du musst halt auf die Zähne beißen. (Kazis 1988, S. 58)

Eine Mutter beschreibt diesen Prozess und ihre Probleme, die Signale ihrer beiden Kinder richtig zu deuten, selbstkritisch:

> Beide Kinder, jedes auf seine Art, haben versucht, Signale zu geben. Leider habe ich die Signale nicht zu deuten gewusst. Grazia hat sexuelle Ausdrücke gebraucht, die ich selbst als erwachsene Frau nicht kannte. Sie hat zum Beispiel von Futz geredet und davon, eine Hure zu sein ... Ich war verwirrt. Ich spürte klar, dass es in Richtung Sexualdelikt gehen könnte. Aber ich wollte um alles in der Welt nicht glauben müssen, dass es etwas zu tun haben könnte mit meinem Mann, mit dem Mann, den ich geheiratet habe. Nächtelang lag ich wach und sagte mir: Es darf nicht wahr sein, so hast du dich doch nicht getäuscht. Du hast doch sicher nicht einen Mann geheiratet, der seinen eigenen Kindern so etwas antut. (ebd., S. 62 f.)

Romana Alaggia (2004, S. 1218 f.) beschreibt aufgrund einer Befragung von 24 Erwachsenen genau diesen Typus des intentionalen Einsatzes von Verhaltenssignalen. Einige der Befragten hatten als Kinder versucht, durch auffälliges Verhalten ihre Umwelt auf den sexuellen Missbrauch aufmerksam zu machen. Je nach Alter der Kinder sind die Signale andere. Im Kleinkindalter klammern sich die Kinder z. B. wieder an ihre Mütter oder sie reagieren mit Wutanfällen. Im Grundschulalter schließen sich die Kinder in ihrem Zimmer ein, in der Pubertät laufen sie von zu Hause weg. Der Erfolg dieses strategischen

Vorgehens der Kinder hängt davon ab, ob die Erwachsenen aufmerksam und sensibel genug sind, die Veränderungen überhaupt wahrzunehmen und insbesondere, ob sie einen sexuellen Missbrauch als Erklärungshintergrund für die Auffälligkeiten überhaupt in ihre Überlegungen einbeziehen. Für viele Eltern ist trotz aller Berichterstattungen in den Medien und vieler Aufklärungskampagnen bis heute der sexuelle Missbrauch ihres eigenen Kindes unvorstellbar. Auf diesen wichtigen Aspekt der Rolle der Eltern bei der Prävention wird in Kapitel 12 noch einmal genauer eingegangen. Als Illustration dazu zwei Sätze einer betroffenen Mutter:

> Ne. Hatte ich gar keine Vorstellung. Absolut nicht. Ich wäre auch nie auf so einen Gedanken gekommen, niemals, also … woher? (Mosser 2009, S. 169)

Bei einem Teil der missbrauchten Mädchen und Jungen führt dies wiederum zu einem Gefühl der tiefen Enttäuschung über den nicht missbrauchenden Elternteil (s. Kapitel 2).

3.2 Formen der Aufdeckung

In den Untersuchungen wird oftmals zwischen der absichtlichen, der forcierten und der zufälligen Aufdeckung unterschieden. Die *absichtliche* Offenlegung geschieht aktiv und bewusst seitens des Kindes. Die *forcierte* Aufdeckung ist eine Reaktion z. B. auf eine Befragung durch Erwachsene. Unter der *zufälligen* Aufdeckung wird z. B. verstanden, wenn ein Zeuge den sexuellen Missbrauch beobachtet hat und ihn gegenüber den Eltern oder offiziellen Stellen benennt (Reinhart 1987, S. 230). Bei den von Michael A. Reinhart (1987, S. 233) untersuchten 189 Jungen und einer gleich großen Zahl sexuell missbrauchter Mädchen legten 38 % der Jungen und 40 % der Mädchen den Missbrauch absichtlich offen. Bei 22 bzw. 21 % kam es zu einer forcierten Aufdeckung und bei 20 bzw. 11 % zu einer zufälligen Offenlegung. Bei den restlichen Mädchen und Jungen gab es entweder einen Verdacht ohne Aufdeckung oder die Art der Aufdeckung war unbekannt.

In einer Untersuchung von Leslie Biron Campis, Joanne Hebden-Curtis und David Ray Demaso (1993, S. 927) wurde bei 40 Vorschulkindern der sexuelle Missbrauch signifikant häufiger zufällig entdeckt als bei den 32 älteren Kindern. Andere Studien kommen zu ähnlichen Ergebnissen. Grundschulkinder und Jugendliche decken demnach einen sexuellen Missbrauch generell bewusster auf als Vorschulkinder (s. auch Paine & Hansen 2002, S. 274). Die Gründe dafür liegen auf der Hand: Je älter die Kinder sind, umso besser können sie ihr Verhalten und ihre Äußerungen kontrollieren. Außerdem können sie die Folgen einer Aufdeckung besser einschätzen und handeln deshalb zielgerichteter.

Romana Alaggia (2004, S. 1219 f.) hat darüber hinaus aufgrund ihrer Untersuchung zwei weitere Reaktionsweisen von Mädchen und Jungen beschrieben: Zum einen gibt es Kinder, die sich bewusst dafür entscheiden, nichts zu sagen. Für eine solche Entscheidung sind offenbar insbesondere Befürchtungen der Kinder, ihnen würde nicht geglaubt, sie würden andere verletzten und ihre Schamgefühle entscheidend. Diese Kinder leugnen selbst bei direkten Befragungen z. B. durch Eltern, Sozialarbeiter oder Polizisten ihre Betroffenheit vehement und dauerhaft ab. Eine Betroffene formuliert dies so:

> Ich wünschte, ich könnte Menschen wie meiner Mama erzählen, was passiert ist … aber ich würde es ihnen niemals erzählen, weil ich sie nicht verletzen möchte und ich habe bei ihnen viele Verletzungen und Schmerzen wahrgenommen und ich möchte sie nicht noch mehr belasten mit meinem Kram. (ebd., S. 1219)

Bei den betroffenen Frauen und Männern, die ein solches Vorgehen wählen, lassen sich im Nachhinein die meisten Verhaltensauffälligkeiten nachweisen (ebd.; Mosser 2009, S. 60).

Zum anderen beschreibt Romana Alaggia Personen, die kein Bewusstsein für oder keine Erinnerung an den sexuellen Missbrauch haben und ihn deshalb nicht aufdecken können (ebd., S. 1220). Melissa Ming Foynes, Jennifer J. Freyd und Anne P. DePrince (2009, S. 210) liefern dafür eine einleuchtende Erklärung: Aus Sicht der Kinder ist ein „Vergessen" oder „Verdrängen" des sexuellen Missbrauchs eine schützende Copingstrategie, die es ihnen gerade beim innerfamilialen sexuellen Missbrauch erlaubt, sich die emotionale Beziehung zum Täter zu erhalten. Eine Aufdeckung des Missbrauchs würde dagegen die Beziehung gefährden, auf die sie möglicherweise emotional angewiesen sind. Kurz zusammengefasst könnte man dies wie folgt formulieren: Wenn ich mich an den Missbrauch nicht erinnere, ist er nicht geschehen und damit gibt es nichts mehr aufzudecken.

Über die Frage fehlender bzw. verdrängter Erinnerungen gibt es eine erbittert geführte Kontroverse. Einige Autoren lehnen dieses Phänomen ab und interpretieren es als durch Therapeuten suggeriert (z. B. Loftus & Ketcham 1995; s. auch Olafson, Corwin & Summit 1993, S. 19; Bolen 2001, S. 22 f.). Es findet sich aber in allen zu dieser Frage vorliegenden Studien ein nicht unerheblicher Anteil von betroffenen Frauen und Männern, die sich in ihrem Leben phasenweise nicht mehr an den sexuellen Missbrauch erinnern konnten (Bange 2002, S. 61 ff.). Das Phänomen fehlender Erinnerungen kann folglich nicht geleugnet werden. Im Übrigen können sich bei anderen Traumata wie z. B. Autounfällen ebenfalls einige Betroffene nicht mehr an das Geschehen erinnern. Darüber gibt es jedoch keine kontroverse Diskussion.

Schließlich wird noch zwischen *detaillierten* und *vagen* Aufdeckungen unterschieden. Bei der einen Form machen die Kinder bzw. Jugendlichen ziemlich genaue Angaben, während bei der anderen die Mädchen und Jungen den Missbrauch eher andeuten. Letzteres Verhalten legen vor allem jüngere Kinder an den Tag (Paine & Hansen 2002, S. 274).

Insgesamt sollte man sich bei der Interpretation von Untersuchungsergebnissen diese Zusammenhänge bewusst machen und sich genau den zugrunde liegenden Aufdeckungsbegriff anschauen. Außerdem sind meist Erwachsene über ihre Kindheit befragt worden, was zu Verzerrungen aufgrund von Gedächtnislücken oder fehlenden Erinnerungen führen kann. Schließlich gibt es in Deutschland nur sehr wenige Untersuchungen zum Aufdeckungsprozess. Die meisten Studien sind in den USA durchgeführt worden, wo zum Teil andere gesetzliche Bedingungen herrschen. So gibt es dort in fast allen Bundesstaaten eine Meldeverpflichtung. Damit einher gehen andere und teilweise gesetzlich festgelegte Verfahren zum Umgang mit dem Verdacht (Mosser 2009, S. 30; Paine & Hansen 2002, S. 272). Eine Übertragung der Ergebnisse aus den USA ist deshalb nur eingeschränkt möglich.

3.3 Wie und wann sprechen Kinder über sexuellen Missbrauch?

Sehr viele Mädchen und Jungen sprechen bis ins Erwachsenenalter hinein nicht über ihren Missbrauch. Bei einer Metaanalyse von elf seit 1990 erschienenen Studien, in denen Erwachsene danach befragt wurden, ob sie mit anderen über ihren Missbrauch gesprochen haben, gaben durchschnittlich nur etwa ein Drittel bis die Hälfte der Befragten an, sich in ihrer Kindheit einem anderen Menschen anvertraut zu haben. Angesichts der in den Studien verwendeten unterschiedlichen Definitionen und zugrunde gelegten Stichproben ist die Konsistenz der Ergebnisse bemerkenswert (London, Bruck, Ceci & Shuman 2005, S. 198 ff.). Bei verschiedenen neueren Studien, die bei der Metaanalyse noch nicht berücksichtigt worden sind, sind die Ergebnisse ähnlich (Foynes, Freyd & DePrince 2009, S. 213; Ullmann & Filipas 2005, S. 774; Ruggiero, Smith, Hanson, Resnick, Saunders, Kilpatrick & Best 2004, S. 68; Jonzon & Lindblad 2004, S. 194; Alaggia 2004, S. 1218).

Bei zwei in Deutschland durchgeführten Befragungen von Studentinnen und Studenten der Universität Dortmund und der Universität des Saarlandes gaben etwa ein Drittel der befragten Frauen und etwa die Hälfte der Männer an, noch nie mit jemandem über den sexuellen Missbrauch gesprochen zu haben (Bange & Deegner 1996, S. 126 f.). Um die Dramatik dieser Ergebnisse noch einmal zu unterstreichen, möchte ich einige Aussagen aus den Fragebögen zitieren, die seinerzeit bei der Dortmunder Befragung von betroffenen Frauen gemacht worden sind:

> Hallo Dirk, das ist ja stark! Auf dem Weg zum Deutsch-Seminar hatte ich mir überlegt, ob ich nicht einen (anonym natürlich) Aushang machen sollte. Ich wollte soo gerne wissen, ob es nicht irgendjemanden gibt, der es auch erlebt hat oder den man deswegen ansprechen kann … Es wäre vielleicht gut mit jemanden darüber zu reden.
>
> Nur mein Freund kennt die Geschichte.
>
> Ich bin vergewaltigt worden. Ich bin heute (drei Jahre danach, Anm. d. Autors) noch nicht in der Lage, mit meinem Freund zu schlafen. Ich verkrampfe mich zu sehr. Ich habe Angst. Nur mein Freund kennt die Geschichte. (Bange 1992, S. 92)

Bei der Telefonhotlinie der von der Bundesregierung eingesetzten „Unabhängigen Beauftragten zur Aufarbeitung des sexuellen Kindesmissbrauchs" Frau Christiane Bergmann gingen binnen eines halben Jahres 1.700 Anrufe und 800 Briefe von betroffenen Frauen und Männern ein. Von ihnen hatten sich rund 60 % zuvor noch niemandem anvertraut (FAZ.NET 22. 09. 2010).

Für viele betroffenen Frauen und Männer bieten also letztlich sogar die Untersuchungen erstmals die Möglichkeit, über den sexuellen Missbrauch zu kommunizieren. Dies ist ein Skandal und erfordert endlich mehr Aufklärung über den sexuellen Missbrauch als bisher. In den Jahren vor der Aufdeckung der massenhaft vorkommenden sexuellen Gewalt in Institutionen wie Internaten und Klöstern war ja bereits wieder ein deutlich abnehmendes Interesse am Thema des sexuellen Missbrauchs an Mädchen und Jungen festzustellen. Als Fachmann, der sich seit Jahren mit dem Thema befasst, kam es mir so vor, als seien die Gesellschaft, viele Menschen und sehr viele Professionelle froh, sich anderen Aufgaben zuwenden zu können. Dies ist beim Thema des sexuellen Missbrauchs kein ungewöhnlicher Vorgang. In den letzten 150 Jahren hat es einen stetigen Wechsel zwischen Phasen gegeben, wo intensiv über sexuellen Missbrauch debattiert wurde, und Phasen, in denen das Thema quasi dem Vergessen anheimgefallen ist oder sich eine Gegenbewegung formiert hat, die die Diskussion als übertrieben und die Opfer als unglaubwürdig bewertet hat (Olafson, Corwin & Summit 1993, S. 19; Bange 1992, S. 27).

Von den Kindern, die überhaupt über den Missbrauch sprechen, macht dies ein Teil innerhalb der ersten 48 Stunden nach der Tat. Viele brauchen aber auch Monate bis hin zu einem oder mehreren Jahren (London et al. 2005, S. 204). Die folgenden vier Studienergebnisse sollen dies beispielhaft verdeutlichen. Gleichzeitig zeigen sie, dass die Studienergebnisse zu dieser Frage insgesamt etwas gemischter sind als zur Frage der Aufdeckungsraten:

- In einer landesweiten repräsentativen Telefonuntersuchung in den USA von David Finkelhor und Kollegen (1990, S. 21) hatten 38 % bis zur Befragung noch mit keinem Menschen über den Missbrauch gesprochen. 42 % hatten innerhalb des ersten Jahres nach dem Missbrauch, einen anderen Menschen ins Vertrauen gezogen und 20 % brauchten dazu länger als ein Jahr.
- Eine landesweite Befragung von Daniel W. Smith und Kollegen (2000, S. 279) in den USA kam zu dem Ergebnis, dass von 236 betroffenen Frauen 18 % innerhalb von 24 Stunden den Missbrauch aufdeckten, weitere 9 % schafften dies innerhalb eines Monats. Weitere 8 % benötigten bis zu sechs Monate und 18 % bis zu fünf Jahre. Mit 48 % knapp die Hälfte brauchte mehr als fünf Jahre.
- In einer Studie von Sarah E. Ullman und Henrietta H. Filipas (2005, S. 774) benötigten etwa zwei Drittel der von ihnen befragten Frauen und Männer über ein Jahr, bevor sie mit einem anderen Menschen über den Missbrauch sprachen. Darüber hinaus gaben 75 % der Befragten an, eher vage, kurz oder mehr allgemein über ihren sexuellen Missbrauch gesprochen zu haben.
- In den bereits erwähnten in Deutschland durchgeführten Studien benötigten 43 % der Frauen und 42 % der Männer mehr als ein Jahr für diesen Schritt (Bange & Deegener 1996, S. 126 ff.).

3.4 Welche Faktoren beeinflussen die Aufdeckung?

Die Studienergebnisse zu der Frage, welche Faktoren es beeinflussen, ob überhaupt oder wie schnell ein Kind über den sexuellen Missbrauch spricht, sind teilweise widersprüchlich. Nach bisherigen Erkenntnissen wird das kindliche Verhalten durch die im Folgenden dargestellten Faktoren beeinflusst.

Innerfamilialer versus außerfamilialer sexueller Missbrauch

Opfer innerfamilialen sexuellen Missbrauchs sprechen seltener über den sexuellen Missbrauch als Kinder, die durch Bekannte oder Fremde missbraucht wurden. Außerdem benötigen sie durchschnittlich länger, um über den Missbrauch sprechen zu können (s. u. a. Mosser 2009, S. 36 f.; Priebe & Svedin 2008, S. 1100; Hershkowitz, Horowitz & Lamb 2005, S. 1208; Paine & Hansen 2002, S. 275 f.; Smith et al. 2000, S. 281; Arata 1998, S. 68 f.; Bange & Deegener 1996, S. 127). So machten z. B. in der Studie von Irit Hershkowitz, Dvora Horowitz und Michael E. Lamb (2005, S. 1207 f.) im Interview nur 21 % der innerfamilial sexuell missbrauchten Kinder bestätigende Aussagen. Dieser Wert stieg auf 89 % an, wenn der vermutete Täter keine Elternfigur war. Für diesen Zusammenhang gibt es verschiedene Erklärungen: Erstens haben die Kinder beim innerfamilialen sexuellen Missbrauch zum Täter in der Regel eine enge Bindung, die aufgrund des sexuellen Missbrauchs jedoch meist ambivalent ist. In einer Studie gaben dementsprechend über die Hälfte der Kinder an, sie würden den Täter lieben, würden ihn mögen, bräuchten ihn bzw. seien von ihm emotional abhängig. Allerdings gab gleichzeitig die Hälfte an, sie würden ihn irgendwie auch hassen (Berliner & Conte 1990, S. 32). Zweitens benötigen Kinder zum Aufwachsen den Schutz und die Integrität ihrer Familie. Diese möchten sie in der Regel – trotz des sexuellen Missbrauchs – nicht verlieren. Drittens wirken die Täterstrategien bei innerfamilialen sexuellem Missbrauch in der Regel besonders massiv in Richtung der Geheimhaltung. Es gibt jedoch einige Studien, die in dieser Hinsicht keinen Zusammenhang feststellen konnten (London et al. 2005, S. 201; Foynes, Freyd & DePrince 2009, S. 214).

Außerdem fällt es vielen außerfamilial sexuell missbrauchten Jungen und Mädchen ebenfalls sehr schwer, sich anderen Menschen mitzuteilen. Dies gilt insbesondere dann, wenn sich der Täter eine elternähnliche Rolle angeeignet hat. Dies ist, wie in Kapitel 1 ausgeführt wurde, beim außerfamilialen sexuellen Missbrauch nicht selten. Die im Jahr 2010 losgetretene Diskussion über den sexuellen Missbrauch in Klöstern und Internaten hat dies noch einmal sehr deutlich werden lassen. Viele der Betroffenen benötigten Jahrzehnte, um über ihre leidvollen Erfahrungen sprechen zu können.

Geschlecht des Kindes

Jungen bzw. Männer sprechen seltener über den sexuellen Missbrauch als Mädchen und Frauen. Sie machen zudem – wenn sie überhaupt darüber sprechen – in der Regel weniger detaillierte Angaben. Besonders schwer fällt es ihnen, über sexuellen Missbrauch durch Väter bzw. Vaterfiguren zu sprechen (Lippert, Cross, Jones & Walsh 2009, S. 106; Mosser 2009, S. 41 ff.; Priebe & Svedin 2008, S. 1100; Bange 2007, S. 94 ff.; Ullman & Filipas 2005, S. 776; Hershkowitz, Horowitz & Lamb 2005, S. 1209; Paine & Hansen 2002, S. 274; DeVoe & Faller 1999, S. 222; Halperin et al. 1996, S. 1328; Bange & Deegner 1996, S. 127; Bagley, Wood & Young 1994, S. 688 f.).

Für die besonderen Probleme der Jungen wird die Jungensozialisation, die von Jungen verlangt stark zu sein, verantwortlich gemacht. Über Schwächen, über Ängste, gar über einen sexuellen Missbrauch zu sprechen, passt nicht zu diesem Bild. Hinzu kommt bei einem Missbrauch durch einen Mann die Angst, als Homosexueller gebrandmarkt zu werden. Außerdem werden die Begriffe „Vergewaltigung" und „sexueller Missbrauch" von den meisten Menschen mit einer Frau als Opfer und einem Mann als Täter assoziiert. Sexuell missbrauchte Jungen und Männer finden sich darin nicht wieder und haben deshalb manchmal Schwierigkeiten, ihre Erfahrungen überhaupt als Missbrauch zu benennen. Außerdem haben sie oft das Gefühl, die einzigen Betroffenen zu sein, da über den sexuellen Missbrauch an Jungen kaum öffentlich gesprochen wird. Schließlich kommt als besonderes Tabu noch der sexuelle Missbrauch durch Frauen hinzu: Für einen Jungen bedeutet er eine doppelte Schande: Er wurde missbraucht und dann auch noch durch eine Frau. Nicht vergessen werden darf darüber hinaus, dass es beim sexuellen Missbrauch an Jungen massive Wahrnehmungsblockaden bei den Erwachsenen gibt. Bei ihnen wird aus den unterschiedlichsten Gründen z. B. ein sexueller Missbrauch als Ursache von Verhaltensauffälligkeiten sehr selten in Betracht gezogen. Das ist bei Mädchen mittlerweile anders (Bange 2007, S. 95 ff.).

Im Übrigen haben auch betroffene Mädchen und Frauen besondere Probleme damit, über einen sexuellen Missbrauch durch eine Frau mit anderen zu sprechen. In einer Untersuchung aus Kanada berichteten nur wenige der betroffenen Frauen davon, sich einem anderen Menschen anvertraut zu haben. Sie befürchteten, ihnen würde nicht geglaubt und sie würden als lesbisch angesehen (Tracey 2009, S. 1042 f.).

Kinder mit Behinderungen

Kinder mit Behinderung oder von Behinderung bedrohte Kinder sprechen seltener als nicht behinderte Kinder über sexuellen Missbrauch. Dies wird auf ihre zum Teil eingeschränkte Kommunikationsfähigkeit, ihre teilweise bestehende Abhängigkeit von anderen Personen, ihre Pflegebedürftigkeit, ihre besondere Verletzlichkeit und ihre durch die Behinderung manchmal gegebene soziale Isolation zurückgeführt. Außerdem wird ihnen von ihren Ansprechpartnern seltener geglaubt als nicht behinderten Kindern (Paine & Hansen 2002, S. 274). Hierfür ist sicherlich mitverantwortlich, dass Menschen mit Behinderungen immer noch von vielen Menschen als asexuell angesehen werden und viele sich nicht vorstellen können, dass sich ein Täter ein behindertes Kind als Opfer auswählt. Sie passen einfach nicht ins gängige Klischee des Missbrauchsopfers. Anders als viele Menschen glauben, suchen sich Täter aber teilweise gezielt Kinder mit Behinderungen aus, weil bei ihnen das Risiko entdeckt zu werden, aus den genannten Gründen geringer ist (Zemp 1996, S. 145 f.; Kwella & Mayer 1996, S. 164 f.).

Kinder mit Migrationshintergrund

Mädchen und Jungen mit Migrationshintergrund decken einen sexuellen Missbrauch seltener als Menschen ohne einen solchen Hintergrund auf. Dies belegen einige US-amerikanische Studien und eine Untersuchung aus Schweden übereinstimmend (London et al. 2005, S. 205; Paine & Hansen 2002, S. 275; Priebe & Svedin 2008, S. 1100). In Deutschland gibt es zu dieser wichtigen Frage keine Untersuchungen.

Für die größeren Schwierigkeiten von Kindern mit Migrationshintergrund, einen sexuellen Missbrauch aufzudecken, werden Sprachbarrieren, die soziale Isolation eines Teils der Migranten, Erfahrungen mit Diskriminierungen und ein dadurch mit bedingtes niedrigeres Selbstwertgefühl, ein fehlendes Wissen über die Hilfsangebote sowie das Fehlen spezifischer Hilfsangebote für Kinder mit Migrationshintergrund verantwortlich gemacht. Außerdem spielen kulturelle Unterschiede eine Rolle. So scheint es einen Einfluss auf die Aufdeckung zu haben, ob man aus einer individuumszentrierten oder mehr kollektivzentrierten Kultur kommt. In einer mehr auf das Kollektiv ausgerichteten Kultur wirkt offenbar der Zerfall der Familie in den Augen der betroffenen Kinder noch bedrohlicher als in einer mehr am Individuum orientierten Kultur. Die Aufdeckung eines sexuellen Missbrauchs wird in einer solchen Kultur vielfach als Nestbeschmutzung betrachtet, insbesondere wenn sich das Kind an Stellen außerhalb der eigenen Community wendet. Hilfe wird hier zuallererst innerhalb der Familie gesucht, dann im Rahmen der Community, z. B. bei Ältesten oder Geistlichen. Schließlich beeinflussen unterschiedliche Wertvorstellungen über Sexualität, Sexualität vor der Ehe oder Homosexualität das Aufdeckungsverhalten der Kinder (Paine & Hansen 2002, S. 275; Okeke 2010, S. 72 ff.). Da diese Kinder vielfach in Armut aufwachsen, wird darüber hinaus diskutiert, ob ihnen aufgrund der Kumulation von Risiken vielfach einfach die Ressourcen fehlen, um den Missbrauch offenlegen und die Konsequenzen der Aufdeckung bewältigen zu können (Mosser 2009, S. 36).

Allerdings dürfen nicht alle Kinder mit Migrationshintergrund über „einen Kamm geschoren werden". Von einer homogenen Gruppe kann angesichts der sehr unterschiedlichen Lebensumstände nicht gesprochen werden. Außerdem müssen einseitige Zuschreibungen wie z. B. „der Türke" vermieden werden (Finkel 2002, S. 346 f.; Okeke 2010, S. 72).

Schwere des sexuellen Missbrauchs

In den Studien findet sich kein konsistenter Zusammenhang zwischen der Schwere des Missbrauchs und der Zahl der Kinder, die ihn aufdecken. Je nach Studie finden sich mal höhere Aufdeckungsraten bei den „schwereren Fällen", mal bei „leichteren Delikten" wie Exhibitionismus (London et al. 2005, S. 202; Mosser 2009, S. 37 ff.; Priebe & Svedin 2008, S. 1100; Paine & Hansen 2002, S. 273; Arata 1998, S. 68). Möglicherweise fühlen sich einige Kinder, die Opfer von weniger schweren Übergriffen werden, nicht beeinträchtigt und verzichten deshalb darauf, die Taten aufzudecken. Allerdings gibt es Studienergebnisse, nach denen sich auch viele Kinder durch „leichtere Delikte" erheblich gestresst fühlen und erhebliche Probleme haben, darüber zu sprechen (Halperin et al. 1996, S. 1328). Einige Kinder, die vergewaltigt werden, schweigen wiederum, weil sie Angst haben, sie wären mitverantwortlich oder würden von anderen dazu gemacht. Drohungen und der Einsatz von körperlicher Gewalt durch die Täter, insbesondere solche, die die Mütter betreffen, tragen ebenso dazu bei, dass Kinder nicht oder erst verzögert über den Missbrauch sprechen (Jensen, Gulbrandsen, Mossige, Reichelt & Tjersland 2005, S. 1405; Paine & Hansen 2002, S. 277; Arata 1998, S. 68 f.).

Angst der Kinder vor Konsequenzen

Je mehr Angst die Kinder vor den Konsequenzen der Aufdeckung haben, umso länger benötigten sie dazu. Dabei machten sich die Kinder in der Studie von Tina Goodman-Brown, Robin S. Edelstein, Gail S. Goodman, David P. H. Jones und David S. Gordon (2003, S. 533) mehr Sorgen um andere Menschen als um sich selbst und den Täter. Dies fand sich vor allem bei den innerhalb der Familie sexuell missbrauchten Kindern. Insbesondere machen sie sich vielfach Gedanken über die nicht missbrauchenden Mütter. Sie möchten sie vor den negativen Folgen einer Aufdeckung schützen (Crisma, Bascelli, Paci & Romito 2004, S. 1042; Roesler & Wind 1994, S. 333). Ein Mädchen dazu:

> Ich wollte es immer ansprechen. Nicht ihr gegenüber – aber bei allen anderen. Ich wollte, dass jeder es wusste. Aber nicht sie.
>
> Ich glaube, sie wäre damit nicht fertig geworden. Ich weiß nicht, warum. Ich weiß wirklich nicht, warum. Weißt du, man schützt seine Eltern. (Armstrong 1985, S. 121)

Ein Teil der Kinder befürchtet darüber hinaus, die Eltern könnten ohne ihre Zustimmung über den sexuellen Missbrauch mit anderen sprechen oder gar offizielle Stellen einschalten, was sie nicht möchten, weil die Mädchen und Jungen dann die Kontrolle über die Folgen der Aufdeckung verlieren.

Verantwortungsübernahme durch die Kinder, Scham und Schuldgefühle

Je mehr sich die Kinder für den Missbrauch mitverantwortlich fühlen, desto länger brauchen sie in der Regel für die Aufdeckung. Ältere Kinder fühlen sich meist stärker verantwortlich als jüngere Mädchen und Jungen (Goodman-Brown et al. 2003, S. 534; London et al. 2005, S. 198 ff.).

Außerdem sind Scham und Schuldgefühle bedeutsam, die sich bei fast allen sexuell missbrauchten Mädchen und Jungen finden und bei einem Teil von ihnen Jahre später noch festzustellen sind (Bange 2007, S. 50 ff.; Feiring & Taska 2005, S. 337; Bonanno, Noll, Putnam, O'Neil & Trickett 2003, S. 309 ff.). Kinder entwickeln mit steigendem Alter generell ein stärkeres Gefühl für Scham. So berichteten 7-jährige Kinder, deren Genitalien im Rahmen einer ärztlichen Untersuchung berührt worden waren, weniger detailliert von dieser Untersuchung als Gleichaltrige, bei denen die Genitalien nicht mit untersucht wurden. Bei 5-jährigen Kindern konnte ein solcher Unterschied nicht nachgewiesen werden (Mosser 2009, S. 75). Schamgefühle sind folglich mit zunehmendem Alter der Kinder ein Hindernis für die Aufdeckung. In einer Studie gaben dementsprechend z. B. von 228 Frauen 76 (33 %) an, sie hätten wegen Scham und Schuldgefühlen geschwiegen (Roesler & Wind 1994, S. 333). Bei den Eltern löst die Aufdeckung eines sexuellen Missbrauchs vielfach ebenfalls massive Schamgefühle aus, die bei ihnen dazu beitragen, den Missbrauch nicht wahrhaben zu wollen. In der Beratung und Intervention muss deshalb über die Schamgefühle der Kinder und der Eltern gesprochen werden.

Alter der Kinder

Zwischen dem Alter der Kinder während des sexuellen Missbrauch und dem Zeitpunkt der Aufdeckung findet sich folgender Zusammenhang: Wenn der Missbrauch kurz vor der Pubertät, während oder nach der Pubertät beginnt, sprechen vergleichsweise viele Mädchen und Jungen mit einer anderen Person über die sexuelle Ausbeutung – insbesondere, wenn die Täter nicht viel älter sind als sie selbst. Außerdem kommt es bei Vorschulkindern eher zu „zufälligen" Aufdeckungen, während ältere Kinder und insbesondere Jugendliche den Missbrauch häufiger aktiv offenlegen (London et al. 2005, S. 201; Mosser 2009, S. 34; Lippert et al. 2009, S. 106; s. Kapitel 3.2).

Irit Hershkowitz, Dvora Horowitz und Michael E. Lamb (2005, S. 1207 f.) erfassten z. B. alle zwischen dem 01. 01. 1998 und dem 31. 12. 2002 offiziell bekanntgewordenen Anschuldigungen eines sexuellen Missbrauchs in Israel. Von den gut 7.800 Kindern, die im

An diesen beiden Studien wurde massive Kritik geäußert. Zum einen würden sie keine medizinischen oder anderen „harten" Beweise für den Missbrauch vorlegen. Zum anderen handele es sich vielfach um den Vorwurf ritualisierten sexuellen Missbrauchs, der in der Untersuchung von Lauren Shapiro Gonzalez, Jill Waterman und Robert J. Kelly (1993) zum großen Teil von Kindern der „McMartin Vorschule" erhoben wurde. Der spektakuläre Strafprozess um die Vorfälle an der „McMartin Vorschule" wurde seinerzeit ohne Verurteilung beendet, weil offenbar suggestive Befragungen durchgeführt worden waren (London et al. 2005, S. 214).

Allerdings könnte ein gewisses Schwanken in Therapien, die sich über einen längeren Zeitraum hinziehen, allein aufgrund des Zeitfaktors eher normal sein. Bei einmaligen Befragungen durch Polizisten bleibt allein vom Zeitablauf ja kaum die Möglichkeit, einen Missbrauch zu bestätigen, ihn zu widerrufen und ihn dann erneut zu erheben. Außerdem könnten in den „älteren Studien" die Kinder häufiger mit Widerrufen reagiert haben, weil die Erwachsenen seinerzeit dem Thema noch nicht so aufgeschlossen gegenüberstanden. Kinder, die heutzutage befragt werden, fühlen sich möglicherweise seltener unter Druck gesetzt, die Anschuldigung zu widerrufen, weil sie weniger Skepsis bei den Erwachsenen verspüren (Paine & Hansen 2002, S. 286). Eine Untersuchung dieser wichtigen Hypothese steht aber noch aus.

Nicht unerwähnt soll bleiben, dass es Kindern und Erwachsenen generell schwer fällt, über sehr persönliche und schambehaftete Themen mit anderen zu reden. Über körperliche Misshandlungen, abweichende sexuelle Phantasien oder Alkoholmissbrauch zu sprechen, ist ebenfalls nicht einfach. Bei solchen Themen tauchen dementsprechend die gleichen oder ähnliche Barrieren wie beim sexuellen Missbrauch auf: Die Kinder schämen sich, sie haben Angst bestraft zu werden, sie möchten ihre Freiheiten nicht verlieren und ihren Eltern keinen Kummer bereiten (Paine & Hansen 2002, S. 288 f.; Feiring & Taska 1999, S. 337). Sexuell missbrauchte Kinder und ihre Eltern stehen also zum Teil vor den gleichen Problemen wie andere belastete Familien.

3.5 Wem vertrauen sich betroffene Kinder und Erwachsene an?

Wenn die Betroffenen als Kinder über ihren Missbrauch sprechen, dann in erster Linie mit Familienmitgliedern und, je älter sie werden, mit Freundinnen bzw. Freunden. So wandten sich z. B. in der Studie von April R. Bradley und James M. Wood (1996, S. 885) 35 % der 234 erfassten Kinder an ein Familienmitglied, 16 % an einen Freund oder einen nahen Bekannten und 13 % an einen Lehrer. In der Studie von Lucy Berliner und Jon Conte (1995, S. 376) sprachen 48 % der in die Untersuchung einbezogenen 82 Kinder zuerst mit der Mutter und 5 % mit dem Vater. 17 % vertrauten sich einer Freundin bzw. einem Freund an. In der Studie von Catalina Arata (1998, S. 66) redeten 58 % mit der Mutter und 36 % mit ihren Vätern über den sexuellen Missbrauch (s. auch Ruggiero et al. 2004, S. 68; Ullmann & Filipas 2005, S. 776; Jonzon & Lindblad 2004, S. 195; Lamb & Edgar-Smith 1994, S. 317; Roesler & Wind 1994, S. 330; Gomes-Schwartz, Horowitz & Caradelli 1990, S. 66; London et al. 2005, S. 208 f.).

Jugendliche und Jungerwachsene wenden sich dagegen vorwiegend an Freunde und/oder Partner und andere Familienmitglieder als die Eltern wie z. B. Geschwister. Von 1.244 befragten jungen erwachsenen Frauen und 249 Männern aus Schweden, die über einen sexuellen Missbrauch gesprochen hatten, zogen 63 % der Frauen und 69 % der Männer eine Freund bzw. eine Freundin ihres Alters ins Vertrauen. Die Mütter folgten mit 28 bzw. 17 % an zweiter, die Väter mit 13 und 14 % an dritter und die Geschwister mit jeweils 12 % an vierter Stelle (Priebe & Svedin 2008, S. 1100). Aus einer Dortmunder Befragung von Studentinnen ergab sich, dass 49 % der befragten Frauen zuerst mit einer Freundin oder einem Freund über den sexuellen Missbrauch gesprochen hatten. 19 % wandten sich an ihre Mütter. Väter, Brüder und Schwestern wurden zu jeweils etwas unter 10 % ins Vertrauen gezogen. Sozialarbeiter und Polizisten spielen in allen Untersuchungen keine nennenswerte Rolle (Bange 1992, S. 93 f.; s. u. a. Bange & Deegener 1996, S. 127 f.; Priebe & Svedin 2008, S. 1098; Ruggiero et al. 2004, S. 68; Ullmann & Filipas 2005, S. 774; Arata 1998, S. 67; Lamb & Edgar-Smith 1994, S. 317). Die primäre Aufdeckung findet also in der Regel in einem „inoffiziellen" Rahmen statt. Die sozialen Dienste und die Polizei nehmen nur eine fast marginale Rolle ein. Es muss deshalb dringend daran gearbeitet werden, die Zugangshürden zum Hilfesystem für Kinder und Familien deutlich abzusenken.

3.6 Was nehmen die Eltern wahr?

Ein relativ großer Teil des sexuellen Missbrauchs wird mehr oder weniger unfreiwillig von den Kindern aufgedeckt. Sie zeigen z. B. sexualisierte Verhaltensweisen, andere Verhaltensauffälligkeiten oder sie haben Kontakt mit einem verurteilten Sexualstraftäter, was bei den Eltern einen entsprechenden Verdacht auslöst (s. Kapitel 3.2). In der Studie von Teena Sorenson & Barbara Snow (1991, S. 7 f.) war dies bei 74 % der untersuchten Kinder der Fall. In einer anderen Untersuchung wurde bei 35 von 40 Kindern im Vorschulalter der Missbrauch zufällig aufgedeckt, während dies bei den 18 Kindern im Schulalter nicht vorkam. Auch hier spielten von den Eltern beobachtete Verhaltensauffälligkeiten eine entscheidende Rolle (Campis et al. 1993, S. 921). Vermutlich fallen Verhaltensauffälligkeiten und körperliche Verletzungen bei kleineren Kindern den Erwachsenen eher auf, da bei ihnen einfach noch mehr hingeschaut wird und die Kinder sich dies noch ohne große Widersprüche gefallen lassen. Außerdem sind sie noch nicht so gut in der Lage, ihr Verhalten zu kontrollieren wie ältere Kinder.

In einer Untersuchung von Carol Plummer (2006, S. 1232) von 125 nicht missbrauchenden Müttern wurde zwar fast die Hälfte von ihren Kindern mündlich informiert, aber auch hier schloss etwa ein Viertel der Mütter aus Verhaltensweisen der Kinder auf einen Missbrauch. Fast die Hälfte der befragten Mütter hatte zuvor das Gefühl, etwas stimme bei ihrem Kind nicht. Knapp zwei Drittel dieser Mütter sprachen daraufhin mit den Kindern und etwa 50 % beobachteten das Kind mehr als zuvor. 37 % versuchten auf andere Weise mehr Informationen zu bekommen und immerhin 35 % konfrontierten den vermutlichen Täter mit ihrem Verdacht. Zumindest diesen Müttern kann man nicht vorwerfen, sie hätten tatenlos zugeschaut. Insgesamt verdeutlichen diese Studienergebnisse noch einmal: Es sind nicht nur die direkten Aussagen der Kinder, die bei den nicht missbrauchenden Eltern einen Verdacht auslösen.

Zweifel und Unsicherheiten bei den Eltern

Interessant sind die Gründe für Unsicherheiten und Zweifel bei den nicht missbrauchenden Eltern: In der Studie von Carol Plummer (2006, S. 1233 f.) wurden von den Müttern folgende Gründe genannt: Ein Drittel wurde durch das Leugnen des Täters und ihr Wissen über den Täter verunsichert. 22 % bekamen Zweifel, weil ihre Kinder ihre Aussagen veränderten. Dies ist bei sexuell missbrauchten Kindern zwar nicht die Regel, kommt aber insgesamt doch oft vor und bedeutet nicht, der sexuelle Missbrauch hat nicht stattgefunden (s. o.). In knapp einem Fünftel der Fälle kaum der Unglaube der Familie hinzu. Mit 41 % am bedeutsamsten für ihre Skepsis war die Meinung der Mütter, sie hätten es doch gemerkt, wenn wirklich ein Missbrauch geschehen sei. 17 % meinten, sie seien doch immer da gewesen und es hätte deshalb keine Gelegenheit zum sexuellen Missbrauch gegeben. An diesen beiden Ergebnissen wird noch einmal das Wirken des Mythos von der „guten Mutter" deutlich.

In einer Untersuchung mit 60 Eltern, deren Söhne außerfamilial sexuell missbraucht wurden, fanden sich letztere Faktoren ebenfalls in zum Teil extremer Form. Einerseits bewerteten die Mütter den sexuellen Missbrauch ihres Sohnes als ihren eigenen Fehler: Sie hätten den Kontakt zum Täter niemals zulassen dürfen und ihren Sohn besser beaufsichtigen müssen. Andererseits wurde ihnen dies in vielen Fällen von ihren Partnern und anderen Familienmitgliedern vorgeworfen. Sie hätten sich mehr um ihre Söhne kümmern müssen, sie hätten nicht so viel arbeiten dürfen und ähnliche Vorwürfe bekamen die Frauen zu hören (McGuffey 2005, S. 629 ff.). Typische Zitate von sich selbst beschuldigenden Müttern sind:

> Ich fühle, es ist meine Schuld. Ich hätte es einfach bemerken müssen. (ebd., S. 629)

Eine andere Mutter führt aus:

> Und dann meine Schuldgefühle. Ich hatte mich in der Elternpflegschaft von Tinas Klasse engagiert und war abends oft in der Schule gewesen. Warum hatte sie mich nicht gefragt, ob ich diesen blöden Schulscheiß mal sausen lassen könnte?! Hätte sie nur einmal gesagt: „Mama, geh nicht mehr weg!", dann hätte ich mich gefragt, warum sie nicht allein sein wollte. Jetzt machte ich mir Vorwürfe. Obwohl ich von dem Missbrauch nichts wissen konnte, gab ich mir die Schuld. (Enders & Stumpf 1991, S. 89)

Ihre Partner äußerten sich dann vorwurfsvoll in die gleiche Richtung:

> Meine Frau ist einfach zu naiv.
>
> Ich kann nicht verstehen, wie meine Frau es zulassen konnte, dass jemand mit unserem Kind rumhängt.
>
> Ich denke, Clara weiß, dass ich glaube, sie hätte etwas merken müssen … Ich meine, sie verbringt mehr Zeit mit unserem Sohn, so dass man denken könnte, sie hätte misstrauisch werden müssen. (McGuffey 2005, S. 629 f.)

Die Kinder weisen ihren Mütter bzw. ihren Vätern ebenfalls eine Verantwortung zu. Sie denken während des Missbrauchs und nach der Aufdeckung oft Folgendes. „Mama hätte es doch merken müssen, ich habe ihr doch deutliche Zeichen gegeben. Sie hätte mir nur besser zuhören müssen. Sonst merkt sie doch auch alles“ (s. Kapitel 2). Ein missbrauchtes Mädchen sagte z. B. zu ihrer Mutter:

> Ich wusste, dass du es nicht wissen konntest, wenn ich es dir nicht sage. Aber ich habe immer gehofft, du wüsstest es dennoch, da du sonst doch alles wusstest.
>
> (Enders & Stumpf 1991, S. 118)

Aufgrund einer Befragung der Eltern von 23 sexuell missbrauchten Mädchen und neun Jungen hat Tine K. Jensen (2005, S. 470) eine sehr interessante Perspektive in die Diskussion eingebracht. Sie beschreibt die Wahrnehmung eines sexuellen Missbrauchs durch die Eltern als einen Interpretationsprozess von Zeichen und Signalen, der stark durch kulturelle Vorgaben geprägt ist. Dadurch wird der Fokus verändert. Nicht mehr die einzelne Mutter und der einzelne Vater stehen im Mittelpunkt der Betrachtung, sondern die Interpretation von Hinweisen als kulturell geprägter Prozess.

Bezogen auf den sexuellen Missbrauch gibt es vier verschiedene Arten von Signalen:
- körperliche Auffälligkeiten wie Bauchschmerzen oder Einnässen,
- emotionale Auffälligkeiten wie Ängste oder Traurigkeit,
- sexuell auffälliges Verhalten und
- verbale Hinweise (ebd., S. 474).

Viele Eltern berichten im Rückblick, dass sie verschiedene Arten und eine Vielzahl von solchen Hinweisen wahrgenommen haben. Dabei treten aus Sicht der Mütter und Väter die folgenden Probleme auf: Zum einen sind die Signale in der Regel nicht eindeutig. Ist z. B. ein kleines Kind im Genitalbereich wund und hat eine durchnässte Windel wird dies von den Eltern nicht als Signal wahrgenommen. Erst wenn das Kind wund ist und die Windel trocken, wird es zu einem Zeichen. Das Wundsein ist aber kein eindeutiger Hinweis auf sexuellen Missbrauch, sondern es muss von den Eltern interpretiert werden. Zum anderen widersprechen sich die Hinweise oftmals. So ist es für Eltern z. B. verwirrend, wenn die Kinder trotz der Hinweise auf einen sexuellen Missbrauch weiter Kontakt zum möglichen Täter halten. Außerdem verändern sich die Bedeutung und die Interpretation von Zeichen stetig und zwar durch persönliche Veränderungen der Eltern sowie aufgrund der unterschiedlichen Kontexte, in denen die Zeichen von den Kindern gegeben werden (ebd. 472). Schließlich können alle Hinweise unterschiedlich interpretiert werden. Tine K. Jensen (2005, 476) illustriert dies durch ein Beispiel. Der Vater des fünfjährigen Jon ist gerade ausgezogen und möchte nicht zu ihm. Seine Mutter überlegt sich dazu Folgendes:

> Jon möchte nicht zu seinem Vater. Er versteckt sich unter der Couch, wenn sein Vater kommt. Er weint und hat Wutanfälle … vielleicht, weil ihm sein Vater zu wenig Zeit zum anpassen gibt? Es könnte auch sein, dass er nicht zu seinem Vater möchte, weil er lieber mit seinen Freunden spielen will. Eine Weile dachte ich, dass er eifersüchtig auf seine Schwester sei, weil sie so viel Aufmerksamkeit benötigte … Es ist eine schwierige Balance mit der Scheidung und all dem.

Tine K. Jensen (2005, S. 478 ff.) hat aufgrund solcher Aussagen der von ihr befragten Mütter und Väter sechs Interpretationsmuster herausgearbeitet:

1) Die Zeichen werden als mit dem Alter des Kindes in Zusammenhang stehend interpretiert. Solche Interpretationen lauten z. B.: „Das ist das Alter, in dem Kinder Bilder mit sexuellen Inhalten malen." „In diesem Alter sagen sie schon einmal ein unanständiges Wort." „Mit drei machen sich Kinder schon noch in die Hosen, aber nicht mit zehn".
2) Die Hinweise werden der Persönlichkeit des Kindes zugeschrieben. Beispiele dafür sind: „Sie war immer schon so sensibel. Dies ist sicher der Grund für ihre Alpträume." „Seine Konzentrationsstörungen sind Ausdruck seiner ADHS".
3) Die Kinder agieren strategisch, um ihren Willen durchzusetzen. Beispiele für eine solche Interpretation sind: „Er möchte nicht zum Vater, um seine eigenen Sachen machen zu können." „Sie erzählt ihren Freunden, sie sei missbraucht worden, um Zuwendung und Aufmerksamkeit zu bekommen."
4) Die Kinder lernen bestimmte Sachen in der Schule bzw. von Freunden. Beispiele dafür sind: „Er hat schlechten Umgang. Dort spielt Sex eine große Rolle. Da hat er das her." „Das hat sie bestimmt aus dem Fernsehen."
5) Die kindlichen Auffälligkeiten sind Ausdruck der Probleme zwischen den Eltern oder der Trennung der Eltern. „Mein Mann und ich sind uns in der Erziehung nicht einig. Das verwirrt ihn und führt zu diesem komischen Verhalten." „Wir streiten uns derzeit so oft, dass hat sie so mitgenommen."
6) Die Eltern machen sich selbst bzw. ihr eigenes Verhalten verantwortlich. „Ich bin zu viel bei der Arbeit und kann mich nicht um ihn kümmern." „Ich bin mal streng, mal nachgiebig. Damit kommt sie nicht zurecht." „Wir sind zu oft umgezogen. So konnten unsere Kinder keine Freunde finden."

Diese sechs Interpretationswege zeigen welch vielfältige Möglichkeiten bestehen, ein und dasselbe Verhalten unterschiedlich interpretieren zu können. Sie machen zudem deutlich, wie stark die kulturellen Einflüsse sind. Sich ein problematisches Verhalten von Kindern z. B. durch Streit zwischen den Eltern zu erklären, ist tief verwurzelt in unserer Gesellschaft. Eine solche Interpretation ist kein „Alleinstellungsmerkmal" von Eltern sexuell missbrauchter Kinder. Sie kämpfen genauso wie andere Eltern auch täglich damit, sich das Verhalten ihrer Kinder zu erklären. Normal ist dabei, dass man für ein Verhalten heute eine andere Erklärung findet als morgen. Ein gewisses Schwanken und eine gewisse Ambivalenz bei solchen Erklärungen sind also normal und nicht als pathologisch anzusehen.

Beim sexuellen Missbrauch wird die Situation für die Eltern dadurch erschwert, dass die Familie mit negativen Reaktionen und viel Stress rechnen muss. Es ist deshalb nicht verwunderlich, wenn Mütter und Väter auf die vielen möglichen Alternativhypothesen zurückgreifen und sich so entlasten. Außerdem kommen noch Stereotypen über Täter hinzu, die die Eltern verunsichern. So können sich viele z. B. einen honorigen Bürger nicht als Sexualstraftäter vorstellen. Des Weiteren gehen einige Eltern mit ihren Kindern in Beratungsstellen oder zu Ärzten, die die Eltern z. B. darin bestärken, dass die Auffälligkeiten auf die Trennungssituation zurückzuführen sind oder z. B. in der Pubertät eher normal sind. Schließlich trägt die Diskussion über den Missbrauch mit dem Missbrauch zur weiteren Verunsicherung bei (ebd., S. 488; Kapitel 10).

Eva Breitenbach (1993, S. 165) kommt aufgrund ihrer Befragung von acht Müttern zu weiteren Erklärungen: Ein innerfamilialer sexueller Missbrauch, der ohne körperliche

Gewalt durchgesetzt wird, ist schwerer wahrzunehmen, weil er nicht zum gängigen Bild von sexueller Gewalt passt. Erklärungsmuster der Mütter, wie es sei eine Kurzschlusshandlung des Vaters gewesen, nur einmal passiert, nur ein harmloser Übergriff sei passiert usw. machen es möglich, die Tat zu verurteilen, aber das Bild des Lebenspartners relativ unbeschädigt zu lassen. Sie sind als Neutralisierungen zu verstehen, um sein eigenes Leben nicht grundlegend verändern zu müssen.

Diese Denkmuster nehmen viele Täter auf, um sich vor den Anschuldigungen zu schützen und die Wahrnehmung der nicht missbrauchenden Familienmitglieder zu verwirren. Sie stellen den Missbrauch z. B. als Sexualerziehung dar, die das Kind falsch verstanden hat, minimieren die vorgefallenen Handlungen und sprechen von einer einmaligen Entgleisung. Die Rolle des Täters nach der Aufdeckung darf deshalb nicht unterschätzt werden. Viele Täter versuchen die nicht missbrauchenden Eltern und die Umwelt von ihrer Unschuld zu überzeugen oder dem Kind eine aktive Rolle zu zuschieben. Mit ihren manipulativen Strategien sind sie oftmals – wie Studienergebnisse zeigen – sehr erfolgreich. Leider wird dieser Aspekt in vielen Veröffentlichungen über die Rolle der nicht missbrauchenden Mütter (und Väter) nur wenig beleuchtet (s. Kapitel 9).

Darüber hinaus fragten die Mütter ihre Kinder gemäß einer Untersuchung aus Oslo nicht direkt nach dem Missbrauch, weil sie sich erst ganz sicher sein müssen, ob er wirklich passiert ist. Sie wollten keine ungerechtfertigten Anschuldigungen in die Welt setzen und die Familie nicht ohne Not belasten. Da die Mütter so gut wie nie sicher waren, wurden die Kinder relativ selten von ihnen explizit gefragt. Außerdem hielten sich die Mütter nicht für kompetent genug, um mit ihren Kindern über ein solch heikles Thema sprechen zu können. Des Weiteren gaben die Mütter an, es hätte keine Gelegenheit gegeben, in der sie sich mit dem Kind in Ruhe allein unterhalten hätten können. Es gibt also offenbar in vielen Familien kaum Alltagssituationen, in denen über das Thema „sexueller Missbrauch" gesprochen werden kann (Jensen et al. 2005, S. 1402). Schließlich scheint die Diskussion über den „Missbrauch mit dem Missbrauch" die Mütter zu verunsichern. So äußerten die Mütter aus Oslo die Befürchtung, ihnen würde später vorgeworfen, sie hätten den Kindern den sexuellen Missbrauch „in den Mund gelegt" (ebd.). Für die Kinder wiederum erscheint dies Verhalten so, als wenn ihre Mütter nichts bemerkt hätten bzw. einem Gespräch über den sexuellen Missbrauch aus dem Weg gegangen sind – was in einem Teil der Fälle sicher der Realität entspricht. Auffällig ist bei der Osloer Studie erneut, dass viele der Kinder aus Sorge um ihre Mütter nichts über den sexuellen Missbrauch erzählt haben (ebd., S. 1404). Sie demonstrieren damit eine hohe Sensibilität für die Bedürfnisse ihrer Mütter. Allerdings geht dies eindeutig zu ihren eigenen Lasten und stellt in gewisser Weise eine Verkehrung der Rollen dar.

3.7 Was passiert nach der Aufdeckung?

Wie in Kapitel 4 ausführlich dargelegt wird, glauben die meisten nicht missbrauchenden Mütter und Väter ihren Kindern und unterstützen sie. Allerdings führt dies nicht immer zur Beendigung des sexuellen Missbrauchs. Nach den Ergebnissen einer Studie von Thomas A. Roesler und Tiffany Weismann Wind (1994, S. 332) ging der innerfamiliale sexuelle Missbrauch bei 52 % der Kinder nach der Aufdeckung noch mindestens ein Jahr weiter (s. auch Jonzon & Lindblad 2004, S. 194). Bei vielen der 228 befragten Frauen reagierten die Eltern mit wenig Unterstützung. Allerdings waren die Reaktionen der Professionellen noch weniger angemessen. Sie reagierten hauptsächlich mit Hilflosigkeit, Anschuldigungen und Bagatellisierungen. Von 252 sexuell missbrauchten 13- bis 17-jährigen Jugendlichen aus Genf hatten 51 % der Jungen und 74 % der Mädchen den sexuellen Missbrauch aufgedeckt. 26 % gaben an, es sei daraufhin nichts geschehen. 44 % wurden aufgefordert, den sexuellen Missbrauch weiterhin geheim zu halten. 5 % stießen auf Unglauben. 27 % der Betroffenen wurden unterstützt und ihnen wurde in angemessener Art und Weise geholfen (Halperin et al. 1996, S. 1328). In einer Befragung von 35 Betroffenen aus Italien wurden die Reaktionen der Eltern, anderen Angehörigen und Freunden als weitgehend unterstützend angesehen, während die Reaktionen der Professionellen eher als weniger hilfreich und negativ eingeschätzt wurden (Crisma et al. 2004, S. 1042). Zwei Beispiele aus der Studie sollen dies illustrieren:

> Ornella war hospitalisiert aufgrund ihrer schweren Essstörungen und psychischen Probleme in Folge des sexuellen Missbrauchs. Keiner fragte sie jemals, ob sie andere Probleme neben den offensichtlichen habe.
>
> Patrizia, 19 Jahre alt, wurde von ihrem Großvater sexuell missbraucht. Sie erzählte ihren Eltern alles, aber sie glaubten ihr nicht. Einige Monate später brachte sie ihre Mutter zum Neurologen, weil sie sich die ganze Zeit auffällig verhielt. Das Mädchen hatte die Courage, dem Neurologen alles zu erzählen. Er verschrieb ihr eine Medizin und meinte, das andere sei ihr persönliches Problem, welches sie selber lösen müsste. (ebd., S. 1043)

Silke B. Gahleitner (2005, S. 91) kommt aufgrund von 22 biografischen Interviews mit betroffenen Frauen und Männern zu einem zumindest im Rückblick fast schon vernichtenden Urteil über das Hilfesystem in Deutschland: „Die Erfahrungen der befragten Klientinnen und Klienten zeigen für Opfer komplexer Traumatisierungen gravierende Lücken im psychosozialen Hilfenetz auf. In keinem der Fälle wurde das Helfersystem seiner Aufgabe gerecht, während der Kindheit und Jugend angemessen zu reagieren. Die Befragten berichten im Rückblick auf ihre Kindheit und Jugend sowohl von blinden Flecken im Hilfesystem als auch von aktiv verweigerter Hilfeleistung. Selbst bei Klinikaufenthalten und im Rahmen ambulanter Maßnahmen wurde die zugrunde liegende Problematik nicht erkannt, sondern als pubertärer Konflikt klassifiziert und in die Verantwortung der Familie zurückverortet. Die wenigen ‚schützenden Inselerfahrungen' in ihrem Leben durch positive und unterstützende Begegnungen schildern die Klientinnen und Klienten jedoch als überaus wichtig für die Bewältigung der sexuellen Gewalterlebnisse." Ein im Rahmen dieser Studie interviewter Mann beschreibt seine Erfahrungen wie folgt:

> Es … wären genug Leute da gewesen, die auch was mitbekommen haben … der Notarzt … der Pfarrer … also der erste Mensch, der mich irgendwann dann darauf angesprochen hat, dass es mir schlecht geht, war eine Lehrerin … und ich fing nur so an zu sprudeln, und da war ich achtzehn … aber vorher hat nie jemand gefragt. (ebd., S. 74)

Es liegen dementsprechend nicht überraschend einige Studienergebnisse vor, nach denen eine Nichtaufdeckung traumatischer Ereignisse mit weniger Symptomen einhergeht als mit einer Aufdeckung, auf die von der Umwelt negativ reagiert wird (Foynes, Freyd & DePrince 2009, S. 21).

In der Studie von Catalina M. Arata (1998, S. 67 ff.) fanden sich vor allem höhere Stressraten und Symptome bei den Frauen, die sich Freunden anvertraut hatten und bei denen die Freunde negativ reagiert hatten. Gerade bei Jugendlichen könnte die Reaktion ihrer Peers in dieser Hinsicht ein sehr wichtiger Faktor sein, da Jugendliche besonders sensibel auf die Meinung ihrer Freunde reagieren. Möglicherweise erwarten sie von ihren Eltern in dieser Hinsicht sogar weniger Verständnis als von ihren Freunden. Bei den Eltern rechnen sie vielleicht sogar ein Stück weit mit negativen Reaktionen und empfinden sie dann als nicht so schlimm. Der Aufdeckungsprozess birgt also für die Kinder das Risiko, das Trauma des sexuellen Missbrauchs weiter zu verstärken.

Eine andere Studie fand einen Zusammenhang zwischen einem erhöhten Risiko von späteren Symptomen einer posttraumatischen Belastungsstörung (PTBS) und Vermeidungsverhalten, ängstlichen Verhaltensweisen und dissoziativen Symptomen während bzw. direkt nach der Aufdeckung. Ein passiver Copingstil fand sich im Übrigen signifikant häufiger bei den Jungen und jüngeren Kindern (Kaplow, Dodge, Amaya-Jackson & Saxe 2005, S. 1307 f.).

Andere Studien konnten allerdings keinen irgendwie gearteten Zusammenhang feststellen (z. B. Lamb & Edgar-Smith 1994, S. 316) und es gibt Studienergebnisse, nach denen die Aufdeckung von vielen Betroffenen als hilfreich empfunden wird. So gaben in einer Studie 45 % der Befragten an, ihre Situation hätte sich dadurch verbessert, während „nur" 15 % meinten, sie hätte sich verschlechtert. 40 % sahen keine Veränderung (Ullman & Filipas 2005, S. 774; s. auch Jonzon & Lindblad 2004, S. 195; Arata 1998, S. 64 und 68). In einer Studie wiesen zudem die Frauen und Männer, die den Missbrauch frühzeitig aufgedeckt hatten, weniger Symptome einer PTBS auf, als diejenigen, die dafür länger gebraucht oder den Missbrauch gar nicht aufgedeckt hatten (Ullman & Filipas 2005, S. 775). Trotz aller Widrigkeiten nach der Aufdeckung kommen nach Ergebnissen von Lucy Berliner und Jon Conte (1995, S. 382) 81 von 82 der untersuchten Kinder zu der Einschätzung, es sei gut und richtig gewesen, den sexuellen Missbrauch aufzudecken. Sie raten dementsprechend anderen missbrauchten Kindern, dies ebenfalls zu tun.

Laut Lucy Berliner und Jon Conte (1995, S. 376) müssen die ersten Reaktionen der Eltern noch nicht einmal unbedingt angemessen sein, um von den Kindern als unterstützend wahrgenommen zu werden. Allein das Ausbleiben der – von den Kindern erwarteten – negativen Reaktionen scheint für einen Teil der Kinder schon hilfreich zu sein. 69 % der Kinder waren dementsprechend erleichtert über die Aufdeckung. Dieses Ergebnis ist insofern ermutigend, da offenbar allein schon eine einigermaßen akzeptable Reaktion der Eltern stabilisierend wirkt. Ein Mädchen dazu:

> Ich fühlte mich etwas anders. Zuerst dachte ich nicht, dass meine Mama mir glaubt und dann tat sie es doch. Ich war glücklich darüber. (ebd.)

In zwei Studien wurde von den befragten Frauen die Aufdeckung im Erwachsenenalter häufiger positiver erlebt als die in der Kindheit (Lamb & Edgar-Smith 1994, S. 316; Roesler & Wind 1994, S. 330 f.) Dies lässt sich relativ einfach erklären: Bei Kindern und Jugendlichen, die noch in der Missbrauchssituation „gefangen" sind, müssten die Vertrauenspersonen eigentlich handeln, um den Missbrauch zu beenden. Vor dieser Verantwortung und den daraus folgenden Konsequenzen schrecken jedoch viele zurück und enttäuschen so die Mädchen und Jungen. Dagegen gibt es bei Opfern, die als Erwachsene andere ins Vertrauen ziehen, meist keinen Handlungsdruck.

Dies wird an dem folgenden Ergebnis einer Studie deutlich: 47 % der Befragten intendierten bei ihrer Aufdeckung in der Kindheit, dass dadurch der Missbrauch beendet wird. Bei den Befragten, die „erst“ als Erwachsene den Missbrauch aufdeckten, wurde dies „nur“ von 6 % erwartet (Lamb & Edgar-Smith 1994, S. 319).

Wichtig ist angesichts dieser Erkenntnisse für zukünftige Präventionsstrategien, dass den Kindern klare und verständliche Hinweise gegeben werden, an wen sie sich wenden können und was eine Aufdeckung zur Folge hat. Für die Mädchen und Jungen sind die Hürden bisher einfach zu hoch. Außerdem müssen für Kinder und Eltern im Falle eines Falles Gewohnheiten im normalen Familienablauf gegeben sein, die es ihnen ermöglichen, über einen sexuellen Missbrauch zu sprechen. Das Unbegreifliche und das Peinliche, das mit dem Thema verbunden ist, müssen überwunden werden. Schließlich sollten Mütter und Väter bei plötzlich und unerklärlichen Verhaltensänderungen oder -auffälligkeiten einen sexuellen Missbrauch in ihre Überlegungen nach den Gründen für dieses Verhalten ihrer Kinder einbeziehen.

4 Was bedeutet der sexuelle Missbrauch für nicht missbrauchende Eltern?

Für Eltern ist es erschreckend sich vorzustellen, ihr Kind würde sexuell missbraucht. Fast jede Mutter und fast jeder Vater wünscht sich ein unversehrtes Leben für das eigene Kind. Ein sexueller Missbrauch zerstört diesen Wunsch. Die meisten Mütter und Väter sind dementsprechend nach der Aufdeckung eines sexuellen Missbrauchs an ihrem Kind zutiefst geschockt und können oder wollen es einfach nicht glauben. Sie fühlen sich hilflos und sehen ihr Leben aus den Fugen geraten. Die Details über den sexuellen Missbrauch zu hören ist für die Mütter und Väter kaum auszuhalten. Sie geraten in Sorge um ihr Kind, und viele fühlen sich durch die Symptome ihres Kindes unsicher und gestresst. Sie haben Angst, ihr Kind könnte ein Leben lang unter den Folgen leiden. Wenn sich der Täter in ihr Vertrauen geschlichen hat oder es der eigene Partner war, fühlen sie einen tiefen Vertrauensbruch und oftmals eine Zerrissenheit gegenüber dem Täter. Die Eltern fragen sich darüber hinaus, ob sie ihren Verwandten vom sexuellen Missbrauch erzählen sollen, ob eine ärztliche Untersuchung notwendig ist, ob sie das Jugendamt einschalten, einen Therapeuten aufsuchen oder Strafanzeige erstatten sollen. Ein Teil der Eltern macht sich Sorgen um den guten Ruf der Familie und ihr Ansehen im Freundes- und Bekanntenkreis. Drei Zitate von betroffenen Müttern machen den Schrecken und die tiefen emotionalen Verletzungen deutlich:

> Ich empfand all den Schmerz meiner Tochter so, als ob ich selbst vergewaltigt worden wäre. Das war ganz grausam, kaum auszuhalten. Ich bin dann oft unter die Dusche gegangen und habe manchmal nicht mehr geglaubt, da durchzukommen. (Enders & Stumpf 1991, S. 17)

> Anfangs konnte ich so gut wie überhaupt nicht essen, habe geraucht wie ein Schlot, mich von Kaffee ernährt und abends ein Bier zur Beruhigung. Manchmal wünschte ich mir, ich könne mich einfach besaufen, um in einen Tiefschlaf zu fallen, endlich einmal tief und fest schlafen, nichts hören und nichts sehen – gar nichts, sich einfach fallen lassen. Mir ist es nicht geglückt. Stattdessen lag ich wach im Bett, das Gehirn topfit, der Körper tot. (ebd., S. 88)

> „Mama, du weißt nicht, dass der Papa mich sexuell belästigt, solange ich mich zurückerinnern kann." Das war es also. In diesem Augenblick hatte ich das Gefühl, als ob eine Druckwelle wie von einer Riesenexplosion über mich hinwegfegte und die ganze Welt in Riesenfelsbrocken zersprengte. Mir war, als würde ich sterben. (ebd., S. 101)

Bei vielen Eltern beeinträchtigt der sexuelle Missbrauch ihres Kindes ihr Selbstbild. Sie beschuldigen sich selbst und fragen sich, ob sie versagt haben, warum sie ihr Kind nicht richtig beschützen konnten, ob sie andere Menschen richtig einschätzen können und ob sie in Zukunft in der Lage sind, besser auf ihr Kind aufzupassen. Hierzu noch einmal das Zitat einer betroffenen Mutter:

> Nach diesem Gespräch war mir, als weiche der Boden unter meinen Füßen und als fiele ich in ein tiefes Loch. Nach außen hin zeigte ich keine Regung; die Verwandten merkten mir nichts an. In mir sah es allerdings ganz anders aus. Die ganze Nacht lag ich wach und grübelte: Hätte ich etwas merken können? ... Wann und wo hat er das gemacht? Natürlich waren meine Kinder öfter mit ihrem Vater allein gewesen. Warum auch nicht? Ich war berufstätig gewesen und glaubte sie bei ihm gut aufgehoben. Ich machte mir Vorwürfe: Was habe ich falsch gemacht? Warum haben sich die Mädchen mir nicht anvertraut? Und ich hatte mir stets eingebildet, ich

würde es sofort merken, falls mit ihnen etwas nicht in Ordnung wäre! Ich hatte nichts mitbekommen und meine Töchter nicht beschützt. Das war nach meiner Ansicht das Schlimmste, was eine Mutter ihrem Kind antun kann. Das konnte ich mir nicht verzeihen! (ebd., S. 122)

Das Weltbild der nicht missbrauchenden Eltern wird durch einen sexuellen Missbrauch des eigenen Kindes zutiefst erschüttert: „Kann ich anderen Menschen überhaupt noch vertrauen?“ oder „Was ist das für eine Welt, in der Kinder sexuell missbraucht werden?“ sind für Mütter und Väter quälende Fragen. Bei vielen von ihnen entsteht außerdem der Eindruck, dass diese Welt gefährlich und unberechenbar ist. Sie verlieren zum Teil ihr Grundvertrauen in sich selbst, in andere Menschen und die Gesellschaft als Ganzes.

Wichtig ist für die nicht missbrauchenden Eltern schließlich noch die Frage, ob und wie sie ihrem Kind bei der Verarbeitung des sexuellen Missbrauchs helfen können.

4.1 Innerfamilialer sexueller Missbrauch als existenzielle Bedrohung

Innerfamilialer sexueller Missbrauch eines Kindes durch den Partner oder die Partnerin löst beim nicht missbrauchenden Elternteil viele dieser Reaktionen in besonders heftiger Art und Weise aus. Es wird eine existenzielle Bedrohung der Familie erlebt. Der nicht missbrauchende Elternteil fühlt sich zutiefst verletzt und verraten. Die familialen Bewältigungsmöglichkeiten sind eingeschränkter als bei einem außerfamilialen sexuellen Missbrauch. Es fehlt einfach der Partner oder die Partnerin, die diese Situation gemeinsam mit durchsteht. Teilweise sind die Verwandten in ihrer Haltung gespalten oder leugnen den sexuellen Missbrauch. Sie fallen als Stützen dann ebenfalls aus. Außerdem stellt der sexuelle Missbrauch durch einen Partner oder eine Partnerin den gesamten Lebensentwurf in Frage: „Wem kann ich nach einem solchen Vertrauensbruch in Zukunft eigentlich noch trauen?“ „Wie konnte ich so lange Jahre mit ihm zusammenleben, ohne etwas zu bemerken?“ „Wie konnte ich mich so täuschen lassen?“ „Warum habe ich ihn damals eigentlich als Partner gewählt?“ „Was sagt das über mich aus?“ „Was ist in unserer Sexualität falsch gelaufen, dass so etwas passiert?“ sind einige von vielen Fragen, die sich so gut wie alle betroffenen Mütter stellen. Christel Dorpat (1982, S. 88) beschreibt dies in ihrem autobiografischen Roman sehr eindrücklich:

Nun, da die Grenzen meiner Gedankenwelt zusammengekracht waren, fiel es mir nicht schwer, ein Mosaiksteinchen zum anderen zu setzen. Erschreckende Szenen fielen mir ein, sie bekamen im Nachhinein einen mich zutiefst demütigenden Sinn, das Schlimmste daran war mir, dass mir jetzt alles geplant erschien ... Ich beschimpfte ihn auf Teufel komm raus, ich nahm Worte in den Mund, die ich noch nie ausgesprochen hatte. Freddy stand da, wie ein geprügelter Hund, was mich noch wütender machte. Fassungslos starrte er mich in meiner Wut an. Wir schienen uns nicht wirklich gekannt zu haben. Wofür hatte ich mir mein Leben so schwer gemacht? Ich fragte mich, wofür ich überhaupt gelebt hatte. Ich wünschte mich aus der Welt.

Nach den Ergebnissen einer in Deutschland durchgeführten Befragung von 14 Müttern innerfamilial sexuell missbrauchter Töchter erleben die Mütter die Konfrontation mit dem Missbrauch als tiefen biografischen Einschnitt und erfahren ihn zumindest als fünffache Krise (Gerwert, Thurn & Fegert 1993, S. 274):

- Sie erleben den Zusammenbruch des gesamten oder zumindest von Teilen ihres bisherigen Partnerschaftskonzeptes.
- Sie sind über ihre Kompetenz als Mutter verunsichert oder sehen sich als Mütter völlig in Frage gestellt.
- Sie erleben den Zusammenbruch ihres gesamten oder zumindest von Teilen ihres bisherigen Lebensplans sowie ihres Selbstbildes als Frau.
- Sie nehmen einen Verlust und/oder eine Veränderung ihrer sozialen Beziehungen wahr.
- Sie geraten durch die Verschlechterung ihrer ökonomischen Situation in eine materielle Krise.

Dieses Ergebnis verdeutlicht anschaulich, welch tiefen Einschnitt und welch große Erschütterung ein innerfamilialer sexueller Missbrauch des Kindes durch den eigenen Partner bedeutet.

4.2 Stress und psychische Auffälligkeiten

Angesichts solch quälender Ängste und Fragen sind – nicht überraschend – bei den betroffenen Müttern und Vätern kurz nach der Aufdeckung häufig die folgenden Symptome zu beobachten: Sie wirken betäubt, desorientiert, verärgert, verzweifelt, fühlen sich ohnmächtig und hilflos, sind schnell reizbar oder „hyperaktiv", leiden unter Stimmungsschwankungen, können nicht schlafen, bekommen Herzrasen, haben Schwindelgefühle oder zeigen ähnliche psychosomatische Reaktionen. Bei vielen Eltern ist eine akute Belastungsreaktion festzustellen (Elliott & Carnes 2001, S. 320). Eine Mutter beschreibt dies in kurzen Worten so:

> Ich war in einem Schockzustand. Ich lief wochenlang wie in Watte gepackt herum … konnte weder schlafen noch essen … und hatte Alpträume. (Carter 1993, S. 83)

Eine solche Reaktion ist eine vorübergehende Störung von beträchtlichem Schweregrad, die sich bei fast jedem Menschen auf eine außergewöhnliche körperliche oder seelische Belastung entwickelt. Im Gegensatz zur Posttraumatischen Belastungsstörungen (PTBS) klingt sie aber nach einigen Tagen oder Wochen wieder ab (Richter-Appelt 2002, S. 419). Halten bei den Eltern diese Reaktionen – trotz Beratung – über Monate hinweg an, muss diagnostisch abgeklärt werden, ob eine PTBS vorliegt. Dies ist notwendig, da sie chronisch werden kann und die Eltern jahrelang unter ihr leiden können.

Posttraumatische Belastungsstörung

Gemäß der internationalen Klassifikation psychischer Störungen (ICD-10) ist die Posttraumatische Belastungsstörung (PTBS) Folge eines Ereignisses, das den Rahmen alltäglicher Erfahrungen und Belastungen bei weitem übersteigt und das bei nahezu jedem Menschen tiefe Verzweiflung auslösen würde. In einer solch traumatischen Situation empfinden die Betroffenen eine existenzielle Bedrohung ihres Lebens, ihrer Gesundheit und ihres Selbst. Ihre Selbstschutzstrategien erweisen sich als sinnlos und werden als ausgeschöpft wahrgenommen. Ein Verstehen und Begreifen des Geschehenen erscheint unmöglich und es gibt scheinbar keine Handlungsmöglichkeiten, um

Einfluss auf die Situation zu nehmen. Dadurch kommt es teilweise zu einem veränderten Raum-, Zeit- und Selbsterleben. Zeitweise ist der Körper in maximaler Handlungsbereitschaft bei gleichzeitiger Unfähigkeit zu handeln. Dadurch werden nicht steuerbare basale Überlebensstrategien aktiviert und die normalen hirnphysiologischen Verarbeitungsprozesse blockiert.

Die PTBS zeichnet sich erstens durch sich aufdrängende belastende Traumaerinnerungen in Form von Bildern, Flashbacks und Alpträumen aus (intrusive Symptome). Zweitens kommt es zur anhaltenden Vermeidung von Reizen, die mit dem Trauma verbunden sind. Es werden Gedanken, Aktivitäten, Orte oder Menschen gemieden, die die Erinnerung an den sexuellen Missbrauch bzw. das Trauma wachrufen. Häufig wird zudem eine Entfremdung vom Leben und anderen Menschen in Verbindung mit einer „emotionalen Taubheit“ empfunden (konstriktive Symptome). Drittens werden bestimmte Symptome wie Ein- und Durchschlafstörungen, Reizbarkeit, Wutausbrüche, Konzentrationsschwierigkeiten, übermäßige Wachsamkeit und übertriebene Schrecksituationen beschrieben (Hyperarousal). Diese Symptome müssen über einen Monat andauern und es müssen in klinisch bedeutsamer Weise Beeinträchtigungen in sozialen, beruflichen und anderen wichtigen Lebensbereichen vorliegen. Ansonsten liegt laut ICD-10 eine „akute Belastungsreaktion“ vor. Die PTBS kann unmittelbar oder mit jahrelanger Verzögerung nach dem traumatischen Ereignis auftreten (Moggi 2005, S. 219; Fischer & Riedesser 2003, S. 43 ff.; Richter-Appelt 2002, S. 418 f.; Herman 1994, S. 166 ff.).

Im Folgenden werden einige Studienergebnisse präsentiert, die noch einmal wissenschaftlich fundiert belegen, was für eine einschneidende und folgenreiche Erfahrung der sexuelle Missbrauch des eigenen Kindes für Mütter und Väter ist bzw. sein kann.

In einer in Kanada durchgeführten Untersuchung von 63 Müttern und 29 Vätern, deren Kinder außerfamilial sexuell missbraucht wurden, wiesen die Mütter drei Monate nach der Aufdeckung des sexuellen Missbrauch gegenüber einer Kontrollgruppe ein 13,3-fach und die Väter ein 4,6-fach erhöhtes Risiko dafür auf, im klinischen Sinne gestresst zu sein. Nach einem Jahr fand sich bei den Müttern immer noch ein 8-fach und bei den Vätern ein 3,5-fach erhöhtes Risiko. Als Messinstrument diente u. a. das Brief Symptom Inventory (BSI; Derogatis & Spencer 1982). Insbesondere ein Teil der Mütter aber auf niedrigerem Niveau auch einige Väter, zeigten darüber hinaus zu beiden Messzeitpunkten Symptome einer PTBS (Manion, Firestone, Cloutier, Ligezinska, McIntyre & Ensom 1998, S. 1292; Manion, Firestone, Ligezinska, Ensom & Wells 1996, S. 1102 f.). Nach zwölf Monaten wiesen immer noch 38 % der Mütter emotionale Probleme im klinischen Bereich auf (ebd., S. 1299).

Susan J. Kelley (1990a, S. 27) untersuchte 65 Mütter und 46 Väter, deren Kinder in 16 verschiedenen Kindertageseinrichtungen in den USA sexuell missbraucht worden waren, und verglich sie mit einer Kontrollgruppe von 66 Müttern und 53 Vätern nicht missbrauchter Kinder. Etwa die Hälfte der sexuell missbrauchten Mädchen und Jungen waren Opfer ritualisierten Missbrauchs. Die Mütter und Väter der missbrauchten Kinder wiesen signifikant höhere Stresswerte im BSI auf als die Eltern der Kontrollgruppe. Bei 52 % der Eltern lagen die Werte noch zwei Jahre nach der Aufdeckung des sexuellen Missbrauchs im klinischen Bereich. Sie wiesen in etwa die gleichen Werte auf, wie sie sich bei Eltern von an Krebs verstorbenen Kindern zwei Jahre nach dem Verlust ihres Kindes finden. Von den Eltern der ritualisiert sexuell missbrauchten Kinder hatten 65 % Werte im klinischen Bereich, von den anderen Eltern waren dies 40 %. Auch in dieser Studie nahmen die Symptome mit der Zeit signifikant ab.

Von den 39 durch Fiona Forbes und John C. Duffy (2003, S. 69) untersuchten Müttern und Vätern aus Edinburgh wurde entsprechend den Kriterien des BSI nur ein Vater nicht als im klinischen Sinne auffällig klassifiziert.

Carolyn Moore Newberger und Kollegen (1993, S. 96 f.) fanden bei 46 untersuchten Müttern aus Boston im Erstinterview ebenfalls auf Basis des BSI verschiedene schwere Symptome von emotionalem Stress, die deutlich über denen in der Normalbevölkerung lagen. 55 % der Mutter bewegten sich mit ihren Auffälligkeiten im klinischen Bereich. Bei der Nachuntersuchung zwölf Monate später war dieser Wert zurückgegangen. Allerdings wurden immer noch bei einem Drittel der Mütter klinische Auffälligkeiten festgestellt. Im Vergleich zu anderen Unterkategorien des eingesetzten Tests blieb der Wert bei der Kategorie Ängste unverändert hoch. Die Werte bei den anderen Unterkategorien wie Feindseligkeit gingen zwar zurück, lagen aber immer noch über dem Normalbereich.

Diane Hiebert-Murphy (1998, S. 428) und Esther Deblinger und Kollegen (1993, S. 161 f.) setzten bei ihren Untersuchungen von 102 bzw. 99 Müttern ebenfalls das BSI ein und kamen zu fast gleichen Ergebnissen. Die Werte der Mütter waren deutlich erhöht. Sie lagen im Durchschnitt zwischen denen der Normalbevölkerung und ambulant behandelten Psychiatriepatienten. Rebecca M. Bolen und J. Leah Lamb (2004, S. 200) stellten bei den 30 von ihnen untersuchten Müttern ein extrem hohes Stresslevel fest, das in etwa dem von ambulant behandelten Psychiatriepatienten entsprach.

Diese und zahlreiche andere vergleichbare Studienergebnisse (Elliott & Carnes 2001, S. 320 ff.) belegen die enorme Stressreaktion, die bei den meisten nicht missbrauchenden Müttern und Vätern ausgelöst wird. Eine Mutter beschreibt ihr subjektives Empfinden so:

> Nach der Aufdeckung des sexuellen Missbrauchs ging es mir selbst sehr, sehr schlecht. Doch ich musste gleichzeitig für die Kinder da sein. Das eigentlich Schlimme war, dass ich meinen Kummer und meinen Schmerz immer hintenan stellen musste, immer warten musste, obwohl ich manchmal überhaupt nicht mehr konnte, nicht mehr denken, nicht mehr fühlen, nichts mehr. Ich funktionierte lediglich und hätte am liebsten nur noch geheult. Aber das ging nicht. Ich musste mich zusammenreißen. Wenn die Kinder abends im Bett lagen, konnte ich an nichts anderes denken als an den Missbrauch. (Enders & Stumpf 1991, S. 33)

Viele dieser Symptome stehen im Kontext einer Posttraumtraumatischen Belastungsstörung und zeigen noch einmal, wie massiv die Beeinträchtigungen für viele der nicht missbrauchenden Mütter und Väter sind. Michael G. Davies (1995, S. 405) fand bei 60 % der von ihm untersuchten Mütter und Väter Symptome einer PTBS.

In zahlreichen Studien fanden sich bei den nicht missbrauchenden Müttern und Vätern im Vergleich zu den Kontrollgruppen von Eltern mit „unauffälligen Kindern" zudem deutlich höhere Werte depressiver Symptome bzw. von Depressionen (Lewin & Bergin 2001, S. 371; Deblinger, Steer & Lippman 1999, S. 17; Davies 1995, S. 402; Friedrich, Luecke, Beilke & Place 1992, S. 402; Kelley 1990a, S. 27). Einzig in der Studie von

William G. Wagner (1991, S. 101 f.) konnten zwischen nicht missbrauchenden Eltern und einer Kontrollgruppe von Eltern, deren Kinder aus anderen Gründen Hilfe gesucht hatten, keine signifikanten Unterschiede festgestellt werden.

In einer Untersuchung von Allan R. De Jong (1988, S. 19) zeigten einige Mütter ähnliche Reaktionen, wie sie für das Vergewaltigungstrauma-Syndrom beschrieben worden sind. Von den ihre Kinder unterstützenden Müttern wiesen 13 Angststörungen auf und litten unter Schlafstörungen. Zehn Mütter zeigten psychosomatische Reaktionen und zogen sich zurück.

Sieht man sich die einzelnen Symptome an, finden sich in den Studien bei den Eltern vor allem

- belastende Traumaerinnerungen in Form von bedrängenden Gedanken, Bildern, Flashbacks und Alpträumen,
- verschiedene teils langfristig anhaltende Ängste,
- Panikattacken,
- depressive Verstimmungen bzw. Symptome einer reaktiven Depression,
- paranoide Ideen,
- Vermeidungsverhalten, d. h. Reizen, die mit dem Trauma verbunden sind, wird aus dem Weg gegangen,
- Feindseligkeit,
- eine erhöhte Sensibilität bei zwischenmenschlichen Kontakten, die oftmals mit einer Entfremdung von anderen Menschen einhergeht und
- psychosomatische Reaktionen wie Ein- und Durchschlafstörungen, Migräneanfälle oder Magenbeschwerden (Lewin & Bergin 2001, S. 371; Manion et al. 1996, S. 1103; Manion et al. 1998, S. 1293; Davies 1995, S. 405; Newberger, Gremy, Waternaux & Newberger 1993, S. 97; Kelley 1990a, S. 27).

Die direkten Bezugspersonen missbrauchter Kinder sind also im Sinne einer „sekundären Traumatisierung" in erheblichen Maße durch den sexuellen Missbrauch ihres Kindes belastet und die allermeisten von ihnen sind als Opfer zu betrachten, denen vom Täter erhebliches Leid zugefügt worden ist. Bei einem Teil der Eltern sind schließlich sogar dauerhaft psychopathologische Befunde festzustellen (König & Fegert 2005, S. 504). Eine betroffene Frau richtet deshalb folgenden Appell an andere betroffene Mütter:

> Das ist es auch, was ich allen betroffenen Müttern rate: Betrachtet Euch auch als Opfer! Euch ist auch Leid zugefügt worden, nicht nur den Kindern. (Enders & Stumpf 1991, S. 143)

4.3 Welche Faktoren nehmen Einfluss auf das Belastungserleben?

Ein Teil der nicht missbrauchenden Eltern kommt – wie bereits ausgeführt – mit dem sexuellen Missbrauch ihres Kindes gut zurecht, bei anderen schwächen sich die Symptome langsam ab um schließlich zu verschwinden, während nicht wenige Väter und Mütter lange Zeit mit den Folgen des Missbrauch zu kämpfen haben. Dies hat zu der Frage geführt, worin die Unterschiedlichkeit der Folgen für die Eltern begründet liegt.

Umstände des sexuellen Missbrauchs

Einerseits sind die Umstände des sexuellen Missbrauchs als mögliche Ursachen für die Unterschiede untersucht worden. In den meisten Studien korreliert das Ausmaß der elterlichen Probleme nicht mit der Schwere des sexuellen Missbrauchs (z. B. Hiebert-Murphy 1998, S. 426). Susan J. Kelley (1990a, S. 27 f.) fand jedoch bei den Eltern, deren Kinder Opfer rituellen sexuellen Missbrauchs waren, höhere Belastungswerte als bei den Eltern, deren Kinder ohne rituelle Elemente sexuell missbraucht wurden (s. Kapitel 4.2).

Überraschenderweise und entgegen klinischen Erfahrungen hat es offenbar keine große Bedeutung, ob es sich um innerfamilialen oder außerfamilialen Missbrauch handelt. So fanden sich z. B. weder bei den Untersuchungen von Ian G. Manion und Kollegen (1996, S. 1104 und 1998, S. 1296), noch von Esther Deblinger und Kollegen (1993, S. 160 ff.) Unterschiede zwischen den Müttern, deren Kinder vom Lebensgefährten der Mutter, von einem anderen Familienmitglied oder außerfamilial sexuell missbraucht worden sind. Dieses Ergebnis bedarf dringend einer weiteren Erforschung.

Linda Lewin und Christi Bergin (2001, S. 370) fanden in ihrer Studie einen Zusammenhang zwischen dem Alter des Kindes und depressiven Symptomen. Je jünger die Kinder waren, desto mehr depressive Symptome fanden sich bei den Müttern. Dieses Ergebnis wurde jedoch bisher in keiner weiteren Untersuchung repliziert.

In der Studie von Carolyn Moore Newberger und Kollegen (1993) berichteten die Mütter von Mädchen häufiger von psychischen Symptomen als diejenigen von Söhnen, während Fiona Forbes und John C. Duffy (2003, S. 69) genau das umgekehrte Ergebnis fanden: Bei ihnen wiesen die Eltern von sexuell missbrauchten Jungen höhere Belastungen auf als die von Mädchen. Andere Untersuchungen finden wiederum überhaupt keinen Zusammenhang zwischen dem Geschlecht der Kinder und dem Ausmaß der elterlichen Belastung (z. B. Hiebert-Murphy 1998, S. 426). Insgesamt scheinen also die Umstände des sexuellen Missbrauchs keinen bedeutenden Einfluss auf das Belastungserleben der Eltern zu haben.

Selbsterleben der Eltern und soziale Unterstützung

Vielmehr ist entscheidender, wie sich die Eltern als Eltern erleben und wie die Unterstützung durch ihr Umfeld ausfällt. Je positiver sich die Eltern in ihrer Elternrolle einschätzen und je positiver sie die soziale Unterstützung durch ihre Familie und Freunde erleben, desto weniger Probleme sind bei ihnen festzustellen (Manion et al. 1998, S. 1300). So korrelierte z. B. in der Studie von Esther Deblinger und Kollegen (1993, S. 162 f.) das Gefühl der Einsamkeit bei den Müttern mit hohen Belastungswerten. Diane Hiebert-Murphy (1998, S. 429) stellte einen signifikanten Zusammenhang zwischen der fehlenden Unterstützung durch die Familie sowie durch Freunde und hoher emotionaler Belastung fest. Dies wiederum hat direkten Einfluss auf ihren Umgang mit den Kindern: Je mehr sich die Eltern unterstützt fühlen, umso mehr steigt ihr Einfühlungsvermögen, desto stärker stehen sie ihren Kindern bei und desto intensiver begleiten sie die Therapie ihrer Kinder (Elliott & Carnes 2001, S. 324).

Darüber hinaus wirkt sich ein vermeidender Coping-Stil negativ auf das Stresserleben der Eltern aus und ein aktiver Coping-Stil positiv (Hiebert-Murphy 1998, S. 430; Cohen & Mannarino 1998b, S. 47 f.). Dabei ist allerdings zu berücksichtigen, dass sexueller Missbrauch extremen Stress auslöst, da er in der Regel ohne Vorwarnung bekannt wird, Grundwerte berührt, grundsätzliche Entscheidungen erfordert, mächtige mentale Bilder entstehen und die bisherigen Coping-Strategien an ihre Grenzen stoßen. In der Folge werden dann zumindest zu Beginn von fast allen Betroffenen eher weniger effektive Coping-Strategien wie ein vermeidender Stil eingesetzt (Bolen & Lamb 2004, S. 196).

Diese Ergebnisse werden durch die Studienergebnisse von Ute Gerwert (1996, S. 179 ff.) unterstrichen und noch einmal sehr deutlich herausgearbeitet: Von den 14 befragten Müttern sah ein Teil den sexuellen Missbrauch ihrer Töchter als Beweis ihres Lebensversagens an. Sie fühlten sich wertlos und der sexuelle Missbrauch wurde bei ihnen zum zentralen Bestandteil ihres Selbstwertes. Erfolge und Kompetenzen wurden heruntergespielt und dem Zufall zugeschrieben. Sie meinten, in ihrem Leben immer nur Pech gehabt zu haben und verharrten in dieser Einschätzung. Bei ihnen waren dementsprechend massive Folgen festzustellen. Ein anderer Teil der Frauen hoffte trotz des sexuellen Missbrauchs auf ein besseres Leben und versuchte entsprechende Schritte zu gehen. Das alte Leben und den sexuellen Missbrauch wollten diese Frauen am liebsten vergessen. Eine dritte Gruppe von Frauen sah die Bewältigung des sexuellen Missbrauchs als Herausforderung an, die ihnen geholfen hat, sich zu verändern. Diese Frauen sahen sich nicht nur als Opfer, sondern auch als Handelnde und als an ihrer damaligen Lebenssituation aktiv beteiligt. Nach der Trennung vom Partner wollten sie das nachholen, was sie so lange vermisst hatten. Sie versuchten eigene Interessen zu realisieren, neue Freunde zu finden und (wieder) berufstätig zu sein. Einige dieser Frauen ließen sich durch Professionelle bei der Bewältigung der durch den sexuellen Missbrauch ausgelösten Krise unterstützen und helfen. Sie glaubten durch die Auseinandersetzung mit dem sexuellen Missbrauch durchsetzungsfähiger geworden zu sein. Wieder andere Frauen versuchten ihr bisheriges Leben aufzugeben und suchten regelrecht nach neuen Lebensformen. Diese Frauen konnten bei der Bewältigung meist auf Unterstützung durch Familienangehörige und Freunde rechnen. Sie hatten häufig positive Kindheitserlebnisse und oft berufliche Erfolge zu verzeichnen. Sie waren, abgesehen vom Missbrauch, mit sich selbst einigermaßen zufrieden. Auch wenn alle 14 Frauen unter dem sexuellen Missbrauch ihrer Töchter litten, waren doch die aktiveren Frauen eher in der Lage für sich und ihr Kind zu sorgen. Die Folgen des sexuellen Missbrauchs wurden dadurch abgemildert. Über die Situation der Väter liegt keine vergleichbare Studie vor.

Elternreaktionen und das Ausmaß der Folgen bei den Kindern

In vielen Studien zeigt sich: Je besser die Eltern mit dem Missbrauch umgehen können, umso weniger Symptome finden sich bei ihren Kindern. So stellten Esther Deblinger, Robert Steer und Julie Lippman (1999, S. 16) bei den Kindern, die die Reaktionen ihrer Mütter als zurückweisend einschätzten, mehr selbstberichtete depressive Symptome fest als bei den Kindern, die das Verhalten ihrer Mütter als in Ordnung bewerteten. Bei der Untersuchung von Caroline Tremblay, Martin Hébert und Christiane Piché (1999, S. 936) wiesen die Kinder, die sich durch ihre Eltern und Freunde unterstützt fühlten, signifikant weniger Verhaltensauffälligkeiten und ein signifikant höheres Selbstwertgefühl auf als die Kinder, die nicht oder nur wenig unterstützt wurden. Dabei ist die Wahrnehmung der Kinder bedeutsamer als die Selbsteinschätzung der Eltern (Avery, Massat & Lundy 1998, S. 200; Morrison & Clavenna-Valleroy 1998, S. 31 f.). So verfügten z. B. die in der Studie von Nancy C. Morrison und Jeanine Clavenna-Valleroy (1998, S. 31 ff.) befragten jugendlichen Mädchen, die ihre Mütter als unterstützend erlebten, über ein signifikant höheres und über die Zeit zunehmendes Selbstbewusstsein als die Mädchen, bei denen dies nicht der Fall war. Außerdem konnte bei ihnen ein signifikanter Rückgang von depressiven Symptomen festgestellt werden. Des Weiteren müssen Kinder, die von ihren Eltern unterstützt werden, seltener vor Gericht aussagen (Everson, Hunter, Runyon, Edelsohn & Coulter 1989, S. 202) und sie widerrufen den sexuellen Missbrauch weniger häufig als die nicht unterstützten Mädchen und Jungen. Darüber hinaus suchen unterstützende Mütter deutlich häufiger für sich selbst und ihr Kind Hilfe von außen (De Jong 1988, S. 17). Die Eltern müssen nach der Aufdeckung des sexuellen Missbrauchs demnach unbedingt unterstützt werden – einerseits um ihrer selbst willen, andererseits aber auch ihrer Kinder wegen (s. Kapitel 11). Mona Michaelsen (2010, S. 127) fast diese Erkenntnisse als betroffene Frau treffend zusammen:

> Meine Traumata wären mit Sicherheit nicht so schwerwiegend, wenn ich Dich gehabt hätte, die zu mir gestanden hätte, mich in die Arme genommen und mich beschützt hätte.

Außerdem beeinflusst die Belastung der Eltern das Ausmaß und die Schwere der Symptome bei den Kindern. So korrelierte in der Studie von Esther Deblinger, Robert Steer und Julie Lippman (1999, S. 16) das Ausmaß depressiver Symptome bei den Müttern positiv mit ihrer Einschätzung über internalisierende Verhaltensauffälligkeiten ihrer Kinder, wie Ängste und depressive Symptome, sowie mit hohen Werten von mit einer PTBS einhergehenden Symptomen.

Therapie

Untersuchungen belegen die Notwendigkeit und den Erfolg von Beratung und/oder Therapie für die nicht missbrauchenden Eltern. So konnten z. B. Judith Cohen und Anthony Mannarino (1998b, S. 47 ff.) nachweisen, dass Eltern, die unterstützt und beraten wurden, nach sechs und zwölf Monaten deutlich weniger Symptome zeigten als die Mütter und Väter der Kontrollgruppe. Nach Ergebnissen von Carolyn Moore Newberger und Kollegen (1993, S. 98) fühlten sich die Mütter, deren Kinder in Therapie waren, nach einem Jahr ebenfalls signifikant weniger belastet. Außerdem gab es einen starken Zusammenhang zwischen der Schwere der Symptome der Kinder und denen der Mütter in Richtung: Je schwerer die Folgen beim Kind, desto mehr Symptome bei den Müttern. Bei William N. Friedrich und Kollegen (1992, S. 402 f.) war ebenfalls ein deutlicher Rückgang von Symptomen bei den Kindern und Eltern festzustellen. Bei den Müttern ging das Ausmaß depressiver Symptome vom klinischen in den normalen Bereich zurück. Dieser Rückgang korrelierte mit einer Zunahme der sozialen Unterstützung. Nach bisherigen Erkenntnissen sind kognitiv-verhaltenstherapeutische Ansätze anderen Ansätzen überlegen (Cohen, Deblinger, Mannarino & Steer 2004, S. 396 ff.; Elliott & Carnes 2001, S. 325; vgl. Kapitel 11).

Mütter und Väter im Vergleich

Obwohl in den meisten Studien bisher Mütter untersucht wurden, deuten die Studienergebnisse von Ian G. Manion und Kollegen (1996, 1998) auf Unterschiede zwischen Müttern und Vätern hin. Die Mütter sind demnach stärker belastet als die Väter. Als Erklärung dafür kann Folgendes gelten: Mütter identifizieren sich stärker mit ihrer Rolle als Mutter und ziehen aus ihr Anerkennung und Selbstwert. Vor dem Hintergrund des Bildes der guten Mutter führt der sexuelle Missbrauch zu einer tiefen Erschütterung dieses Selbstbildes (s. Kapitel 4.2). Die Mütter sind in der Regel zudem „näher dran" an der Krise des Kindes und sehen sich zum Teil von den Vätern in die Rolle gedrängt, die Hilfe für das Kind organisieren zu müssen (s. Kapitel 3 und 5). Väter sehen sich dagegen weiterhin stärker in ihrer Rolle als Ernährer der Familie und sind deswegen möglicherweise nicht ganz so stark betroffen – zumal sie durch ihre Berufstätigkeit nicht so viel Zeit mit dem Kind verbringen und dadurch größeren Abstand zur gesamten Situation haben.

Entsprechend dieser Rollenzuschreibung könnten Väter direkt nach der Aufdeckung in einer Weise reagieren, die dazu beiträgt, die Familie zu schützen: Sie bauen sich quasi als Mauer vor der Familie auf, vernachlässigen dabei aber ihre Gefühle. Die Belastungsreaktion könnte dadurch bei ihnen erst später auftreten, wenn diese Schutzfunktion nicht mehr erforderlich ist. Väter haben zudem größere Probleme, ihre Gedanken und Gefühle über den sexuellen Missbrauch zu äußern, sodass sie hierfür vielleicht einfach länger brauchen. Allerdings könnten auch einfach die in der Studie verwendeten Messinstrumente eher auf Mütter zugeschnitten gewesen seien. Die Väter könnten sich deshalb dort möglicherweise nicht wirklich mit ihren Problemen wiedergefunden haben. Denn in der Studie von Susan J. Kelley (1990a, S. 28) wiesen die untersuchten Väter zwei Jahre nach der Aufdeckung des Missbrauchs mehr und stärkere Symptome auf als die Mütter. Bei den Vätern fanden sich im Übrigen höhere Werte bei den depressiven Symptomen. Bei Vätern könnte es also oftmals zu einer „verspäteten" Stressreaktion kommen, da sie Probleme damit haben, über den sexuellen Missbrauch ihres Kindes mit anderen zu sprechen und ihn als gegeben zu akzeptieren. Außerdem könnten hoch belastete Väter eine geringere Bereitschaft aufweisen, an solchen Studien teilzunehmen. Die Situation nicht missbrauchender Väter muss dringend weiter erforscht werden, damit ihnen auf ihre Bedürfnisse zugeschnittene Hilfsangebote gemacht werden können.

Schließlich ist noch ein Hinweis wichtig: Auch wenn sich die psychische Anspannung bei den Eltern nach einiger Zeit gelegt hat, können die Belastungen später immer wieder auftauchen, z. B. ausgelöst durch die Pubertät des Kindes oder einen weiteren Missbrauch im nahen Umfeld der Familie.

Fazit: Viele nicht missbrauchende Mütter und Väter entwickeln psychische Störungen im klinischen Bereich. Allerdings nehmen mit der Zeit bei vielen Elternteilen die Belastungen ab und ein Teil der nicht missbrauchenden Eltern kommt von Anfang an relativ gut mit der schwierigen Situation zurecht. Bei ihnen finden sich keine gravierenden Auffälligkeiten. Dies ist das übereinstimmende Ergebnis der vorliegenden Untersuchungen.

5 Eltern zwischen Glauben, Unterstützen und Leugnen

In den ersten Tagen nach der Aufdeckung eines sexuellen Missbrauchs wirken die Reaktionen von nicht missbrauchenden Müttern und Vätern auf Außenstehende oftmals auf eine befremdliche Art und Weise distanziert, ambivalent und unentschlossen. Selbst ein Teil der Mütter und Väter, die ansonsten eine liebevolle Beziehung zu ihren Kindern haben, ihre Kinder vorbehaltlos unterstützen und schützend auftreten, zeigen häufig inkonsistente und ambivalente Reaktionen. Sie schwanken in ihrer Haltung, ob sie ihrem Kind glauben sollen oder nicht. Sie bagatellisieren den sexuellen Missbrauch oder möchten ihn nicht wahrhaben. Sich selbst werfen die Eltern vielfach vor, nicht genügend Zeit für ihr Kind gehabt und/oder es nicht genügend über mögliche Gefahren aufgeklärt zu haben. Wenn das Kind ihnen gegenüber den sexuellen Missbrauch schon früher angedeutet hat, sind sie ärgerlich auf sich selbst, weil sie ihren Kindern nicht zugehört, die mehr oder weniger deutlichen Hinweise nicht wahrgenommen oder nicht richtig interpretiert haben. Sie haben folglich nicht reagiert und werfen sich dies vor. Einige Eltern schimpfen ihre Kinder aus, weil sie beispielsweise ohne Erlaubnis das Haus verlassen haben. Oft äußern sich die Eltern enttäuscht, weil ihr Kind ihnen nicht sofort erzählt hat, was passiert ist. Und gerade Jungen werfen sie häufig vor, sich falsch verhalten oder sich nicht genügend gewehrt zu haben. Bei Jungen scheinen insbesondere die Väter den Missbrauch nicht wahrhaben zu wollen. Wegen der fehlenden Aufklärung von Eltern über sexuellen Missbrauch an Jungen ist der Schock oft besonders groß. Väter und Mütter von Söhnen befürchten darüber hinaus, ihr Sohn könne homosexuell und von anderen als Junge verlacht werden (Bange 2007, S. 86 f.; McGuffey 2005, S. 638). Solche Reaktionen der Eltern sind letztlich meist verzweifelte Versuche, sich selbst vor der Wahrheit und der eigenen Betroffenheit zu schützen. Sie verstärken jedoch die Ängste der Mädchen und Jungen und damit ihr Leiden. Die Kinder fühlen sich allein gelassen mit ihren Ängsten und ambivalenten Gefühlen, sie werden ausgeschimpft und ihnen werden Vorwürfe gemacht. Im Grunde reagieren viele Eltern so, wie sich die Kinder dies in ihren Gedanken vor der Aufdeckung ausgemalt haben und warum sie vielfach so lange damit zögern, sich ihren Müttern und Vätern anzuvertrauen (s. Kapitel 3).

Vor mittlerweile mehr als 25 Jahren hat David Finkelhor (1984, S. 71 ff.) 334 Mütter und 187 Väter aus Boston danach befragt, welche Gefühle der sexuelle Missbrauch ihres Kindes bei ihnen hervorgerufen hat bzw. hervorrufen würde. Seinen Ergebnissen nach sind die oben beschriebenen Gefühle normal. Von den 48 Eltern, deren Kinder sexuell missbraucht worden waren, waren 90 % wütend auf den Täter, 88 % emotional außer sich, 81 % verängstigt, 77 % fühlten sich schuldig und 10 % waren wütend auf das Kind. Die Antworten der befragten Eltern, deren Kinder nicht missbraucht worden waren und die diese Frage hypothetisch beantworten sollten, waren fast deckungsgleich: 99 % würden wütend auf den Täter sein, 98 % emotional außer sich, 89 % verängstigt und 91 % würden sich schuldig fühlen. In der Untersuchung von Allan R. De Jong (1988, S. 18) äußerten die befragten Mütter sexuell missbrauchter Kinder ähnliche Gefühle. Neben den bereits genannten Gefühlen sorgten sich 83 % der ihre Kinder unterstützenden Mütter über die möglichen Folgen des sexuellen Missbrauchs für ihre Kinder. Von ihnen war nur ein Drittel wütend auf den Täter, während die ihre Kinder nicht unterstützenden Mütter zu zwei Dritteln wütend auf die Kinder waren.

Bei Eltern, deren Partner oder ein enger Freund der Familie, zu dem immer noch Kontakt besteht, der Täter war, treten diese Gefühle und Reaktionen oft in extremer Form auf. Eine Entlastung und klare Haltung können sich bei ihnen in der Regel erst ergeben, wenn sie den Kontakt zum Täter abbrechen und die Beziehung zu ihm geklärt ist.

5.1 Forschungsmethodische Probleme

Die vorliegenden Untersuchungen über die elterlichen Reaktionen weisen zahlreiche methodische Probleme auf, die ihre Vergleichbarkeit und die Aussagekraft ihrer Ergebnisse deutlich einschränken: Ein großer Teil der Untersuchungen basiert auf kleinen Stichproben, die zudem meist aus einem klinischen Kontext kommen. Sie dürfen deshalb nicht verallgemeinert werden (s. Tab 3 und 4). Sehr häufig fehlen außerdem Vergleichsgruppen, ohne die nicht herauszufinden ist, wie sich die Eltern sexuell missbrauchter Kinder von anderen Müttern und Vätern unterscheiden. Darüber hinaus wird vielfach nicht zwischen innerfamilialem und außerfamilialem sexuellen Missbrauch sowie anderen wichtigen Faktoren wie dem Alter oder dem Geschlecht der Kinder differenziert (Nahkle Tamraz 1996, S. 88 f.). Wie im gesamten Feld der Erforschung des sexuellen Missbrauchs werden in den Studien zudem sehr unterschiedliche Definitionen sexuellen Missbrauchs verwendet, was die Vergleichbarkeit und Übertragbarkeit ihrer Ergebnisse zusätzlich erschwert (Wipplinger & Amann 2005, S. 25 f.; Bange 2004, S. 30 f.; Kapitel 1).

Definition elterlicher Reaktionen

In den meisten Studien wird entweder schlicht danach gefragt, ob die Mütter – Väter sind bisher in die Untersuchungen nicht einbezogen worden – den Kindern geglaubt und/oder ob die Mütter sie unterstützt haben. In einigen Studien wird darüber hinaus erhoben, ob die Mütter schützend tätig geworden sind und/oder ob sie etwas gegen den Beschuldigten unternommen bzw. den Kontakt zum Beschuldigten unterbunden haben (Bolen 2002, S. 41; Heriot 1996, S. 182; Nahkle Tamraz 1996, S. 89).

Glauben, Unterstützung und Schutz sind jedoch sich überlappende Konstrukte, die tatsächlich nur schwer voneinander zu trennen sind. So kann ein Elternteil, das dem Kind glaubt, sich mit der Unterstützung schwer tun oder eine Mutter glaubt zwar ihrem Kind, aber nicht, dass ihr Mann der Täter ist (Elliott & Carnes 2001, S. 315). Zu wenig berücksichtigt wird zudem, zu welchem Zeitpunkt nach der Aufdeckung die Untersuchungen stattfinden, da die elterlichen Reaktionen auf den sexuellen Missbrauch ihres Kindes sich mit der Zeit verändern (können) (Heriot 1996, S. 182).

Rebecca M. Bolen (2002, S. 53 f.) kritisiert die Verkürzung der Definitionen elterlichen Verhaltens in den Untersuchungen auf Glauben, Unterstützung und Schutz scharf: Sie würde sich allein aus den Bedürfnissen des professionellen Kinderschutzsystems speisen. Die Unterstützung der Kinder durch die Eltern sei für dieses System einer der entscheidenden Aspekte bei der Entscheidung darüber, ob ein sexuell missbrauchtes Kind aus der Familie genommen werden muss oder nicht. Nur deshalb seien die bisherigen Untersuchungen auf solch rudimentäre Fragen wie „Glaubt die Mutter dem Kind oder nicht?“ beschränkt worden. Die deutlich komplexere Wirklichkeit in den Familien sei bisher nicht oder höchstens in Ansätzen erfasst worden. Dabei sei es geradezu ungerecht, die Reaktion der Mütter z. B. danach zu beurteilen, ob es ihnen gelinge, den Kontakt zum Täter zu beenden, da es doch das Kinderschutzsystem vielfach ebenfalls nicht schafft, das Kind vor Kontakten mit dem Beschuldigten zu schützen.

In der Tat werden zumindest in den USA – in Deutschland gibt es dazu keine Untersuchungen – Kinder eher aus der Familie herausgenommen, wenn die Sozialarbeiter die Mütter als nicht unterstützend einschätzen. So wurden z. B. in der Studie von Myra Leifer, Jeremy P. Shapiro und Layla Kassem (1993, S. 762) 74 % der Kinder, die von ihren Müttern nicht unterstützt wurden, außerhalb der Familie untergebracht. Von den Kindern, die durch ihre Mütter Hilfe erfuhren, wohnten dagegen 85 % weiter zu Hause (s. auch Everson et al. 1989, S. 201; Bolen 2001, S. 196).

Außerdem würden viele Wissenschaftler und Sozialarbeiter laut Rebecca M. Bolen (2002, S. 54) die elterliche Unterstützung zu einer Charakterfrage machen. Mütter, die ihren Vorstellungen nicht entsprechen, bekämen von ihnen einen schlechten Charakter zugeschrieben und würden abgewertet. Die in Kapitel 2 vorgestellten Untersuchungsergebnisse bestätigen diese Einschätzung weitgehend. Vor diesem Hintergrund gebe es bis heute keinen wirklich fundierten Beitrag zur Frage, ob die verwendeten Definitionen des elterlichen Schutzverhaltens angemessen seien.

Führt man sich vor Augen, welche methodischen Anstrengungen in den letzten Jahren unternommen worden sind, um die Täter besser zu verstehen und ihr Verhalten durch Studien zu erforschen, kann man den Ausführungen von Rebacca M. Bolen nur zustimmen. Außerdem erklärt diese einseitige Interessenlage ein Stück weit die Vernachlässigung der Väter in den Studien. Sie werden entweder als Täter gesehen oder als nicht so wichtig für die Erziehung der Kinder eingeschätzt. Denn beim außerfamilialem sexuellen Missbrauch droht in der Regel nicht der Entzug des Sorgerechts. Die Väter kann man im Sinne dieser Logik dann getrost außen vor lassen.

Diese methodischen Einschränkungen sollte man bei der Interpretation der im Folgenden präsentierten Forschungsergebnisse immer mit bedenken.

5.2 Glauben und helfen Eltern ihren Kindern?

Die meisten Mütter glauben ihren Kindern vollständig oder zumindest teilweise. In den Studien liegt die Rate zwischen 65 und 85 %. Im Durchschnitt glauben etwa drei Viertel der Mütter ihren Kindern (s. Tab. 4). Als ihre Kinder unterstützend werden 55 bis 85 % der Mütter eingeschätzt (s. Tab. 5). Da in diesen Studien überwiegend Mütter von innerfamilial sexuell missbrauchten Kindern befragt worden sind, können diese Werte als sehr hoch bewertet werden. Sie widerlegen eindeutig den Mythos, dass beim innerfamilialen sexuellen Missbrauch die nicht missbrauchenden Mütter meistens mit ihren Partnern gemeinsame Sache machen und ihre Kinder nach der Aufdeckung des Missbrauchs in der Regel im Stich lassen. Gleichzeitig zeigen die Ergebnisse aber ebenfalls, dass ein nicht unerheblicher Teil der Mütter unangemessen reagiert und dadurch das Leiden ihrer Kinder verstärkt.

In den Studien, in denen die Kinder bzw. Betroffenen danach befragt wurden, ob sie den nicht missbrauchenden Elternteil als unterstützend erlebt haben, bejahen dies etwa drei Viertel der Befragten (Avery, Massat & Lundy 1998, S. 197 f.; Morrison & Clavenna-Valleroy 1998, S. 31; Lovett 1995, S. 735). Dies entspricht in etwa den Werten aus den Befragungen der Mütter. In der Studie von Lisa Avery, Carol Rippey Massat und Marta Lundy (1998, S. 197 f.) gaben z. B. von 54 Kindern 94 % an, ihre Eltern hätten mindestens moderat unterstützend reagiert. 76 % schätzten das Maß der Unterstützung durch die Eltern als hoch oder sehr hoch ein. Die Eltern der Kinder schätzten das Maß ihrer Unterstützung sehr ähnlich ein. 98 % sahen sich als mindestens moderat unterstützend und 82 % als hoch unterstützend. Interessanterweise meinte kein Elternteil, es sei selbst sehr hoch unterstützend gewesen. Trotz dieser starken Übereinstimmung zeigten weitergehende Analysen der Daten, dass die Unterstützung aus Sicht der Kinder und aus Sicht der Eltern nicht durchgängig übereinstimmte. Einzelne Kinder hatten eine andere Sicht auf die Dinge als ihre Mütter (ebd., S. 199). In der Studie von Nancy C. Morrison und Jeanine Clavenna-Valleroy (1998, S. 33) schätzen sich die Mütter als unterstützender ein als sie von ihren Kindern wahrgenommen wurden.

Tabelle 4: Wie viele Mütter glauben ihren Kindern?

Studie	Zahl der befragten Mütter	Herkunft der Fälle	Glaubten ihren Kindern zumindest teilweise
Pierce & Pierce (1985)	205	Kinderschutzhotline	84 %
De Jong (1988)	103	Universitätskrankenhaus	69 %
Sirles & Franke (1989)	193	Kinderberatungsstelle der Universität Washington	78 %
Deblinger et al. (1993)	99	Zentrum für Kinderfragen der Universitätsklinik New Jersey	85 %
Leifer et al. (1993)	68	Kinderkrankenhaus und öffentliches Zentrum für Kinder und Familien	71 %
Deblinger et al. (1994)	183	Zentrum für Kinderfragen der Universitätsklinik New Jersey	82 %

Tabelle 4: Wie viele Mütter glauben ihren Kindern? (Fortsetzung)

Studie	Zahl der befragten Mütter	Herkunft der Fälle	Glaubten ihren Kindern zumindest teilweise
DeYoung (1994)	20	Behandlungsprogramm für innerfamilialen sexuellen Missbrauch	65 %
Heriot (1996)	118	Zentrum gegen sexuellen Missbrauch	75 %
Jinich & Litrownik (1999)	87	Zentrum für Kinderschutz an der Kinderklinik San Diego	Behandlungsprogramm 75 %, Kontrollgruppe 69 %
Pintello & Zuravin (2001)	435	Zentrum gegen sexuellen Missbrauch	55 %
Cyr et al. (2003)	120	Kinderschutzzentrum in Quebec/Kanada	66 %
Ruggiero et al. (2004)	97	USA repräsentativ	80 %
Plummer (2006)	125	Kinderschutzzentren	93 %
Coohey & O'Leary (2008)	85	Kinderschutzzentren	60 %

In der Studie von Lucy Berliner und Jon Conte (1995, S. 376) schätzten 54 % der Kinder die Reaktionen ihrer Vertrauenspersonen als unterstützend ein. 26 % berichteten von einem Schock oder großer Überraschung bei ihren Vertrauenspersonen, 15 % reagierten mit Trauer und Aufregung, immerhin 11 % wurden wütend, 8 % glaubten den Kindern nicht und 1 % hatte Angst. Die Reaktionen auf eine Aufdeckung sind also vielfältig. Es muss deshalb bei der Planung von Interventionen und bei der Beratung und Therapie immer der Einzelfall individuell betrachtet werden.

Nancy C. Morrison und Jeanine Clavenna-Valleroy (1998, S. 33 f.) befragten die an ihrer Untersuchung teilnehmenden Mütter und ihre jugendlichen Töchter dazu, was sie als unterstützende Handlungen ansehen. Übereinstimmend nannten die Mütter und Töchter folgende Punkte:

- Die Mütter und Töchter sprechen miteinander über den sexuellen Missbrauch.
- Die Mütter sind für ihre Töchter da und hören ihnen aufmerksam zu.
- Die Mütter glauben ihren Töchtern.
- Die Mütter vermitteln ihren Töchtern, dass sie nicht für den sexuellen Missbrauch verantwortlich sind.
- Die Mütter organisieren für ihre Töchter und sich selbst Hilfe.
- Die Mütter schützten ihre Töchter vor dem Täter.

Tabelle 5: Wie viele Mütter unterstützen ihre Kinder?

Studie	Zahl der befragten Mütter	Unterstützen ihre Kinder zumindest teilweise	Ambivalentes Verhalten
De Jong (1988)	84	44 %	32 %
Everson et al. (1989)	138	82 %	
Salt et al. (1990)	99	85 %	
Deblinger et al. (1993)	68	49 %	
Leifer et al. (1993)	103	69 %	
Heriot (1996)	118	68 %	
Avery et al. (1998)	54	Einschätzung durch Kinder 94 % Einschätzung durch Eltern 98 %	
Morrison & Clavenna-Valleroy (1998)	50 nach der Therapie	58 % 74 %	
Wright et al. (1998)	40	51 %	44 %
Pintello & Zuravin (2001)	435	56 %	27 %
Leifer et al. (2001)	99	62 %	
Bolen & Lamb (2002)	92	85 %	11 %
Cyr et al. (2003)	120	66 %	29 %
Ruggiero et al. (2004)	97	70 %	
Coohey & O'Leary (2008)	85	56 %	

Der einzige Unterschied zwischen den Müttern und ihren Töchtern war, dass die Mädchen mehr Unabhängigkeit und Raum für sich selbst einforderten, während die Mütter dies restriktiver sahen (ebd., S. 37). Dies ist aber bei jugendlichen Mädchen nicht wirklich ungewöhnlich und zumindest zum Teil Ausdruck der in diesem Alter normalen Ablösung vom Elternhaus, die in fast jeder Familie zu Reibereien und Streitigkeiten führt. Welcher Elternteil eines pubertierenden Kindes kennt nicht den Streit darüber, wann das Kind nach Hause zu kommen hat oder wie lange es im Internet surfen darf?

5.3 Inkonsistentes und ambivalentes Verhalten

Die bisherigen Ausführungen suggerieren unterschwellig, dass Mütter, die ihrem Kind glauben, immer unterstützend reagieren und Mütter, die ihrem Kind nicht glauben, es nicht unterstützen. Die Wirklichkeit ist erneut deutlich komplizierter: Es gibt Mütter, die ihrem Kind zwar nicht glauben, sich aber dennoch unterstützend verhalten. In der Studie von Denise Pintello und Susan Zuravin (2001, S. 347 f.) verhielten sich immerhin 14 % der Mütter unterstützend, obwohl sie ihren Kindern nicht glaubten. Ein Teil der Mütter, die ihren Kindern glaubt, ist wiederum nicht in der Lage oder Willens es zu unterstützen und zu schützen.

Ein anderer Teil der Mütter reagiert ambivalent und unterstützt die Kinder nur inkonsistent. In der Studie von Mark Everson und Kollegen (1989, S. 200) fand sich ein solches Verhalten immerhin bei 32 % der untersuchten Mütter. In einer Studie von Rebecca M. Bolen und J. Leah Lamb (2004, S. 201) zeigten 60 % der 30 Mütter eine emotionale Ambivalenz, die bei 23 % mit einer kognitiven Ambivalenz einherging. 27 % der Mütter reagierten mit ambivalenten Verhalten. Insgesamt zeigten 73 % der Frauen auf die eine oder andere Weise ambivalente Reaktionen. Bei einer weiteren Studie dieser beiden Autorinnen (Bolen & Lamb 2007, S. 191 ff.) verhielt sich etwa ein Drittel der 29 untersuchten nicht missbrauchenden Mütter ambivalent, reagierte jedoch gleichzeitig unterstützend (s. auch Tabelle 4; Cyr et al. 2003, S. 50; Elliott & Carnes 2001, S. 317; Bolen 2002, S. 47).

In der Studie von Jessica Heriot (1996, S. 190) hatten 23 % der untersuchten 118 Mütter ambivalente Gefühle gegenüber ihrem Partner, mal fühlten sie sich mit ihm verbunden, mal lehnten sie ihn ab. Diese Mütter verhielten sich gegenüber ihren Kindern weniger unterstützend als die Mütter mit einer klaren Haltung zum Täter. Dieses Ergebnis zeigt, wie häufig eine solche ambivalente Haltung gegenüber dem Täter ist und wie schwer es den Müttern dann fällt, sich eindeutig hinter ihre Kinder zu stellen (s. auch Pintello & Zuravin 2001, S. 348).

Zu der interessanten Frage, ob eine kognitive und/oder gefühlsmäßige Ambivalenz zu ambivalentem Verhalten führt oder ob dies voneinander unabhängige Variablen sind, sind die Studienergebnisse gemischt. In ihrer 2007er Studie konnten Rebecca M. Bolen und J. Leah Lamb (2007, S. 193) keine Korrelation zwischen den beiden Variablen Ambivalenz und Unterstützung feststellen, während sie in ihrer 2004er Studie einen moderierenden Einfluss ambivalenter Gefühle und Gedanken auf das Verhalten nachweisen konnten (Bolen & Lamb 2004, S. 192 f.). Carol Coohey und Patrick O'Leary (2008, S. 252 f.) fanden ebenfalls einen Zusammenhang zwischen den beiden Variablen. Weitere Forschungen zur Klärung dieses wichtigen Aspektes sind deshalb unbedingt erforderlich.

Angesichts dieser Daten kann man zusammenfassend sagen, dass ambivalente und inkonsistente Reaktionen sehr häufig vorkommen und fast als normal angesehen werden können. Das Zitat einer betroffenen Mutter soll diese Gefühle der Zerrissenheit und der Ambivalenz beispielhaft illustrieren:

> Während des Gespräches, bei dem ich mehr oder weniger ruhig dabei saß, spürte ich immer mehr: Das war wirklich passiert: Sabrina hat sich nichts ausgedacht, das war Wirklichkeit! Dennoch konnte ich mir das alles immer noch nicht vorstellen. Ich hatte zwar das Gefühl und

> wusste auch im Kopf, dass mein Ex-Mann etwas gemacht hatte, was nicht richtig war, aber mir vorstellen, dass mein 47-jähriger Mann mit unserer fünfjährigen Tochter im Bett liegt und da … Nein! (Enders & Stumpf 1991, S. 48)

5.4 Hintergründe für inkonsistentes und ambivalentes Verhalten

Hinter einem ambivalenten Verhalten verbergen sich in der Regel sehr unterschiedliche Motive: Ambivalenz kann erstens interpersonell motiviert sein. So kann z. B. eine enge Beziehung zum Täter und gleichzeitig der Wunsch bestehen, das Kind zu schützen. Ambivalenz kann zweitens intrapersonell bedingt sein. So kann einer Mutter z. B. die Wahl zwischen Kind und Täter extrem schwer fallen, weil sie sich beiden gleichermaßen emotional verbunden fühlt. Drittens kann eine kognitive Ambivalenz bestehen, die sich z. B. in der Frage „Wem soll ich glauben?" bündelt. Viertens kann ein Elternteil emotional ambivalent sein, wenn er gleichzeitig Konflikte mit der Tochter und dem Partner hat (Bolen & Lamb 2007, S. 193; Bolen & Lamb 2004, S. 188 f.). Schließlich möchten die Eltern in der Regel einerseits genau wissen, was passiert ist, andererseits hoffen sie aber gleichzeitig, dass sich der Verdacht als unbegründet erweist. Eine Mutter dazu:

> Immer ich hab' gehofft, ich hab' gehofft, dass es nicht so war. Zweifel nicht, aber ich hab's gehofft. Oder ich hab' gehofft, dass der Franz (der Täter) vielleicht nicht so drinhängt, weil der war die Hauptperson für'n Tobias. (Mosser 2009, S. 204)

Das Ausmaß der Ambivalenz bei den Müttern hängt nach bisherigen Erkenntnissen mit folgenden Bedingungen zusammen (Bolen 2002, S. 56):

- Je unsicherer die Beziehung der Mutter zum Kind vor der Aufdeckung des sexuellen Missbrauchs war, desto größer ist die Ambivalenz.
- Je mehr sich die Beziehung der Mutter zum Kind verschlechtert, desto größer wird die Ambivalenz.
- Je mehr die Mutter permanent über den Missbrauch nachgrübelt, desto größer ist die kognitive Ambivalenz.
- Je mehr sich die Mutter mit den Tätern emotional verbunden fühlt, desto größer ist die gefühlsmäßige Ambivalenz.
- Je besser die Beziehung der Mutter zum Täter ist und je kürzer ihre Beziehung zum Täter ist, desto größer ist die Ambivalenz.
- Wenn die Mutter Opfer häuslicher Gewalt ist, ist ihre Ambivalenz geringer.

Außerdem steigt mit der kognitiven und verhaltensmäßigen Ambivalenz der von den Müttern erlebte Stress signifikant an. Bei den Eltern, die durch den Missbrauch ihres Kindes traumatisiert sind, könnte ambivalentes Verhalten demnach ein Ausdruck bzw. ein Symptom einer PTBS sein (Bolen 2001, S. 207).

Je höher „die Kosten", desto größer die Ambivalenz

Ausgehend von der Konflikttheorie tritt Ambivalenz in der Regel dann auf, wenn alternative Reaktionsmöglichkeiten folgende drei Komponenten aufweisen: Sie haben (a) unterschiedliche Auswirkungen, sind (b) subjektiv von gleich hoher Bedeutung und (c) sind die mit ihnen verbundenen Ziele im Ergebnis gleich wünschenswert und erreichbar. Ein Kompromiss oder ein anderer Ausweg ist deshalb nicht möglich (Thompson, Zanna & Griffin 1995, S. 363). Eine ambivalente Reaktion von nicht missbrauchenden Eltern ist folglich dann zu erwarten, wenn (a) die Unterstützung für das Kind oder für den Täter zu unterschiedlichen Ergebnissen führt, (b) beide Ergebnisse „hohe Kosten" mit sich bringen und (c) der Elternteil zu beiden eine gute Beziehung hat und sich zwischen ihnen entscheiden muss (Bolen 2002, S. 56).

Die Ambivalenz nahm in der Studie von Rebecca M. Bolen und J. Leah Lamb (2004, S. 201) bei den Müttern entsprechend dieser theoretischen Annahmen zu, wenn die „Kosten" der Aufdeckung stiegen.

Wenn der Täter aus der Familie kommt, sind die Verluste bzw. die „Kosten" für die nicht missbrauchenden Eltern in der Regel höher, als wenn es ein Täter von außerhalb der Familie ist. So verliert man z. B. nicht den Partner und muss nicht sein gesamtes Lebenskonzept in Frage stellen, wenn beispielsweise der Sportlehrer der Täter ist. Carol Roppey Massat und Marta Lundy (1998) untersuchten 104 nicht missbrauchende Elternteile und ihre innerfamilial missbrauchten Kinder, um die Verluste und Einschnitte herauszufinden. 54 % berichteten, dass Familienmitglieder enttäuscht und 35 %, dass sie mit Wut reagiert hätten. Bei 41 % wandten sich Freunde von ihnen ab, allerdings wurden auch viele von ihren Freunden unterstützt. Lebten vor der Aufdeckung des Missbrauchs noch 35 Mütter mit ihrem Partner zusammen, waren es nach der Aufdeckung noch zwei Mütter. Die Zahl der Mütter, die sich ihren Partner nicht mehr nahe fühlten, stieg von 36 % vor der Aufdeckung des Missbrauchs auf 87 %. 52 % berichteten von Einkommensverlusten, 26 % über Probleme mit ihrer Arbeit und 50 % hielten es nicht aus, in ihrer Wohnung zu bleiben (ebd., S. 378 ff., s. Tab. 5).

Tabelle 5: Zusammenfassung der „Kosten" nicht missbrauchender Eltern (nach Massat & Lundy 1998, S. 385)

Familie enttäuscht	54 %
Einkommensverluste	52 %
Verlust von Nähe zum Täter	51,8 %
Wohungswechsel	50 %
Freunde reagierten ablehnend	40,5 %
Familie war wütend	35 %
Trennung/Scheidung	35 %
Probleme im Beruf	26 %
Suche nach neuem Beruf	25,7%

Die „Kosten" sind also für Mütter, deren Partner ihr Kind missbraucht hat, besonders hoch. Sie müssen sich gegen ihren Mann stellen, sie müssen ihm misstrauen und beschuldigen, sie widersprechen gesellschaftlichen Rollenerwartungen und ihren eigenen Vorstellungen, sie müssen sich kritisch mit ihren Lebensentwurf auseinandersetzen und möglicherweise mit weniger Geld auskommen usw. Angesichts solcher Einschnitte und eines solchen Entscheidungsdrucks wägen gerade beim innerfamilialen sexuellen Missbrauch nicht missbrauchende Elternteile die Kosten und Nutzen (einer öffentlichen) Aufdeckung gegeneinander ab. Je mehr die nicht missbrauchenden Elternteile vom Partner emotional, sozial und finanziell abhängig sind, umso mehr Gründe gibt es, die Hinweise der Kinder entweder nicht wahrzunehmen oder die „Angelegenheit" intern zu regeln. Versuche, den sexuellen Missbrauch innerhalb der Familie zu stoppen, schlagen allerdings in der Regel fehl. Beim außerfamilialen sexuellen Missbrauch sind die von den Eltern wahrgenommen Kosten ebenfalls oftmals höher als jene, die mit dem Ignorieren der Hinweise oder einer familiären Lösung einhergehen. Es ist für die Eltern teilweise leichter, nicht (öffentlich) zu intervenieren, da sie befürchten müssen, in der Öffentlichkeit diffamiert zu werden (Mosser 2009, S. 71). Die Berichte von Eltern über die Reaktion ihres Umfeldes und der Öffentlichkeit, wenn sie z. B. einen Trainer oder einen Lehrer beschuldigt haben, unterstreichen dies eindrücklich. Sie wurden oftmals als „Nestbeschmutzer", als „Lesben" oder als Menschen, die einen „Missbrauch mit dem Missbrauch" beitreiben, diffamiert.

Ambivalente Reaktionen sind angesichts dieser Realitäten zumindest phasenweise zu erwarten. Sie müssen deshalb bei der Beratung und Therapie berücksichtigt werden und spielen bei der Verarbeitung des sexuellen Missbrauchs eine wichtige Rolle.

5.5 Reaktionen der Eltern im Wandel

Von den ersten Reaktionen der nicht missbrauchenden Eltern darf nach den vorliegenden Studienergebnissen nicht vorschnell auf das zukünftige Verhalten geschlossen werden. Sie sagen nicht notwendigerweise etwas darüber aus, wie sich die Eltern in Zukunft verhalten. Mütter oder Väter, die zuerst ungläubig und wenig unterstützend reagieren, können sich später diametral anders verhalten (Elliott & Carnes 2001, S. 315). Die Frage des Glaubens und des Nicht-Glaubens sowie des Unterstützens und des Nicht-Unterstützens sind grundsätzlich nicht als Gegensatz anzusehen sondern als ein sich stetig verändernder Prozess (Hill 2005, S. 340).

5.6 Was bestimmt die Reaktionen der Eltern?

Die unterschiedlichen Reaktionen von Eltern auf die Aufdeckung des sexuellen Missbrauchs, die sich im Lauf der Zeit noch verändern können, haben zur Frage nach den Faktoren geführt, die das Verhalten der Eltern beeinflussen. Obwohl Studien häufig unterschiedliche Ergebnisse aufweisen, können tendenziell bestimmte Zusammenhänge festgestellt werden, auf die im Folgenden eingegangen wird.

5.6.1 Umstände des sexuellen Missbrauchs

Alter der Kinder

Mütter glauben eher jüngeren Kindern und unterstützen auch eher jüngere Kinder (Elliott & Carnes 2001, S. 319; Pintello & Zuravin 2001, S. 348; Heriot 1996, S. 191; Sirles & Franke 1989, S. 135). So glaubten z. B. in der Studie von Elizabeth A. Sirles und Pamela J. Franke (1989, S. 134) 95 % der Mütter ihrem Kind, wenn es im Vorschulalter war. Im Grundschulalter sank diese Zahl auf 82 % und in der Pubertät sogar auf 63 % ab. Die Mütter gehen davon aus, dass jüngere Kinder sich einen sexuellen Missbrauch aufgrund ihrer kognitiven Entwicklung nicht ausdenken können und schätzen ihre Aussage deshalb als glaubwürdiger ein. Zudem sind jüngere Kinder noch enger an die Mutter gebunden, weshalb sie ihnen eher glauben (ebd., S. 137). Außerdem schreiben Mütter älteren Kindern mehr Verantwortung für die Entstehung des sexuellen Missbrauchs zu. Sie reagieren deshalb häufiger ablehnender bzw. mit mehr Schuldvorwürfen in Richtung der Kinder. Dies wird durch folgendes Studienergebnis indirekt bestätigt: Die Mütter unterstützen in der Regel ihre Kinder nur dann, wenn sie den Täter und nicht ihr Kind für den sexuellen Missbrauch als verantwortlich betrachten (Coohey & O'Leary 2008, S. 253; De Jong 1988, S. 16). Schließlich trägt sicher auch das in der Pubertät generell höhere Konfliktpotenzial zwischen Eltern und Jugendlichen dazu bei.

Geschlecht der Kinder

Mütter glauben eher ihren Söhnen als ihren Töchtern. Sie stehen ihren Söhnen zudem häufiger bei und unterstützen sie intensiver (Bolen & Lamb 2002, S. 270; Bolen 2002, S. 48; Elliott & Carnes 2001, S. 319; Pintello & Zuravin 2001, S. 348; Salt et al. 1990, S. 127). Weitergehende Analysen sind zu diesem wichtigen Befund bisher nicht durchgeführt worden. Vermutlich weisen die Mütter den Jungen weniger Schuld zu als ihren Töchtern, denen sie eher eine aktive Rolle als Verführerin unterstellen. In diesem Kontext könnten Motive von Eifersucht gegenüber den Töchtern eine Rolle spielen.

Schwere des sexuellen Missbrauchs

Je massiver die sexuellen Handlungen sind, desto eher wird den Kindern nicht geglaubt (Leifer, Shapiro & Kassem 1993; Heriot 1996, S. 191). Dies gilt insbesondere dann, wenn es um vaginale oder anale Vergewaltigungen geht (Sirles & Franke 1989, S. 134). Die Mütter können sich eine solche Tat, begangen durch ihren Lebenspartner, offenbar einfach nicht vorstellen. Sie denken darüber hinaus möglicherweise, eine Vergewaltigung sei bei Kindern körperlich nicht möglich (ebd., S. 136). Die Tatsache, dass ein Vater oder Onkel ein fünfjähriges Mädchen an die Genitalien fasst, ist anscheinend leichter zu akzeptieren und zu glauben, als wenn er sie penetrieren würde (Brockhaus & Kolshorn 1993, S. 178).

Die Mutter war im Haus, als der Missbrauch geschah

Mütter glauben ihren Kindern seltener und unterstützen sie weniger, wenn der Missbrauch stattgefunden hat, während sie selbst im Haus anwesend waren (Coohey & O'Leary 2008, S. 255; Franke & Sirles 1989, S. 134). Dies ist in gewisser Weise nachvollziehbar, da die

Vorstellung, der sexuelle Missbrauch sei quasi nebenan passiert, massive Zweifel an der eigenen Wahrnehmung und der eigenen Schutzfunktion nährt. Hier würde sich wohl fast jeder die Frage stellen, ob das sein kann.

Nicht nachvollziehbar ist dagegen ein anderes Studienergebnis: Mütter, die den sexuellen Missbrauch direkt beobachtet haben, unterstützen ihre Kinder seltener (Coohey & O'Leary 2008, S. 253 f.). Dies kann man sich nur mit den damit einhergehenden Schuldgefühlen, der Zuschreibung einer aktiven Beteiligung des Kindes am sexuellen Missbrauch, einer generellen Einstellung der Mütter, grundsätzlich nichts ändern zu können oder einer inneren Beteiligung der Mütter am sexuellen Missbrauch erklären. Solche Mütter und Väter machen sich eindeutig der unterlassenen Hilfeleistung schuldig. Bei ihnen ist eine entsprechende Strafverfolgung angemessen, um ihnen die Verantwortung für den Schutz ihres Kindes zu verdeutlichen. Allerdings muss dabei der Einzelfall genau betrachtet und z. B. berücksichtigt werden, ob eine Mutter selbst das Opfer häuslicher Gewalt ist.

Innerfamilialer versus außerfamilialer sexueller Missbrauch

Die Mütter glauben und unterstützen ihre Kinder eher bei einem außerfamilialen als bei einem innerfamilialen sexuellen Missbrauch. Vor allem die Anwesenheit eines zweiten unterstützenden Elternteils, mit dem man seine Wahrnehmungen austauschen kann, trägt neben den bereits mehrfach ausgeführten besonderen Bedingungen beim außerfamilialen sexuellen Missbrauch dazu bei (Coohey & O'Leary 2008, S. 255; Bolen & Lamb 2004, S. 187; Bolen & Lamb 2002, S. 270; Heriot 1996, S. 189; De Jong 1988, S. 18).

Kinder werden auch körperlich misshandelt

Kindern, die neben dem sexuellen Missbrauch gleichzeitig körperlich misshandelt werden, wird von den Müttern seltener geglaubt (Sirles & Franke 1989, S. 135, Bolen & Lamb 2008, S. 271). Möglicherweise sehen die Mütter den Missbrauchsvorwurf als eine Art Rache am Täter an und glauben dem Kind deshalb nicht. Darüber hinaus könnten diese Familien besonders desorganisiert sein. Die Mütter könnten dadurch in ihrer Rolle besonders geschwächt sein. Außerdem könnte das Kind insgesamt als „schwarzes Schaf" der Familie gelten, dem ohnehin alles zuzutrauen ist und das deshalb nach Auffassung der Eltern eine solche Behandlung „verdient" (Sirles & Franke 1989, S. 136).

Mehrfacher Missbrauch der Kinder

Kindern, die bereits einmal sexuell missbraucht worden sind, wird bei der Aufdeckung eines zweiten sexuellen Missbrauchs seltener geglaubt und sie werden seltener unterstützt (Bolen 2002, S. 51). Zum einen könnten die Kinder mehr Verhaltensauffälligkeiten zeigen und dadurch anstrengender für die Eltern sein, zum anderen könnte ein wiederholter sexueller Missbrauch auf eine generell belastete Eltern-Kind-Beziehung hindeuten, in der Unterstützung grundsätzlich fehlt und entsprechende Coping-Strategien kaum vorhanden sind. Des Weiteren könnte es sein, dass diesen Kindern eine aktive Beteiligung am sexuellen Missbrauch von den Eltern unterstellt wird. Getrau dem Motto: Sie oder er hätte es doch nach dem ersten sexuellen Missbrauch besser wissen müssen.

Soziale Schicht

In der Studie von Myra Leifer, Jeremy P. Shapiro und Layla Kassem (1993, S. 760) fand sich ein Zusammenhang zwischen der sozialen Schichtzugehörigkeit und dem Maß der Unterstützung: Kinder aus höheren Schichten wurden mehr unterstützt. In einer anderen Studie wurde kein Zusammenhang mit dem Bildungshintergrund der Eltern festgestellt (Everson et al. 1989, S. 233).

Insgesamt scheinen die Umstände des sexuellen Missbrauchs, wie seine Dauer oder das Alter der Täter, ansonsten keinen allzu großen Einfluss auf die Reaktionen der nicht missbrauchenden Mütter zu haben (Coohey & O'Leary 2008, S. 255; Cyr et al. 2003; Bolen 2002, S. 52).

5.6.2 Eltern-Kind-Beziehung

Eltern-Kind-Beziehung vor dem Missbrauch

Die Beziehung zum Kind vor dem sexuellen Missbrauch bzw. vor seinem Bekanntwerden beeinflusst die Reaktion der Mütter. Je positiver die Beziehung und je sicherer die Bindung vorher erlebt worden sind, desto eher wird unterstützend reagiert (Plummer & Eastin 2007b, S. 1054; Bolen & Lamb 2004, S. 187; Cyr et al. 2003, S. 52; Bolen & Lamb 2002, S. 270).

An wen wendet sich das Kind?

Kinder, die direkt ihre Mütter informieren, erhalten mehr Unterstützung von ihnen als Kinder, die zuerst mit einer anderen Person über den Missbrauch sprechen (Coohey & O'Leary 2008, S. 255; Plummer 2006, S. 1229; Bolen & Lamb 2004, S. 187; Cyr et al. 2003, S. 52; Bolen & Lamb 2002, S. 270; deYoung 1994, S. 79). Möglicherweise fühlen sich diese Mütter vom Kind hintergangen, weil sie erwarten, die erste Ansprechpartnerin für ihr Kind zu sein. Sie sind über ihr Kind enttäuscht und fühlen sich in ihrer Kompetenz als Mutter angegriffen. Das Vorgehen des Kindes wird dann konsequenterweise als Misstrauensbeweis erachtet. Dementsprechend haben Mütter, die ihre Kinder unterstützen, eine positivere Beziehung zu ihnen als nicht unterstützende Mütter (Leifer, Kilbane & Grossman 2001, S. 359).

Verhaltensauffälligkeiten beim Kind

Mütter und Väter unterstützen ihre Kinder eher, wenn sie nach der Aufdeckung des sexuellen Missbrauchs weniger Verhaltensauffälligkeiten zeigen (Pintello & Zuravin 2001, S. 344). Besonders wenn das Kind durch sexualisiertes oder aggressives Verhalten auffällt, neigen die Mütter dazu, ihm weniger zu glauben (ebd., S. 348). Eine mögliche Erklärung hierfür ist eine falsche kausale Zuordnung durch die Mütter: Sie nehmen an, das Kind habe zuerst sexualisiertes Verhalten gezeigt und der Täter habe es daraufhin sexuell missbraucht. Sie machen also indirekt ihr Kind mitverantwortlich für den sexuellen Missbrauch (ebd., S. 350 f.). Außerdem bedeutet der Umgang mit solchen Verhaltensweisen für alle Eltern erheblichen Stress. Er verlangt ihnen viel Geduld und Zeit ab und stellt ihre Kompetenz als Eltern massiv in Frage. Sexualisiertes Verhalten und die Dynamik sexueller Gewalt müssen in der Beratung und Therapie nicht missbrauchender Eltern deshalb unbedingt thematisiert werden, damit es nicht zu gegenseitigen Schuldvorwürfen kommt. Schließlich dürften durch massive Verhaltensauffälligkeiten die Schuldgefühle der Eltern verstärkt werden. Ihnen werden die Folgen des sexuellen Missbrauchs quasi täglich vor Augen geführt. Dies löst bei den Eltern Stress und Ärger aus, was sich wiederum in weniger Unterstützung für das Kind ausdrücken kann.

5.6.3 Eltern und Täter

Beziehung zum Täter

Mütter unterstützen ihre Kinder bei innerfamilalem sexuellem Missbrauch eher, wenn sie nicht mehr mit dem Täter verheiratet sind oder dieser ausgezogen ist und keine Beziehung zum Täter mehr besteht. Im Umkehrschluss bedeutet dies: Je enger die Beziehung der Mutter zum Täter ist, umso weniger unterstützend reagieren die Mütter, wenn ihr Kind ihren Partner beschuldigt (Coohey & O'Leary 2008, S. 255; Cyr et al. 2003, S. 52 f; Bolen & Lamb 2002, S. 270; Elliott & Carnes 2001, S. 316 ff.; Pintello & Zuravin 2001, S. 348; Heriot 1996, S. 190; Breitenbach 1993, S. 139; Everson et al. 1989, S. 200; Sirles & Franke 1989, S. 134; Faller 1988, S. 193). In der Studie von Kathleen Coulborn Faller (1988, S. 193) hatten die Mütter z.B. engere Beziehungen zu ihren Töchtern, wenn sie nicht mehr mit dem Vater bzw. dem Täter zusammenlebten. Mütter, die sich bereits vom Täter getrennt haben, befinden sich vermutlich einfach nicht mehr in einer „Zwickmühle“: Sie müssen sich nicht entscheiden, zu wem sie halten und wem sie glauben (s. Kapitel 5.4).

Gespräche mit dem Täter

Mütter unterstützen ihre Kinder konsistenter, wenn sie nur mit ihrem Kind und nicht mit dem Täter sprechen. In der Studie von Carol Coohey und Patrick O'Leary (2008, S. 254) unterstützten 60 % der Mütter, die nur mit ihrem Kind über den Missbrauch gesprochen hatten, das Kind dauerhaft. Bei den Müttern, die mit dem Täter darüber redeten, sank der Wert auf 35 % ab. Dies unterstreicht, wie wichtig es ist, die Täterstrategien zu kennen, die nach Aufdeckung des Missbrauchs darauf abzielen, die Wahrnehmung der Umwelt zu vernebeln (s. Kapitel 9). Nicht überraschend glauben und unterstützten die Mütter ihr Kind, wenn der Täter den sexuellen Missbrauch einräumt oder der Missbrauch durch dritte Personen bestätigt wird (Cyr et al. 2003, S. 52; Everson et al. 1989, S. 201).

5.6.4 Familiäre und psychische Faktoren

Eigene Mutterbeziehung

Mütter, die ihre Kinder unterstützen, haben laut der Studie von Myra Leifer, Teresa Kilbane und Gail Grossman (2001, S. 359) eine bessere Beziehung zu ihren eigenen Müttern als nicht unterstützende Mütter. Außerdem hatten sie als Kinder mit ihrer Mutter und in ihrer Familie weniger Stress und Probleme. Eine positive Beziehung zur eigenen Mutter wirkt generell als Schutzfaktor.

Alkohol- und Drogenabhängigkeit

Mütter, die drogen- oder alkoholabhängig sind, unterstützen ihre Kinder seltener als andere Mütter (Pintello & Zuravin 2001, S. 348; Leifer, Shapiro & Kassem 1993, S. 761). In der Studie von Myra Leifer, Jeremy P. Shapiro und Layla Kassem (1993, S. 761) war Drogen- und Alkoholmissbrauch bei denjenigen Müttern häufiger anzutreffen, die eine schlechte Beziehung zur eigenen Mutter hatten und als Mädchen sexuell missbraucht worden sind. Jessica Heriot (1996, S. 189) konnte jedoch in einer methodisch anspruchsvolleren Studie keinen entsprechenden Zusammenhang nachweisen.

Psychische Probleme

Bei Müttern mit psychischen Problemen sind die Untersuchungsergebnisse überraschend eindeutig. In den drei Studien, die diesen Zusammenhang untersucht haben, fand sich keine Korrelation (Heriot 1996, S. 189; Cyr et al. 2003, S. 51; Runyan, Hunter, Everson, De Vos, Cross, Peeler & Whitcomb 1992). Eltern, die in den letzten zwölf Monaten verschiedenen Stressfaktoren ausgesetzt waren, reagieren dagegen weniger unterstützend (Bolen & Lamb 2002, S. 271).

Alter der Mutter bei der Geburt

Mütter, die ihre Kinder im Erwachsenenalter bekommen haben, reagieren unterstützender als Mütter, die ihre Kinder als Teenager geboren haben (Pintello & Zuravin 2001, S. 348). Dies hängt sicherlich mit den generellen Schwierigkeiten zusammen, die sehr junge Mütter in Erziehungsfragen und im Umgang mit ihren Kindern oftmals aufweisen.

Häusliche Gewalt

Die Ergebnisse bezüglich der Mütter, die von ihrem Lebenspartner selbst misshandelt oder sexuell missbraucht worden, sind heterogen. In einer Studie glaubten sie ihren Kindern im Durchschnitt nicht seltener und unterstützten sie auch nicht seltener (Sirles & Franke 1989, S. 135), in einer anderen Studie war bei den Müttern, die keine häusliche Gewalt erfuhren, die Wahrscheinlichkeit, dass sie ihrem Kind glaubten und es unterstützen, sechsfach erhöht (Coohey & O'Leary 2008, S. 255). In den Studien finden sich im Übrigen zum Teil hohe Raten von häuslicher Gewalt in diesen Familien (Sirles & Franke

1989: 44 %; Deblinger et al. 1993: 57 %). Bei Müttern, deren Kinder vom Partner bzw. innerfamilial sexuell missbraucht werden, ist die Rate häuslicher Gewalt signifikant höher als bei Müttern, deren Kinder Opfer außerfamilialer sexueller Gewalt werden (Deblinger et al. 1993, S. 162).

Insgesamt reagieren durch Gewalt in der Kindheit oder im Erwachsenenalter betroffene oder durch andere Umstände belastete Mütter tendenziell weniger unterstützend. Ähnliches gilt für aktuelle Belastungen. In der Beratung und Therapie darf deshalb der Fokus nicht nur auf den sexuellen Missbrauch gerichtet werden. Die anderen belastenden Lebensumstände müssen mit einbezogen werden.

5.6.5 Materielle Faktoren

Neben den emotionalen und sozialen Erschütterungen können gerade beim innerfamilialen sexuellen Missbrauch durch den Partner wirtschaftliche Sorgen hinzukommen und Einfluss auf die Reaktion der nicht missbrauchenden Mütter und Väter haben. So steht teilweise die finanzielle Absicherung der Familie in Frage oder es droht der Verlust der Wohnung und damit möglicherweise wiederum der Verlust des Freundeskreises. Für die Kinder kann ein Umzug einen Schulwechsel bedeuten, was eine weitere Belastung sein kann (Hill 2005, S. 340). In einer Untersuchung aus den USA mussten nach dem Bekanntwerden des sexuellen Missbrauch 40 % der Familien von „welfare" leben, 50 % mussten die Wohnung wechseln, 40 % hatten weniger Geld und 25 % der Mütter mussten einen anderen Job ausüben (Bolen & Lamb 2004, S. 195). In der Studie von Myra Leifer, Teresa Kilbane und Gail Grossman (2001, S. 359) waren dementsprechend die Mütter in der Tendenz weniger unterstützend, wenn sie finanziell vom Täter abhängig waren. Eine betroffene Mutter beschreibt dies in folgenden Worten und gibt gleichzeitig einen Tipp, wo man in einer solchen Situation Hilfe bekommen kann:

> Meine Geldsorgen waren sehr groß, denn nun hatte ich allein tausend Mark Kaltmiete zu zahlen. Auch hatten wir eine Urlaubsreise gebucht. Dank der Zuschüsse vom Weißen Ring, einem Verein, der Opfer von Straftaten unterstützt, konnten wir die Wohnung halten und auch noch in Urlaub fahren. (Enders & Stumpf 1991, S. 74)

Fazit: Die Mütter sind in der ersten Phase, nachdem der sexuelle Missbrauch bekannt geworden ist, manchmal aufgrund der dadurch ausgelösten Belastungen und ihrer Ambivalenz nicht in der Lage, ihre Kinder angemessen zu versorgen und zu unterstützen. Dies ist in der Regel kein Ausdruck möglicher Defizite, sondern Folge einer nachvollziehbaren Überforderung. Die Mütter sind traumatisiert und können eine solche Situation – ohne Unterstützung – nicht von heute auf morgen verkraften. Wie bereits ausgeführt, darf aus diesem anfänglichen Verhalten nicht ohne weiteres auf das zukünftige Verhalten geschlossen werden. Es kommt ziemlich häufig vor und ist zumindest nicht generell inadäquat (s. o.). In meiner Zeit bei Zartbitter Köln e. V. haben sich gerade zu Anfang unsichere und ambivalente Eltern später als ausgesprochen hilfreich und unterstützend erwiesen. Sie mussten die fast zwangsläufig bei einem sexuellen Missbrauch entstehenden Zweifel und Ängste erst für sich verarbeiten. Möglicherweise sind diese Eltern auf lange Sicht sogar eher in der Lage ihre Kinder zu unterstützen als Eltern, die ihre inneren Zweifel nicht wahrnehmen und sich mit ihnen nicht auseinandersetzen. Auch wenn zu den Vätern keine entsprechenden Untersuchungen vorliegen, ist mit Sicherheit davon auszugehen, dass sich bei ihnen vieles ähnlich verhält wie bei den Müttern.

Den Eltern ein eigenständiges Hilfeangebot zu machen ist für die betroffenen Mütter und Väter sowie für ihre Kinder folglich eine unabdingbare Notwendigkeit. Dies ist letztlich auch deshalb wichtig, weil ein nicht zu vernachlässigender Teil von ihnen ihre Kinder nicht dauerhaft unterstützt – zumindest ohne Intervention von außen. Sollte es durch die Hilfsangebote einem Teil von ihnen gelingen, sich hinter ihr Kind zu stellen, ihm zu glauben und ihm zu helfen, wäre dies ein großer Erfolg für die Kinder, die Eltern und für das Hilfesystem.

6 Wie verändert der sexuelle Missbrauch die Eltern-Kind-Beziehung?

Die Aufdeckung eines sexuellen Missbrauchs hat enorme Auswirkungen auf die Eltern-Kind-Beziehung. Sie bedeutet fast immer eine tiefgreifende Krise für diese Beziehung, egal wie gut oder schlecht das Verhältnis vorher war. Viele Eltern fühlen sich massiv verunsichert und sind durch die bei ihnen selbst ausgelöste Krise geschwächt. Der sexuelle Missbrauch wirft gerade zu einer Zeit, zu der die Eltern sehr mit sich selbst beschäftigt sind und Unterstützung benötigen, für sie hinsichtlich ihrer Elternrolle zahlreiche Fragen auf: Die Mütter und Väter stehen z. B. vor der schwierigen Frage, ob sie mit ihrem Kind über den sexuellen Missbrauch sprechen sollen oder nicht. Solche Gespräche erscheinen vielen von ihnen persönlich als (zu) große Belastung. Sie fühlen sich nicht kompetent genug für ein solches Gespräch oder schieben dies zumindest als Argument vor, um es vermeiden zu können. Denn wenn sie mit ihrem Kind über den sexuellen Missbrauch sprechen, verschwindet endgültig die bei vielen Eltern lange Zeit und oftmals selbst nach der Aufdeckung weiterbestehende Hoffnung, der Missbrauch sei vielleicht doch nicht geschehen oder er sei nur einmal passiert. Außerdem ist es für Mütter und Väter teilweise kaum zu ertragen, von den Kindern etwas über die konkreten sexuellen Übergriffe zu erfahren. Denn durch ein solches Wissen können bei den Eltern Bilder im Kopf entstehen, die sie am liebsten vermeiden möchten und die sie nicht so schnell wieder loswerden. Schließlich können solche Gespräche bzw. die Reaktionen der Eltern darauf die Beziehung zum Kind erheblich belasten.

Eine andere wichtige Frage, die viele Eltern quält, ist, wie und welche Grenzen sie gegenüber ihrem Kind mit Rücksicht auf den sexuellen Missbrauch ziehen sollen. Als besonders schwierig empfinden sie dabei den Umgang mit aggressiven und sexuell auffälligen Verhaltensweisen, die relativ viele Kinder in Folge eines sexuellen Missbrauchs entwickeln. Sollen sie massiv eingreifen und Einhalt gebieten oder nicht? Teilweise sind die Eltern ärgerlich über die(se) auffälligen Verhaltensweisen ihrer Kinder – insbesondere, wenn sie nach längerer Zeit immer noch nicht nachlassen. Sie fühlen sich gestresst, schimpfen ihre Kinder dafür aus und verlieren die Geduld. Schließlich quälen im Zusammenhang mit den Verhaltensauffälligkeiten viele Eltern die Fragen: „Ist mein Kind okay?“ „Wann sind die Folgen (endlich) überwunden?“ „Wird es nach dem sexuellen Missbrauch ein normales Leben führen können?“ (Plummer & Eastin 2007b, S. 1059 ff.; Davies 1995, S. 404 f.).

Viele Eltern haben Angst vor einem erneuten sexuellen Missbrauch ihres Kindes. Sie lassen es deshalb „nicht mehr vor die Tür“ oder nicht mehr zu bestimmten vom Kind möglicherweise geliebten Freizeitaktivitäten. Die Kinder sehen solche Reglementierungen oft nicht ein. Sie wollen „normal“ weiterleben. Dadurch entsteht weiteres Konfliktpotenzial, das die Eltern-Kind-Beziehung erheblich belasten kann.

Diese und andere Themen beinhalten ein hohes Konfliktpotenzial und können für erhebliche Missverständnisse zwischen Eltern und Kindern sorgen. Bereits bestehende Probleme können sich weiter verschärfen. Für die Eltern stellen sie in jedem Fall eine große Herausforderung dar.

6.1 Verunsicherung über Erziehungsfragen

Angesichts dieser Fragen und der oft daraus entstehenden Probleme sind die folgenden Untersuchungsergebnisse über die Auswirkungen des sexuellen Missbrauchs auf die Eltern-Kind-Beziehung nicht überraschend. Bei der Befragung von Michael G. Davies (1995, S. 405) gaben von 30 Eltern immerhin 67 % an, durch den sexuellen Missbrauch in ihrer Elternrolle verunsichert worden zu sein und Erziehungsprobleme mit ihren Kindern bekommen zu haben. Von den zehn Müttern, die Carol A. Plummer und Julie Eastin (2007b, S. 1059) befragten, drückten in den Gesprächen alle Mütter eine gestiegene Verunsicherung darüber aus, wie sie jetzt ihre Kinder behandeln und erziehen sollen. Von 99 Müttern, die Myra Leifer, Teresa Kilbane und Gail Grossman (2001, S. 360) befragten, berichtete über die Hälfte davon, ihre Gefühle und ihr Verhalten gegenüber ihrem Kind hätten sich nach der Aufdeckung des sexuellen Missbrauchs verändert.

In der deutschen Untersuchung von Peter Mosser (2009, S. 209) berichteten von den befragten Müttern und Vätern ebenfalls viele darüber, wie sie ihr Erziehungsverhalten aus Sorge um den verletzten Sohn verändert haben. Insbesondere beschrieben einige Eltern, wie sie ihre Söhne in Folge des sexuellen Missbrauchs lange Jahre stark kontrolliert hätten, um nicht noch einmal einen möglichen Missbrauch zu übersehen. Mehrere Eltern reagierten mit einem Übermaß an Rücksichtnahme. Dahinter stand die Sorge, ihr ohnehin schon belastetes Kind nicht durch weitere Anforderungen zu überfordern. Die Kinder erleben eine solche Rücksichtnahme jedoch nicht immer als positiv. So fühlte sich ein Junge durch das ihm unterstellte Defizit und die daraus resultierende besondere Rücksichtnahme auf seine Opfererfahrung reduziert. Seine Schwester war im Übrigen aus seiner Sicht die Leidtragende.

> Aber das war auch wieder nicht gut, weil die haben dann alles bei mir durchgehen lassen. Ich konnte jeden Scheiß machen. Die haben alles durchgehen lassen. Die haben alles auf meine Schwester geschoben. So, so, die hat dann … ich hab' alles Glückliche abgekriegt und die hat das meiste Unglück abgekriegt. (ebd., S. 216)

Eltern sollten deshalb versuchen bzw. darin unterstützt werden, eine Balance zwischen den notwendigen Veränderungen in ihrem Erziehungsverhalten und im Familienalltag sowie dem Beibehalten von bisherigen Routinen zu finden. Dies schreibt sich allerdings wesentlich leichter, als es umzusetzen ist.

Unterschiedliche Einschätzungen von Eltern und Kindern

Viele Eltern erleben und bewerten die Situation und Verhaltensauffälligkeiten ihrer Kinder häufig anders als die Mädchen und Jungen selbst. Mütter und Väter haben aufgrund ihrer eigenen Symptome oft erhebliche Schwierigkeiten, die Situation und die psychische Befindlichkeit ihrer Kinder richtig einzuschätzen. So wiesen in der Untersuchung von Carolyn Moore Newberger und Kollegen (1993, S. 98) die Einschätzungen der befragten Kinder und ihrer Mütter darüber, wie belastet die Kinder sind, nur wenig Übereinstimmung auf. Selbst zwölf Monate nach der Aufdeckung klaffte zwischen den Einschätzungen der Kinder und ihrer Mütter weiterhin eine große Lücke. Manchmal überschätzten die Eltern die Probleme ihrer Kinder, manchmal wurden sie unterschätzt. Die Einschätzungen durch Dritte wie z. B. Lehrer unterscheiden sich wiederum von denen der Eltern und der Kinder.

Beverly B. Lovett (1995, S. 753) stellte bei den Kindern, deren Eltern ihnen gegenüber eine warme und akzeptierende Haltung an den Tag legten und die sich weiterhin als kompetent fühlten, weniger Verhaltensauffälligkeiten fest. Außerdem kam es zwischen diesen Kindern und Eltern zu weniger Missverständnissen. Möglicherweise nehmen Eltern, die mit ihrem Erziehungsverhalten unzufrieden sind, bei ihrem Kind aber auch einfach mehr Verhaltensauffälligkeiten wahr, weil sie stets darauf achten, was nicht gut läuft. Negative Aspekte werden dadurch bewusster, rücken in den Vordergrund und belasten die Eltern-Kind-Beziehung sowie das Selbstbild der Eltern weiter. Dies wiederum könnte bei den Kindern zu einem höheren Risiko für Verhaltensauffälligkeiten beitragen. Insgesamt hat ein solcher Verlauf Tendenzen einer sich selbst erfüllenden Prophezeiung, die zu einem negativen Kreislauf führen kann.

Gerade bei aggressiven Verhaltensweisen wirkt sich eine solche Haltung massiv auf das Erziehungsverhalten der Eltern aus. So wurde in der Studie von Esther Deblinger, Robert Steer und Julie Lippman (1999, S. 16) bei den Müttern, die ihren Kindern externalisierendes Verhalten zuschrieben, häufiger ein Erziehungsverhalten festgestellt, das den Kindern Schuld zuschrieb und auf Angst basierte. Diese Mütter unterstützten ihre Kinder außerdem weniger darin, autonom zu werden.

Es ist deshalb wichtig für die Eltern, ein aktives und positives Erziehungsverhalten an den Tag zu legen und darin unterstützt zu werden. Es bringt wenig, ausschließlich an seinen Kompetenzen zu zweifeln und darüber nachzugrübeln, was alles schlecht läuft und was man alles falsch gemacht hat. Vielmehr sollte in den Blick genommen werden, wo und welche Fortschritte es gibt und wie man diese ausbauen kann – selbst, wenn es nur kleine positive Veränderungen sind.

Aggressives und sexuell auffälliges Verhalten als besonderes Problem

Aggressives und sexuell auffälliges Verhalten wird von allen betroffenen Eltern als große Herausforderung erlebt, egal ob sie sich kompetent fühlen oder nicht. Den zehn von Carol A. Plummer und Julie Eastin (2007b, S. 1059) befragten Müttern fiel es dabei besonders schwer mit den Aggressionen ihrer Kinder umzugehen, die sich gegen die Mütter selbst, gegen die Geschwister oder Haustiere richteten. Sechs der zehn Mütter berichteten darüber hinaus, ihre Kinder hätten sich ihnen, ihren Geschwistern oder Freundinnen gegenüber sexuell auffällig verhalten. Diese sechs Mütter machten sich deshalb allesamt verständlicherweise erhebliche Sorgen (ebd.).

In der Studie von Diane Hiebert-Murphy (2000, S. 254 f.) waren die Mütter, die ihre Kinder als sexuell auffällig einschätzten, mit ihrer Erziehung meist sehr und im Vergleich mit den anderen Müttern besonders unzufrieden. Für dieses Ergebnis kommen zwei Erklärungen in Frage: Zum einen könnten die Eltern das sexuell auffällige Verhalten ihres Kindes als direkten Angriff auf ihre elterliche Kompetenz erleben, zum anderen könnte ein solches Verhalten noch einmal die Realität des sexuellen Missbrauch und seine traumatischen Folgen deutlich machen. Den sexuellen Missbrauch und seine Auswirkungen zu leugnen, ist dann einfach nicht mehr möglich. Möglicherweise ist genau dies ein (unbewusstes) Motiv der Kinder, sexuell auffällig oder aggressiv zu reagieren. Sie stoßen die Eltern und andere Menschen, umgangssprachlich ausgedrückt, „mit der Nase darauf", was passiert ist. Zwischen der Zufriedenheit mit ihrem Erziehungsverhalten und den Umständen des sexuellen Missbrauchs konnte bei den 102 teilnehmenden Müttern im Übrigen kein Zusammenhang festgestellt werden. Negativ auf das Ausmaß der Verhaltensauffälligkeiten des Kindes wirkte sich ein auf Vermeidung basierendem Coping-Verhalten aus. Positiv war dagegen die Unterstützung durch Freunde (ebd., S. 255).

Michelle J.-C. New und Kollegen (1999, S. 26 f.) haben bei einem Vergleich von 80 Müttern jugendlicher Sexualstraftäter, sexuell missbrauchter Jungen und Jungen mit Verhaltensauffälligkeiten festgestellt, dass 82 % aller Zuschreibungen der Mütter gegenüber ihren Söhnen negativ waren. Die Jungen kamen also bei ihren Müttern ziemlich „schlecht weg". Dieses Ergebnis macht noch einmal überdeutlich, welch große Belastung solche Verhaltensauffälligkeiten für die Eltern-Kind-Beziehung beinhalten. Allerdings bezogen sich bei den betroffenen Jungen nur 13 % der negativen Zuschreibungen auf den sexuellen Missbrauch. Dieses Thema wird also eher vermieden bzw. trotz der massiven Symptomatik geleugnet. Außerdem schrieben alle Mütter ihren Söhnen mehr Kontrolle über die Situation zu als sich selbst. Sie fühlten sich vergleichsweise ohnmächtig und hilflos dem Verhalten ihrer Söhne gegenüber. In Kapitel 11 zur Beratung und Therapie wird auf dieses Thema und wie damit umgegangen werden kann, noch einmal eingegangen.

Darüber hinaus tauchten bei fast allen Kindern Probleme in der Schule auf, die den Müttern und Vätern Kopfzerbrechen bereiten und eine erhebliche Belastung sein können. Gerade in der heutigen Zeit ist für viele Eltern der schulische Erfolg ihrer Kinder sehr wichtig. Die Schule wird im Familienalltag häufig zum dominierenden Thema. Der Bildungsdruck gestaltet dann sogar die Eltern-Kind-Beziehung entscheidend mit (Merkle & Wippermann 2008, S. 92 f.). In vielen Familien verbindet sich mit dem schulischen Erfolg generell ein hohes Konflikt- und Belastungspotenzial. Durch die Folgen eines sexuellen Missbrauchs können sich die Probleme weiter verschärfen. Eine Mutter dazu:

> Sie hört seitdem einfach nicht mehr. Sie hat in der Schule Probleme, weil sie es nicht aushalten kann, wenn ein anderer ihr sagt, was sie tun soll. Sie sagt dann: „Du bist nicht meine Mutter." Und das macht sie, obwohl sie sich wirklich Mühe gibt, ihr Verhalten zu verändern.
>
> (Plummer & Eastin 2007b, S. 1065)

Emotionale Verstrickungen

Ute Gerwert (1996, S. 134 ff.) stellte bei ihrer Untersuchung von 14 Müttern sexuell missbrauchter Mädchen fest, dass der überwiegende Teil von ihnen emotional mit ihren Kindern verstrickt und die psychische Abgrenzung gegenüber den Töchtern teilweise gering war. Den Müttern fiel es schwer, zwischen ihren eigenen Gefühlen, Gedanken und Bedürfnissen und denen der Töchter zu unterscheiden. Dieses Ergebnis ist ein Beleg für Ansätze eines nach der Aufdeckung stattfindenden Rollentausches zwischen Müttern und Töchtern. Leider wurde in der Studie aber nicht untersucht, wie die Mutter-Tochter-Beziehung vor der Aufdeckung bzw. zu Beginn des sexuellen Missbrauchs war und ob es zu dieser Zeit ebenfalls solche Tendenzen gegeben hat. Bei den 14 Müttern, die allesamt ihren Töchtern glaubten und sich hinter sie stellten, fanden sich die vier im Folgenden beschriebenen verschiedenen Beziehungs- und Verarbeitungsmuster (ebd., S. 136 ff.).

Frauen des Typs A fühlten sich gekränkt und zogen sich emotional zurück. Zeitweise wurden die Töchter sogar abgelehnt, was wiederum mit Schuldgefühlen bei den Müttern einherging. Die Töchter wurden schon vor der Aufdeckung des sexuellen Missbrauchs als schwierig erlebt und die Mütter fühlten sich abgelehnt. Eine der Mütter dazu:

> Ja ja sie kam also zeitweilig an du und wollte also fast so wie soll ich sagen mich aussaugen wat ick an Liebe habe und dann im nächsten Moment hat sie mir noch so'n Tritt mitgegeben ja und und ich hab also zeitweilig auch 'ne Ablehnung gegen mein Kind heute noch … Meine Tochter war schon naja [immer] schwierig und in der Erziehung ist sie sowieso sie akzeptiert zeitweilig mich gar nicht das war also schon vorher so gewesen und es war eben schwer mit ihr auszukommen. (ebd., S. 136 f.)

Dabei hatten die Mütter ein besonderes Problem mit einer trotz des sexuellen Missbrauchs immer noch bestehenden Zuneigung ihrer Töchter zum Täter und den bei letzteren dadurch bedingten Loyalitätsgefühlen (ebd.).

Die Mütter des Typs B strebten dagegen nach einer harmonischen Beziehung mit ihren Töchtern. Konflikte zwischen sich und ihren Töchtern sahen sie nicht. Gleiches gilt für Probleme im Erziehungsalltag, die es aus ihrer Sicht nicht gab. Diese Mütter versuchten, ihr subjektiv bedrohtes Mutterbild über eine harmonische Beziehung zur Tochter zu heilen (ebd., S. 145 ff.). Dabei besteht das Risiko, die Töchter nicht mehr als eigenständige Personen wahrzunehmen und Konflikte unter den Tisch zu kehren. Bei auftretenden Schwierigkeiten wird dann überreagiert, da dadurch Risse in der heilen Fassade entstehen. Die Töchter haben zudem kaum die Chance, sich mit ihrer Trauer und der Wut auf die nicht missbrauchende Mutter auseinanderzusetzen.

Die Mütter des Typs C bemühten sich intensiv um ihre Töchter. Sie erlebten nach der Aufdeckung ein innigeres Verhältnis zu ihrem Kind. Dabei fühlten sie sich phasenweise im Erziehungsalltag überfordert und stellten ihre Kompetenz als Mutter in Frage. Auch bei ihnen tauchten besondere Konflikte mit den Töchtern auf, wenn diese eine starke und ambivalente Beziehung zum Täter hatten. Bei den Müttern traten dann Wutgefühle gegenüber den Töchtern auf, die jedoch zum Teil geleugnet und unterdrückt wurden. Vor allem Mütter, die keine stabile emotionale Beziehung zu ihren Töchtern hatten, waren hier gefährdet, negativ und ablehnend zu reagieren. Solche negativen Gefühle widersprachen wiederum dem Bild der Mütter, eine harmonische und innige Beziehung zur Tochter zu haben. Sie wurden deshalb ausgeblendet und waren damit der Bearbeitung entzogen. Diese Mütter haben einen hohen Anspruch an sich, alles richtig und so den sexuellen Missbrauch wieder gut zu machen (ebd., S. 153 ff.).

Als vierten Typ beschreibt Ute Gerwert (1996, S. 163 ff.) Mütter, die versuchten, ihre Beziehung zur Tochter wieder zu normalisieren. Sie fühlten sich im Gegensatz zu den anderen Müttern relativ sicher in ihrer Kompetenz als Mutter und kamen mit ihren Töchtern im Alltag gut zurecht. Sie versuchten ihren Töchtern zu vermitteln, dass sie sie verstehen und dass sie sich auf ihre Mütter verlassen können. Die Töchter dieser Mütter waren gegenüber dem Täter weniger loyal und verhielten sich ihm gegenüber ablehnendaggressiv. Dies scheint für den Umgang der nicht missbrauchenden Mütter mit ihren Töchtern also ein wichtiger Faktor zu sein. Außerdem hatten diese Mütter nicht den Anspruch, ihre Töchter nur noch zu schonen und jeglichen Konflikt mit ihnen zu vermeiden. Im Vergleich zu den anderen Müttern konnten sie auf mehr Unterstützung aus ihrem Umfeld setzen. Zeitweise delegierten sie die Erziehung ihrer Töchter an andere, um sich zu entlasten und erholen zu können. Eine Mutter dazu:

> Wenn mir alles zu viel wird mit ihr, dann bin ich froh, wenn sie mal für zwei Tage bei ihrer Oma ist. Die hat auch einfach mehr Geduld, z. B. wenn sie aggressiv wird oder doch wieder nach ihrem Papa fragt. Und ich kann mal nur machen, was ich will. Ich glaube, dass tut uns beiden ganz gut. (ebd., S. 167).

Diese Mütter nehmen also nicht permanent Rücksicht auf ihre Töchter, beanspruchen Zeit für sich und können sich zugestehen, nicht nur für ihr Kind zu leben.

Es gibt, wenn man eine größere Zahl von Müttern untersucht, sicher noch mehr Verarbeitungstypen sowie Überschneidungen zwischen den Typen. Die Studie von Ute Gerwert zeigt aber, wie unterschiedlich die Reaktionen der Mütter sowie ihre emotionalen Verstrickungen mit ihren Kindern sind. Außerdem unterstreicht sie, wie stark sie davon abhängig sind, wie die Beziehung zur Tochter vor dem Missbrauch war, wie die Töchter sich gegenüber dem Täter verhalten und wie stark sich die Mütter über ihre Mütterrolle definieren. Diese Faktoren müssen in der Beratung und Therapie der Mütter folglich thematisiert werden.

Unbedingt berücksichtigt werden muss dabei, wie die Kinder auf die Mütter bzw. Väter reagieren. Denn nach Ergebnissen der Studie von Kimberly Shipman und Kollegen (2003, S. 168) unterdrückten die untersuchten 22 sexuell missbrauchten Mädchen im Alter von 6 bis 12 Jahren ihre emotionalen Probleme signifikant häufiger als die nicht betroffenen Mädchen der Kontrollgruppe, um Konflikte mit ihren Müttern und Vätern zu vermeiden. Solche Tendenzen dürften sich insbesondere bei Kindern finden, deren Mütter den von Ute Gerwert beschriebenen Typen B und C entsprechen. Zudem bekamen die Mädchen aus der Untersuchung von Kimberly Shipman und Kollegen (ebd.) vor allem von ihren Vätern weniger Unterstützung, wenn sie ihre Gefühle offen zeigten. Dies galt vor allem dann, wenn die Mädchen ihre Wut und ihren Ärger auslebten. Insgesamt erhielten die Mädchen unabhängig davon mehr Hilfe und Unterstützung durch ihre Mütter.

Demnach unterdrücken sexuell missbrauchte Mädchen und Jungen offenbar recht häufig ihre Gefühle, um die Eltern-Kind-Beziehung nicht zu belasten. Sie versuchen so, das Familiensystem zu stabilisieren und sich die emotionale Unterstützung ihrer Eltern bzw. des nicht missbrauchenden Elternteils zu sichern. Dies geht aber zu ihren Lasten. In der Beratung und Therapie muss deshalb Raum für die Gefühle und Sorgen der Kinder gegenüber ihren Eltern sein. Sie müssen diese offen äußern können.

Was bringt die Zukunft?

Ein weiteres wichtiges Thema für die nicht missbrauchenden Eltern ist die Zukunft ihrer Kinder und die langfristigen Auswirkungen des sexuellen Missbrauchs. In der Studie von Carol A. Plummer und Julie Eastin (2007b, S. 1066) grübelten alle zehn Mütter über die

Zukunft ihrer Kinder nach und hatten Angst, dass die Kinder dauerhafte Folgen davon tragen würden. Eine Mutter dazu:

> Ja, ich bin besorgt um sie. Es ist im Moment so, dass ich total fokussiert auf sie bin und darauf wie sie sich entwickelt und ob sie depressiv ist und ob sie Medikamente braucht oder in Therapie sollte. Ich denke permanent darüber nach, ist sie OK? Mache ich alles richtig für sie? (ebd.)

In der Befragung von Peter Mosser (2009, S. 208) tauchen bei den Vätern und Müttern ebenfalls immer wieder Hinweise in den Interviewsequenzen auf, die auf die Sorge um die Zukunft der Kinder hindeuten oder in denen sie explizit ausgedrückt werden. Eine Mutter:

> Auf jeden Fall wünsche ich mir, dass er das irgendwie verarbeitet. Ich glaub' schon, dass das noch sehr lange dauert. Und ... ja, weiß ich nicht, dass er normal, was weiß ich, sein Leben lebt. Nicht immer daran denkt oder ... (...) Ja, das er normal ..., dass er ganz normal heiratet. Vielleicht Kinder bekommt oder ... ganz normale Familie vielleicht hat ... (...) Dass er eben ganz normal wie ein normaler Mann leben kann. (ebd.)

Alles in allem ist es also als normal zu bezeichnen, wenn Eltern sich durch den sexuellen Missbrauch verunsichert fühlen und nicht mehr so genau wissen, wie sie sich gegenüber ihrem Kind verhalten sollen. Dies gilt nach den bisherigen Untersuchungen insbesondere für Mütter. Sie fühlen vor dem Hintergrund des Bildes der „guten Mutter" einen Vertrauensverlust und sind über das aus ihrer Sicht mangelnde Vertrauen ihres Kindes verletzt. Sie fragen sich, warum sich das Kind nicht eher an sie gewandt hat. Sie sind enttäuscht, innerlich tief gekränkt und bei manchen entstehen auch Wutgefühle gegenüber ihrem Kind. Die bis dahin oftmals als gut empfundene Beziehung zum Kind wird jetzt als gestört erlebt. Gleiches gilt natürlich für die Väter. Je mehr sie sich an der Erziehung ihrer Kinder beteiligt haben, umso größer sind ihre Enttäuschung und ihre Verunsicherung. Gerade vor dem Hintergrund des traditionellen Bildes des Vaters als Beschützers der Familie entstehen bei ihnen Zweifel an ihrer väterlichen Kompetenz. Außerdem scheinen Väter noch größere Probleme als Mütter zu haben, mit den durch den sexuellen Missbrauch ausgelösten Gefühlen und Folgen umzugehen. Sie unterstützen wohl auch deshalb ihre Kinder seltener als die Mütter (s. Kapitel 5).

Zuschreibung von Verantwortung an die Kinder

Je älter die Kinder sind, desto mehr Mitverantwortung übertragen die Mütter den Kindern. Gleiches dürfte für Väter gelten, doch sind diese leider zu diesem Aspekt bisher nicht befragt worden. Mütter gehen davon aus, dass sich eine Jugendliche besser hätte schützen können als ein Kind. Sie drängen dadurch ihre älteren Kinder zumindest ein Stück weit in die Rolle der Mitschuldigen. Vermutlich steht bei den Müttern dahinter der Wunsch, sich selbst von eigenen Schuldgefühlen zu entlasten. Außerdem bietet sich den Müttern beim innerfamilialen sexuellen Missbrauch so die Möglichkeit, ihren bisherigen Lebensentwurf zu retten. Mit solchen Schuldzuweisungen einhergehend kommt es bei den Müttern gegenüber ihren Kindern zu einem Vertrauensverlust – gerade bei Jugendlichen (s. o.). Sie stellen das Verhalten ihrer Kinder mehr (und mehr) in Frage und überwachen sie rigider. Die Jugendlichen reagieren darauf oftmals damit, ihren Eltern Sachen zu verheimlichen und sich von ihnen zurückzuziehen. Dadurch entsteht das Risiko einer sich immer weiter hochschaukelnden Situation, die zu erheblichen Streitigkeiten und gegenseitigen Verletzungen führen kann (Davies 1995, S. 404).

Solche negativen Gefühle gegenüber ihren Kindern sind bei vielen Müttern, aber auch Vätern vorhanden, werden aber selbst in der Beratung und Therapie nicht artikuliert, weil man sich dies angesichts des Leides der Kinder nicht traut, um nicht als herzlos zu erscheinen. Zwei Mütter dazu:

> Ich habe gesagt, warum bist du nicht zu mir gekommen? Oder warum seid ihr nicht zu mir gekommen? Sag' ich, ich bin jetzt wirklich böse auf euch und traurig. Mensch, habt ihr kein Vertrauen zu Mama oder was? Ich hab' die Kinder nicht wegen der sexuellen Belästigungen mit meinem Mann ausgeschimpft, sondern weil sie nicht zu mir gekommen sind. Also, ich bin auch heute noch sauer auf meine Kinder, dass sie das nicht gemacht haben. Ich bin irgendwie traurig. (Breitenbach 1993, S. 157)

> In der letzten Zeit verspüre ich öfter meine Wut auf Sabine, doch dann werden die alten Schuldgefühle ganz schnell wieder wach: „Wie kann ich nur auf mein Kind wütend sein, dem direkt vor meinen Augen so Schlimmes angetan wurde.“ (Enders & Stumpf 1991, S. 120)

Zwischen Partner und Kind

In einigen Fällen fällt es den Müttern beim innerfamilialen sexuellen Missbrauch sehr schwer, zwischen den Gefühlen für den früheren Partner und denen der Kinder zu differenzieren. Sie setzen z. B. voraus, dass ihre Kinder den Täter ebenso ablehnen oder hassen wie sie selbst. Dabei negieren sie die teilweise ambivalente Haltung der Kinder gegenüber dem Täter. Manchmal wird von den Müttern der Hass der Kinder auf den Täter geschürt und die Kinder werden aufgefordert, ihn auszuleben. Bei Vätern habe ich in meiner Beratungspraxis bei Zartbitter Köln e. V. ebenfalls große Hassgefühle, die bis hin zu Tötungsabsichten gegenüber dem Täter reichten, wahrgenommen. Die Väter erwarteten diese Gefühle, ähnlich wie die Mütter, bei ihren Kindern. Entsprachen die Kinder dem nicht, war bei den Vätern meist eine deutliche Enttäuschung und ein großes Unverständnis zu spüren. Dadurch haben die Kinder aber kaum die Möglichkeit, mögliche Gefühle der Trauer und des Verlustes zuzulassen und anzusprechen (Gerwert, Thurn & Fegert 1993, S. 275).

6.2 Vater-Kind-Beziehung

Väter reagieren, wenn sich ihre Söhne nach einem Missbrauch weniger „jungenhaft“ verhalten, mit Ablehnung. So spielten die von S. Shaun McGuffey (2005, S. 637 f.) untersuchten Väter nach der Aufdeckung des sexuellen Missbrauch mit ihren Söhnen mehr auf Männlichkeit bezogene Spiele und reagierten auf „abweichendes Verhalten“ der Söhne negativ. Sie hofften durch mehr auf Männlichkeit bezogene Aktivitäten, ihre Söhne davor zu bewahren, homosexuell zu werden.

Immerhin 50 % der Väter sorgten sich über die sexuelle Orientierung ihrer Jungen. Väter wenden sich dann manchmal ganz von ihren Söhnen ab. Dies hinterlässt natürlich ein

Gefühl der Verlassenheit und verstärkt das Gefühl, ein Außenseiter zu sein. Außerdem werden dadurch Brüche in der Vater-Sohn-Beziehung vertieft bzw. hervorgerufen. Schließlich geht eine Vertrauensperson verloren, die durch einen einfühlenden Umgang die Folgen des sexuellen Missbrauchs mindern könnte. Die Arbeit mit den Vätern ist deshalb für männliche Opfer, aber natürlich auch für weibliche Opfer sexueller Gewalt, von besonderer Bedeutung (Bange 2007, S. 89 ff.). Ein Zitat soll dieses Verhalten und die besonderen Sorgen der Väter illustrieren:

> Manchmal, wenn ich ein nettes Mädchen sehe, sage ich zu ihm: Schau dir die mal an, mein Sohn, würdest du nicht gerne bei der landen. Wir beiden lachen dann zusammen.
> (McGuffy 2005, S. 637)

Damit es aber nicht zu Missverständnissen und geschlechtsspezifischen Zuschreibungen kommt, sei hier darauf hingewiesen, dass auch viele Mütter sich Sorgen um die Geschlechtsidentität ihrer Söhne machen. Eine Mutter bringt ihre Verunsicherung wie folgt zum Ausdruck:

> Und ich hab' mir gedacht, ja, wenn das Problem jetzt kommt, eventuell weil ich schon mal gehört hab' oder gesehen im Fernsehen halt, dass vielleicht solche noch ... äh, äh ... solche Kinder halt schwul sein würden können werden wie auch immer. Da hab' ich gedacht, ja, wenn das das Problem noch ist, und seine Psyche noch, so wie sie jetzt ist, da hab' ich gedacht, um Gottes Willen, was wird das dann noch werden. (Mosser 2009, S. 208)

Die Bedeutung der Einbeziehung der Väter bzw. Vaterfiguren wird durch ein Studienergebnis von Howard Dubowitz und Kollegen (Dubowitz, Black, Kerr et al. 2001, S. 304 ff.) noch einmal deutlich unterstrichen. Von 855 befragten Kindern, die zu 57 % wegen eines Misshandlungsverdachts bei Kinderschutzagenturen gemeldet worden waren, gaben 75 % an, eine unterstützende Vaterfigur (75 % davon Väter) zu haben. Diese Kinder schätzten sich im Gegensatz zu den Kindern ohne eine solche Vaterfigur als kompetenter ein, fühlten sich sozial akzeptierter und wiesen signifikant weniger depressive Symptome auf. Kein Unterschied zeigte sich bei den Verhaltensauffälligkeiten und bei der kognitiven Entwicklung. Auch wenn die Studie ihre Grenzen hat, weil sie andere Variablen wie den sozialen Status nicht einbezogen hat, und nicht spezifisch für sexuell missbrauchte Kinder ist, zeigt sie doch, wie wichtig für die Kinder eine unterstützende Vater-Kind-Beziehung ist.

6.3 Positive Veränderungen der Eltern-Kind-Beziehung

Trotz der beschriebenen Probleme gibt es aber auch Positives zu vermerken. In der Untersuchung von Myra Leifer, Teresa Kilbane und Gail Grossman (2001, S. 360) gaben viele Mütter an, ihre Gefühle und ihr Verhalten gegenüber ihrem Kind hätten sich nach dem Bekanntwerden des sexuellen Missbrauchs positiv verändert. Dies galt für alle Mütter, die ihrem Kind glaubten und es unterstützen. Bei den Müttern, die sich nicht unterstützend verhielten, waren es dagegen nur, oder anders betrachtet, immerhin 67 %, die von einer verbesserten Beziehung sprachen. Die Kinder der unterstützenden Mütter berichteten in 78 % über positive Reaktionen ihrer Mütter, bei den anderen Kindern war dies nur in 21 % der Fall. Fast 50 % von ihnen berichteten über ambivalentes Verhalten ihrer Mütter. Insgesamt fällt hier wieder ein gewisser Unterschied in der Wahrnehmung von Müttern und Kindern auf (s. o.).

In anderen Studien werden ebenfalls positive Veränderungen benannt (Plummer & Eastin 2007b, S. 1066). Eine Mutter beschreibt mit folgenden Worten, wie sie und ihr Kind sich durch den sexuellen Missbrauch näher gekommen sind:

> Selbst in der Mitte dieses Traumas lachen wir zusammen, haben wir eine gute Zeit, kuscheln und herzen wir uns. Eine Sache, die mir wirklich geholfen hat, waren unsere speziellen Routinen und Rituale zu Hause … Die Essenszeiten waren ebenfalls sehr wichtig. Wir haben immer Kerzen angezündet, selbst wenn wir nur Sandwiches, Pommes oder Kekse gegessen haben, haben wir Kerzen angezündet und gebetet. All das war wirklich heilend, egal wie schlecht der Tag war, sie wusste, dass sie in Ruhe und Frieden einschlafen konnte. (ebd.)

Diese positiven Aspekte sind sehr wichtig. Die Probleme der Kinder sind geringer bzw. nehmen schneller ab, wenn die Eltern mit ihrem Erziehungsverhalten und der Entwicklung der Kinder zufrieden sind.

Für Eltern kann die Aufdeckung eines sexuellen Missbrauchs zudem eine gewisse Entlastung bezüglich der bereits seit längerer Zeit vorhandenen Probleme ihres Kindes bedeuten: Sie haben „endlich" eine Erklärung für die Verhaltensauffälligkeiten und Erziehungsschwierigkeiten. Diese können sie sich jetzt als Symptome des sexuellen Missbrauchs und verzweifelte Hilferufe ihres Kindes erklären und es kann zielgerichtet Hilfe gesucht werden, damit sich die Situation wieder beruhigt (Mosser 2009, S. 205 f.).

Insbesondere für Frauen, die vom gleichen Täter wie ihr Kind misshandelt oder missbraucht werden, liefert der Missbrauch des Kindes einen Grund sich vom Täter zu trennen. Oftmals ist dies der Beginn vom Anfang des Endes einer langen Leidensgeschichte (ebd.; s. auch Kapitel 8).

7 Wie verändert der sexuelle Missbrauch die Elternbeziehung?

Durch einen sexuellen Missbrauch im erweiterten Familienkreis oder durch Personen aus dem außerfamilialen Umfeld verändert sich die Beziehung der Eltern zueinander. Sehr viele Elternbeziehungen sind nach der Aufdeckung des sexuellen Missbrauchs erheblich belastet und es kommt oftmals zu Streitigkeiten zwischen den Eltern. Vieles, was bisher als selbstverständlich angesehen wurde, wird nun hinterfragt. Der Partner, sein familiäres Engagement und seine Reaktionen werden kritisch beäugt. Viele Beziehungen geraten zeitweise aus „den Fugen“, einige sogar dauerhaft. In der Studie von Michael G. Davies (1995, S. 403) hatten alle befragten Eltern zumindest kurz nach der Aufdeckung des sexuellen Missbrauchs Probleme miteinander. Von 60 Elternpaaren außerfamilial sexuell missbrauchter Jungen berichteten ebenfalls fast alle Mütter und Väter von Beziehungsproblemen (McGuffy 2005, S. 629 f.). In der Beratungspraxis sind solche Disharmonien zwischen den Partnern ebenfalls regelmäßig zu spüren oder sie werden teilweise offen ausgetragen. Sie sind ein bedeutsames Thema für die Beratung und Therapie.

7.1 Gegenseitige Schuldvorwürfe

Ein Hauptstreitpunkt zwischen den Eltern sind gegenseitige Schuldvorwürfe. Dabei geht es zum einen vor allem darum, wer wann etwas vom sexuellen Missbrauch hätte bemerken können oder müssen, zum anderen, wer die Verantwortung für das Kind bzw. seine Erziehung hauptsächlich trägt.

Mütter und Väter werfen sich gegenseitig vor, der jeweils andere hätte nicht genügend auf das Kind aufgepasst und den sexuellen Missbrauch eher bemerken müssen. In der Studie von S. Shaun McGuffy (2005, S. 630) kritisierte insbesondere ein Teil der Väter ihre Partnerinnen dafür, den sexuellen Missbrauch nicht bemerkt zu haben, obwohl sie doch deutlich mehr Zeit mit den Kindern verbracht hätten als die Väter selbst. Diese Vorwürfe der Väter sind durch den Mythos der „guten Mutter“ mitgeprägt. Ein Beispiel:

> Ich dachte, Clara wüsste, dass ich glaube, sie hätte etwas bemerken müssen ... Ich meine, sie verbrachte mehr Zeit mit den Kindern, so denkt man doch, sie hätte früher ahnen können, was da vor sich ging. (ebd.)

Mütter werfen ihren Männern dagegen vor, sie seien nicht genügend für die Kinder da gewesen, weil sie ihren Beruf oder ihre Freizeit für wichtiger gehalten hätten. Die Väter sind dadurch wiederum verärgert, weil sie meist finanziell für die Familie sorgen. Aus ihrer Sicht können sie deshalb gar nicht anders. Die Studie von S. Shaun McGuffey (2005, S. 635 f.) bestätigt allerdings die Sichtweise der Mütter bezüglich des Engagements der Väter weitgehend: Die Väter übernahmen, nachdem der sexuelle Missbrauch ihres Kindes bekanntgeworden war, nicht die gleiche Verantwortung für das Kind und die Aufarbeitung des sexuellen Missbrauchs wie die Mütter. Die Mütter reduzierten in der Folge des sexuellen Missbrauchs wesentlich häufiger als die Väter ihre Arbeitszeit, um mehr bei ihren Kindern zu sein. Sie übernahmen dementsprechend eine viel aktivere Rolle im therapeutischen Prozess. Die Väter verbrachten – entgegen ihren Ankündigungen – dagegen kaum mehr Zeit mit ihren Kindern als vorher und reduzierten ihre Arbeitszeit bis auf drei Ausnahmen nicht. Als Begründung nannten sie ihr höheres Einkommen. Allerdings unterschied sich dies bei einigen Vätern kaum von dem der Mütter. Über den sexuellen Missbrauch sprachen sie so gut wie nie mit ihren Söhnen. Der sexuelle Missbrauch hat also ähnlich wie die Geburt eines Kindes vielfach den Effekt einer Retraditionalisierung der Mutter- und Vaterrolle: Die Mutter bleibt zu Hause und kümmert sich um die Kinder. Der Vater geht zur Arbeit und bleibt dort noch länger als vorher, um den (scheinbaren) Verdienstausfall auszugleichen. Dies führt zu teilweise einschneidenden Veränderungen in den Elternbeziehungen und zu gegenseitigem Ärger, der oftmals zu massiven Streitigkeiten und gegenseitigen Vorwürfen führt. Vielfach fühlen sich beide Eltern im Recht bzw. unverstanden vom Partner.

Die Väter verlangen – wenn sie denn schon länger arbeiten und das Geld nach Hause bringen – häufig von ihren Partnerinnen, dass sie die Verantwortung für die Organisation der Hilfen für ihr betroffenes Kind alleine übernehmen. Manche Väter lehnen es generell ab, sich an der Therapie zu beteiligen. Sie sehen dies als Aufgabe ihrer Frauen an. Dahinter steckt als weiteres Motiv sicher eine häufig bei Männern zu beobachtende Abneigung gegen Beratung und Therapie. Die Mütter wiederum kritisieren ihre Partner dafür, zu wenig Verantwortung für die Kinder und ihre Heilung zu übernehmen. Noch komplizierter wird die Situation dadurch, dass vielfach Paare über diese gegenseitige Problemzuschreibung nicht miteinander sprechen. Eine Mutter, die in diesem Verhalten ihres Mannes einen impliziten Schuldvorwurf sieht, beschreibt die Situation wie folgt:

> Seit mein Mann unseren Sohn nicht zur Gruppentherapie bringt, fühle ich als würde er heimlich denken, dass ich den Missbrauch geschehen ließ. Ich fühle in dieser Weise, weil, warum sollte ich ihn sonst immer zur Therapie bringen müssen. Warum sitze ich sonst allein auf der Rückfahrt und höre die Sachen, die mein Sohn erzählt. Sie müssen wissen, ich liebe meinen Sohn, aber es ist manchmal hart zuzuhören. Wenn es unserer beider Verantwortung ist, ihm zu helfen … dann sollten wir das auch beide tun. Aber ich denke, er denkt, es ist mein Fehler, deshalb lässt er die meiste Arbeit für mich über. Ich weiß, er würde das niemals sagen, aber das ist es, wie ich fühle. (ebd.)

Beim innerfamilialen sexuellen Missbrauch durch andere Personen als den Partner kommt es zu ähnlichen Streitigkeiten. Ist z. B. der Großvater der Täter, treten manchmal Loyalitätsprobleme bei dem Elternteil auf, dessen Vater der Täter ist. Dies führt dann wiederum zu Vorwürfen wie „Ich habe doch immer gewusst, dass dein Vater nicht koscher ist“. Die Eltern streiten sich darüber, wie man sich gegenüber dem Großvater und der gesamten Familie verhalten soll. Beim sexuellen Missbrauch unter Geschwistern gibt es ebenfalls manchmal eine ausgesprochen problematische Rollenverteilung, die zu massiven Streitigkeiten führen kann: Ein Elternteil ist dann für das betroffene Kind, der andere für das „Täterkind“ da.

7.2 Probleme mit der Sexualität

Ein weiterer wichtiger Anlass für Streit und Missverständnisse ist die Sexualität. So berichteten in der Studie von Michael G. Davies (1995, S. 405) viele Paare über sexuelle Probleme nach der Aufdeckung des sexuellen Missbrauchs. Selbst, wenn vorher alles einigermaßen zufriedenstellend gelaufen ist, entsteht insbesondere bei einem Teil der Mütter fast so etwas wie eine Abneigung gegen ihren Mann und seine sexuellen Wünsche. Bei den Müttern werden durch die sexuellen Handlungen Bilder vom sexuellen Missbrauch hervorgerufen, die ein unbefangenes und befriedigendes Sexualleben erschweren. Eine Frau dazu:

> Die Beziehung zu meinem Mann war lange Zeit sehr schlecht. Ich konnte es nicht ertragen, wenn mich jemand anfasste ... Mir fiel sofort wieder der Missbrauch ein.
> (Enders & Stumpf 1991, S. 36)

Ein betroffener Vater beschreibt die Veränderungen in der Beziehung zu seiner Frau ebenfalls als vor allem im sexuellen Bereich tiefgreifend:

> Wir hatten in den ersten Monaten enorme Schwierigkeiten mit unserer Sexualität. Es hat sehr lange gedauert, bis wir darüber sprechen konnten. Ich habe darüber mit keinem anderen Menschen gesprochen.
>
> Lange Zeit lief überhaupt nichts mehr. Die gemeinsame Form war verschwunden. Sexualität – was war das überhaupt noch? Sexualität hatte plötzlich einen ganz ekeligen Beigeschmack bekommen, etwas von Gewalt, etwas in Richtung Vergewaltigung. Das Schöne war weg. Es hatte so etwas Beängstigendes an sich. (Enders & Stumpf 1991, S. 155)

Dieser Vater thematisiert die oftmals zwischen den Partnern bestehende Sprachlosigkeit, die die bestehenden Probleme mit der gemeinsamen Sexualität verschärfen und verstetigen. Ein wichtiger Hinweis für die Therapie nicht missbrauchender Eltern ist es, diese Sprachlosigkeit gerade in Hinsicht auf die Sexualität überwinden zu helfen.

7.3 Der Partner als Täter

Beim sexuellen Missbrauch durch den Lebenspartner sind die Reaktionen natürlich noch einmal deutlich massiver und weitreichender. Ist der Partner der Täter, fühlen sich Frauen verletzt, betrogen, getäuscht und vom Partner für seine Zwecke missbraucht. Für die meisten Frauen kommt eigentlich nur eine Trennung in Frage. Die 14 von Ute Gerwert (1996, S. 73 ff.) befragten Frauen äußerten allesamt solche Gefühle und ein Teil der Mütter betrachtete alles im Zusammenhang mit der Partnerschaft fortan als negativ. Alle positiven Erlebnisse und Erfahrungen verblassten und wurden bei ihnen durch den sexuellen Missbrauch überschattet. Die damit oft einhergehenden Hassgefühle beschreibt eine Frau so:

> ... ja also mein Hass, oh mein Hass, der ist so groß gewesen und er ist es immer noch also ich trau mir jetzt zu nicht mehr jede Sekunde ähm losrennen zu wollen, um ihn umzubringen, wobei ich das immer noch könnte, jede Sekunde und ich wüsste heute, wenn er vor mir stände, ha es dürfte nie passieren, es dürfte nicht wirklich passieren, ich hätte Angst davor.
> (ebd., S. 79)

Je stärker die Frauen ihren Partner zuvor idealisiert hatten, auf ihn emotional angewiesen waren und je mehr sie sich über ihre Mutterrolle definiert hatten, umso stärker waren Wut und Enttäuschung der Mütter. Von den allermeisten dieser Mütter wurde Sexualität mit Männern zumindest eine Zeitlang grundsätzlich mit Ekel und Ausbeutung assoziiert und deshalb abgelehnt. Viele von ihnen lehnten Männer generell ab. Sie sahen in ihnen potenzielle Gewalttäter. Für diese Frauen war eine neue Partnerschaft erst einmal nicht denkbar. Sie wollten nur für ihr Kind da sein, bis es den sexuellen Missbrauch verarbeitet hat. Ihr gesamtes Lebenskonzept war durch den Missbrauch in Frage gestellt und ihr Leben musste von Grund auf verändert werden (ebd.).

Ein anderer Teil der Mütter erlebte vieles ähnlich negativ, meinte aber letztlich nur bei der Wahl des Partners, danebengegriffen zu haben. Sie wollten eigentlich so weiterleben wie bisher, lediglich bei der Partnerwahl wollten sie sich künftig mehr Zeit lassen (ebd.).

Generell gilt: Je weniger die Frauen sich vom Partner abhängig gemacht hatten, umso schneller konnten sie sich mit ihren eigenen Anteilen an der Situation, die zum Missbrauch geführt haben, auseinandersetzen. Sie sahen ihre emotionale Abhängigkeit und Verstrickungen. Dies schien verständlicherweise den Müttern leichter zu fallen, die ihren Ehemann nie wirklich geschätzt hatten und ihm immer schon kritisch gegenüberstanden. Vor allem gilt dies, wenn er nie wirklich Verantwortung für die Kinder und die Familie übernommen hat. Bei solchen Müttern bestand oftmals bereits vor der Aufdeckung ein gewisser Missbrauchsverdacht gegenüber ihren Männern. Diese Mütter fühlten sich vor allem schuldig dafür, den Partner nicht bereits früher verlassen und damit den Missbrauch verhindert zu haben. Sie sahen einige ihrer Verhaltensweisen äußerst kritisch und wollten vieles in neuen Partnerschaften besser machen (ebd.).

Für die Mütter, die zuvor bereits ein eigenes Lebenskonzept verfolgt hatten, war die Konsequenz aus der Aufdeckung, sich schnell zu trennen und ihre Beteiligung an der Entstehung des Missbrauchs zu bearbeiten. Sie hatten bereits während der Beziehung gewisse Ahnungen, dass etwas nicht stimmt, konnten ihr Gefühl aber nicht konkretisieren. Sie nahmen Verhaltensänderungen bei ihren Töchtern wahr, kamen aber nicht auf die Idee, dass ein sexueller Missbrauch dahinter stecken könne. Sie machten sich deshalb den Vorwurf, nicht früher gehandelt zu haben. Außerdem werteten sie den Partner nach der Aufdeckung ebenfalls ab, waren aber weniger hasserfüllt und wütend. Sie verachteten ihren Partner und/oder standen ihm in gewisser Weise gleichgültig gegenüber. Männern standen sie nicht insgesamt ablehnend gegenüber. Sie strebten aber nicht sofort nach neuen Partnerschaften, sondern suchten nach individueller Selbstverwirklichung (ebd.).

Bei einem innerfamilialen sexuellen Missbrauch durch den Partner ist zumindest eine Trennung auf Zeit immer geraten. Sexueller Missbrauch ist eine in der Regel von langer Hand geplante Tat, die fast immer wiederholt wird, wenn sich die Gelegenheit bietet und der Täter sicher sein kann, nicht erwischt zu werden. Ob später wieder zusammengelebt werden kann, hängt von vielen Veränderungen beim Täter, beim nicht missbrauchenden Elternteil, in der Elternbeziehung, der Eltern-Kind-Beziehung und beim Kind ab. Außerdem muss sich die soziale Integration der Familie verbessert haben und ein Sicherheitsnetz für das Kind entwickelt worden sein. Ansonsten ist das Risiko eines erneuten sexuellen Missbrauchs bei einer Rückkehr in die Familie sehr hoch und nicht zu verantworten (David & Bange 2002, S. 518 ff.).

7.4 Dauerhafte Probleme

In der Studie von Michael G. Davies schaffte es ein kleiner Teil der Eltern relativ schnell, ihre Beziehung wieder weitgehend „normal" zu gestalten. Die meisten der Mütter und Väter hatten aber dauerhaft Probleme in ihrer Beziehung bzw. sie harmonisierten weniger miteinander als früher. Bei den Eltern, die bereits vorher Probleme miteinander hatten, wurden diese nach der Aufdeckung des sexuellen Missbrauchs deutlich massiver. Bei den sieben Paaren, die kaum in der Lage waren, mit dem sexuellen Missbrauch angemessen umzugehen, stand bei fünf Paaren letztlich sogar eine Trennung im Raum (Davies 1995, S. 404 f.). Allerdings wuchsen zwei Elternpaare, die sich zuvor schon gut verstanden hatten, noch einmal deutlich stärker zusammen und verstanden sich noch besser als vor der Aufdeckung des sexuellen Missbrauchs. Eine Mutter beschreibt solche positiven Veränderungen wie folgt:

> Die neue Situation brachte mich meinem Mann wieder ein Stück näher. In den letzten Wochen hatte ich mich ihm gegenüber abgegrenzt und ihn zum Teil als Feind gesehen, nach dem Motto: Das kannst Du als Mann nicht verstehen. Auch hatte ich ihn aus der Kindererziehung mehr oder weniger ausgeklammert. Mir fiel es plötzlich wie Schuppen von den Augen, das Bild „Männer gegen Frauen" passte plötzlich nicht mehr, denn unser Sohn war ebenso Opfer. Erst jetzt konnte ich meinem Mann wieder Möglichkeiten lassen, zu seinen eigenen Kindern Kontakt aufzunehmen. (Enders & Stumpf 1991, S. 26)

Schließlich verändern sich die Beziehungen zu den eigenen Eltern, zu anderen Verwandten und zu Freunden. So kommt es z. B. vor, dass sich die Großeltern auf die Seite des Täters schlagen und den nicht missbrauchenden Elternteil verurteilen, weil er den sexuellen Missbrauch öffentlich gemacht hat. Dadurch kommt es zu weiteren Verletzungen beim nicht missbrauchenden Elternteil und nicht selten werden die Familienbeziehungen für lange Zeit oder gar für immer abgebrochen.

In der Beratung nicht missbrauchender Eltern müssen die bestehenden Konflikte, die gegenseitigen Schuldvorwürfe, die Veränderungen in ihren Beziehungen, die Probleme mit der Sexualität und die unterschwellig wirkenden oder offen vorgetragenen Vorwürfe besprochen werden. Die Eltern sind sonst mehr mit sich und ihrer Partnerschaft beschäftigt als mit ihrem Kind. Die Eltern müssen ihre Beziehung klären, damit sie den Kopf und das Herz freibekommen für sich selbst und für die Bedürfnisse ihrer Kinder.

8 Mütter als Opfer (sexuellen) Kindesmissbrauchs

Ein erheblicher Teil der nicht missbrauchenden Eltern ist als Kind selbst Opfer sexueller Gewalt, körperlicher Misshandlungen sowie emotionaler Vernachlässigung geworden und/oder hat schwierige Eltern-Kind-Beziehungen erlebt. Dies hat zu den Fragen geführt, ob dadurch die Reaktionen auf den Missbrauch des eigenen Kindes beeinflusst werden, ob das Risiko für ihre Kinder steigt, Opfer sexueller Gewalt oder von Kindesmisshandlungen zu werden und ob die Mütter stärker unter dem Missbrauch ihrer Kinder leiden als nicht missbrauchte Mütter.

8.1 Ausmaß der selbst erlittenen Gewalt

Laut den Ergebnissen der vorliegenden Studien sind mindestens ein Drittel der nicht missbrauchenden Mütter selbst als Kinder sexuell missbraucht worden (Elwell & Ephross 1987: 35 %; Kelley 1990a: 35 %; Newberger et al. 1993: 36 %; Leifer, Shapiro & Kassem 1993: 53 %; Deblinger et al. 1993: 41 %; Oates, Tebbutt, Swanston, Lynch & O'Toole, 1998: 34 %; Morrion & Clavenna-Valleroy 1998: 56 %; Kim et al. 2007: 45 %). Im Vergleich zu den bei einzelnen Studien gebildeten Kontrollgruppen, bei denen die Rate der betroffenen Mütter bei 16 % (Kim, Noll, Putnam & Trickett 2007, S. 343) bzw. bei 12 % (Oates et al. 1998, S. 1115) lag, ist dies eine fast dreifach erhöhte Rate. Die nicht missbrauchenden Mütter sind verglichen mit der weiblichen Bevölkerung generell deutlich häufiger Opfer sexuellen Kindesmissbrauchs (s. Kapitel 1).

Doch nicht nur bezüglich des sexuellen Missbrauchs sondern ebenfalls bei der körperlichen Misshandlung sind hohe Werte eigener Betroffenheit bei den nicht missbrauchenden Müttern festgestellt worden: In den Studien berichten mehr als ein Drittel der befragten Mütter von körperlichen Misshandlungen in ihrer Kindheit (z. B. Deblinger et al. 1993: 33 %). In der Studie von Kihyun Kim und Kollegen (2007, S. 344) hatten sogar 34 % der nicht missbrauchenden Mütter in ihrer Kindheit körperliche Gewalt durch ihre Mütter und 19 % durch ihre Väter erfahren, während in der Kontrollgruppe diese Werte mit 20 bzw. 8 % deutlich niedriger lagen.

Nach diesen Ergebnissen nicht überraschend, sind bei der emotionalen Vernachlässigung die Werte bei den Müttern sexuell missbrauchter Kindern ebenfalls deutlich höher als die der Kontrollgruppen. Myra Leifer, Jeremy P. Shapiro und Layla Kassem (1993, S. 760) fanden darüber hinaus noch bei 57 % der von ihnen untersuchten Müttern den frühen Verlust einer Bezugsperson und bei 52 % eine negative Beziehung zu ihren Eltern.

Besonders belastet sind innerfamilial sexuell missbrauchte Mütter. Sie erleben deutlich häufiger sexuelle, emotionale und körperliche Gewalt in der Kindheit als außerfamilial missbrauchte Frauen (ebd.).

Außerdem sind sexuell missbrauchte Frauen häufiger von häuslicher Gewalt betroffen. Angesichts dieser Ergebnisse wenig überraschend, haben sie darüber hinaus häufiger als andere Mütter Probleme mit Alkohol und Drogen (Leifer, Kilbane & Kalick 2004, S. 84 f.).

Insgesamt finden sich bei den nicht missbrauchenden Müttern im Vergleich zu Kontrollgruppen und zur „Normalbevölkerung" also deutlich höhere Raten aller Formen der Gewalt gegen Kinder und deutlich häufiger frühe Verluste von Bezugspersonen. Nicht missbrauchende Väter wurden in dieser Hinsicht bisher leider nicht untersucht. Sie dürften aber ebenfalls häufiger von allen Formen der Gewalt gegen Kinder betroffen sein als der Bevölkerungsdurchschnitt.

8.2 Zyklus der Gewalt

Angesichts dieser hohen Raten von Gewalt in der Kindheit vieler Mütter sexuell missbrauchter Kinder sind zahlreiche Untersuchungen über die genauen Zusammenhänge einer intergenerationalen Weitergabe durchgeführt worden. Bevor die Studienergebnisse referiert werden, muss – wie bereits in einigen anderen Kapiteln – angemerkt werden, dass sich die vorliegenden Untersuchungen in methodischer Hinsicht immer noch in einem Anfangsstadium befinden. So werden in den Studien unterschiedliche Definitionen sexuellen Missbrauchs verwendet und in der Regel wird nicht einmal unterschieden, ob der sexuelle Missbrauch innerhalb oder außerhalb der Familie stattfand, ob der sexuelle Missbrauch sich über Jahre hinzog oder ein einmaliger Übergriff war, ob die Frauen vergewaltigt oder das Opfer eines Exhibitionisten wurden. Zwar hängen die Folgen des sexuellen Missbrauchs nicht in erster Linie von den sogenannten primären Traumatisierungsfaktoren ab. Es ist z. B. mindestens genauso entscheidend für die Verarbeitung des sexuellen Missbrauchs, welche Coping-Strategien das Opfer verwendet oder wie die nicht missbrauchenden Elternteile reagieren (s. Kapitel 1). All dies ist aber ebenfalls nicht untersucht worden. Oftmals wird zudem ausschließlich nach sexuellem Missbrauch gefragt und die anderen Formen der Gewalt gegen Kinder werden nicht berücksichtigt. Des Weiteren sind die Studien in der Regel retrospektiv. Ihre Ergebnisse könnten deshalb durch fehlende oder falsche Erinnerungen verzerrt sein. Außerdem wird das allgemeine Erziehungs- und Bindungsverhalten in den Herkunftsfamilien der Mütter selten einbezogen. Schließlich werden mögliche Schutzfaktoren bezüglich des „Kreislaufs der Gewalt" kaum mit untersucht.

Ein ursächlicher Zusammenhang zwischen einem sexuellen Missbrauch der Mütter und dem Missbrauch ihrer Kinder konnte bisher dementsprechend nicht hinreichend nachgewiesen werden. Erstens sind schlicht und einfach längst nicht alle Mütter sexuell missbrauchter Kinder in ihrer Kindheit selbst Opfer von Gewalt geworden. Zweitens ist die Zuspitzung auf den sexuellen Missbrauch der Mütter als *die* Ursache sexueller Gewalt monokausal und reduziert einen komplexen sozialen Prozess auf ein einfaches und individualisiertes Modell. Die Motive der Täter und strukturelle Aspekte der sexuellen Gewalt werden so in unzulässiger Art und Weise vernachlässigt. Die Ursachen für Sexualstraftaten lassen sich nicht monokausal-deterministisch und nicht im Kontext eines einzigen theoretischen Erklärungsansatzes in zufriedenstellender Weise erklären. Moderne Theorien müssen biologische, psychologische und soziale Faktoren berücksichtigen sowie mögliche Schutzfaktoren einbeziehen. Außerdem ist die Beziehung zwischen einem selbsterlebten sexuellen Missbrauch und einen späteren sexuellen Missbrauch des eigenen

Kindes ausgesprochen komplex. Es bedarf deshalb dringend weiterer Forschung, damit nicht neue Mythen über die Ursachen sexueller Gewalt entstehen (Bange 2010, S. 42).

Die in vielen Veröffentlichungen im Kontext des „cycle of abuse“ vertretene These, sexuell missbrauchte Mütter hätten generell Probleme mit der Mutterrolle und der Erziehung ihrer Kinder, ist bisher ebenfalls nicht belegt worden. Es gibt ohne Zweifel sexuell missbrauchte Mütter, die besondere Schwierigkeiten mit ihren Kindern haben, andere sexuell missbrauchte Mütter haben aber „ganz normale Beziehungen“ zu ihren Kindern. Ein solcher Hinweis und entsprechende Differenzierungen fehlen in vielen Veröffentlichungen (Breckenridge & Davidson 2002, S. 4 f.; Burkett 1991, S. 430). Diese Einschränkungen berücksichtigend, haben einige Studien wichtige Erkenntnisse zu Tage gefördert, die einen Erklärungsrahmen für erhöhte Risiken der Kinder sexuell missbrauchter Mütter und Ansätze für weitere Forschung bieten. Sie werden im Folgenden dargestellt.

8.3 Frühe Mutterschaft

In den USA haben verschiedene Untersuchungen von minderjährigen Müttern deutlich erhöhte Raten von sexuellem Missbrauch und körperlicher Misshandlung bei ihnen vorgefunden (Boyer & Fine 1992, S. 7 f.; Zierler, Feingold, Laufer, Velentgas, Knatrowitz-Gordon & Mayer 1991, S. 989 f.). In einer repräsentativen Befragung von australischen Frauen wurden von 248 sexuell missbrauchten Frauen 15,9 % bereits vor ihrem 19. Lebensjahr schwanger, während bei der Vergleichsgruppe von 248 nicht missbrauchten Frauen die Rate mit 6,7 % hochsignifikant niedriger lag. Bei den Frauen, die schwere Formen sexuellen Missbrauchs erlebt hatten, lag die Rate mit 31,3 % besonders hoch. Außerdem gingen die sexuell missbrauchten Frauen deutlich früher feste Partnerschaften ein (Mullen, Martin, Anderson, Romans & Herbison 1994, S. 38).

Für diese Ergebnisse gibt es verschiedene Erklärungen: Ein in Folge des sexuellen Missbrauchs und der Misshandlungen niedriges Selbstwertgefühl, eine daraus resultierende emotionale Bedürftigkeit sowie eine sexuelle Sozialisation, die das Selbstwertgefühl mit Sexualität verknüpft, können im Vergleich zu anderen Jugendlichen überdurchschnittlich häufig zu früheren sexuellen Kontakten der sexuell missbrauchten Mädchen führen (Hovsepian, Blais, Manseau, Otis & Girad 2010, S. 66; Lalor & McElvaney 2010, S. 164). Eine junge Frau beschreibt dies wie folgt:

> Seit meinem sechzehnten Lebensjahr konnte ich nie nein sagen, wenn jemand Sex mit mir wollte. Sicher hatte ich auch Schamgefühle. Aber es war wie ein Zwang. Ich war so getrieben. Ich ging in den Park und las fünf Männer auf. Und alles an einem Tag. Einfach verrückt, verrückt, verrückt. Und nicht eine, nicht die kleinste Spur von Gefühl. Nur Depression – sterben, sterben, sterben. So war das. (Wirtz 1989, S. 94)

Außerdem verwenden die Mädchen seltener Verhütungsmittel, sprechen seltener mit ihrem Partner über Verhütung und riskieren dadurch eine frühe Schwangerschaft (Hovsepian et al. 2010, S. 73; Boyer & Fine 1992, S. 7; Mullen et al. 1994, S. 38). Darüber hinaus planen einige Mädchen die Schwangerschaft, um dem innerfamilialen sexuellen Missbrauch oder der körperlichen Misshandlung durch Gründung einer eigenen Familie zu entgehen. In einigen Fällen kommt es zur Schwangerschaft durch den sexuellen Missbrauch (Hovsepian et al. 2010, S. 66; Boyer & Fine 1992, S. 4; Gershenson, Musick, Ruch-Ross, Magee, Rubino & Rosenberg 1989, S. 212). Damit aber keine Missverständnisse auftreten: Die meisten betroffenen Mädchen und Jungen sind nicht promiskuitiv und verknüpfen Sexualität eher mit Angst und oftmals mit Ekel (Simon & Feiring 2008, S. 174; Widom & Kuhns 1996, S. 1609 f.). Außerdem gibt es Untersuchungen, die keinen Zusammenhang zwischen einem sexuellen Missbrauch und dem Alter bei der ersten Geburt der Frauen feststellen konnten, wenn sie andere Faktoren, wie z. B. die mütterliche Schulbildung oder die Einkommenssituation der Mütter, in ihre Analyse einbezogen haben (Herman-Giddens, Kotsch, Browne, Ruina, Winsor, Jung & Stewart 1998, S. 508 f.; Widom & Kuhns 1996, S. 1610 f.).

Die Kinder der selbst sexuell missbrauchten Mädchen wurden innerhalb des ersten Jahres nach der Geburt des Kindes in der Studie von Debra Boyer und David Fine (1992, S. 10) signifikant häufiger misshandelt oder missbraucht als die Kinder der Mädchen ohne solche Erfahrungen. Dieses Ergebnis ist bisher nicht repliziert worden, einfach weil keine weiteren Studien durchgeführt worden sind, die sich mit diesem Zusammenhang beschäftigt haben. Dennoch sollte bei den Hilfen für junge Mütter das erhöhte Risiko für sexuellen Missbrauch und körperliche Misshandlungen bedacht werden.

8.4 Sexueller Missbrauch und Stillen

Sexueller Missbrauch scheint – anders als von vielen erwartet – keinen Einfluss darauf zu haben, wie häufig Mütter ihre Babys stillen. Die meisten Wissenschaftler gehen davon aus, dass die körperliche Intimität beim Stillen für sexuell missbrauchte Mütter beängstigend ist und Erinnerungen an den sexuellen Missbrauch auslösen kann. Sexuell missbrauchte Mütter würden deshalb – so die Erwartung – seltener stillen als nicht missbrauchte Mütter. Bei einer für die USA repräsentativen Befragung von mehr als 1.000 Müttern stillten jedoch direkt nach der Geburt 77 % der sexuell missbrauchten Mütter ihre Kinder, während dies „nur" 65 % der nicht missbrauchten Frauen taten (Prentice, Lu & Lange 2002, S. 222). Allerdings hatten bereits einen Monat nach der Geburt tendenziell mehr der missbrauchten Mütter mit dem Stillen aufgehört als nicht missbrauchte Mütter (ebd., S. 223).

Katherine Gail Bowman, Jaclyn Wickline Ryberg und Heather Becker (2009, S. 1310 ff.) fanden bei 78 mexikanisch-amerikanischen jugendlichen Müttern keine Unterschiede bezüglich der Häufigkeit des Stillens und der Angst vor körperliche Nähe mit dem Baby im Vergleich zu den nicht betroffenen Müttern.

Eine Erklärung für diese Ergebnisse ist, dass sich sexuell missbrauchte Mütter aufgrund ihrer eigenen schlechten Erfahrungen und der damit einhergehenden Verunsicherung häufiger und intensiver mit dem Elternwerden auseinandersetzen. Sie entscheiden sich dann gezielt dafür, ihr Baby zu stillen, um eine enge Beziehung zu ihrem Kind zu bekommen. Außerdem gilt das Stillen als gesünder für die Babys. In der bereits zitierten Studie von Julia C. Prentice, Michael C. Lu und Linda Lange (2002, S. 223 f.) hatten sich die sexuell missbrauchten Mütter dieser Annahme entsprechend häufiger als die anderen

Mütter vor der Geburt mit der Mutterschaft auseinandergesetzt. Darüber hinaus wollten sie ihre Kinder häufiger als die anderen Mütter anders erziehen als sie selbst erzogen worden sind. Bei vielen alltäglichen Dingen der Erziehung, wie dem Kind vorlesen, mit dem Kind singen oder das Kind zu umarmen, konnten zwischen den missbrauchten und den nicht missbrauchten Müttern keine Unterschiede festgestellt werden (ebd.). Leider wurde in der Studie nicht zwischen verschiedenen Formen des sexuellen Missbrauchs differenziert. Es kann deshalb nichts darüber gesagt werden, ob sich z. B. innerfamilial sexuell missbrauchte Mütter von außerfamilial missbrauchten unterscheiden.

Für das bei einigen sexuell missbrauchten Müttern relativ schnell erfolgende Abstillen könnte folgender Zusammenhang eine Erklärung liefern: Die Mütter erleben das Stillen seltener als positiv und lustvoll als nicht missbrauchte Mütter. Bei einer Befragung von elf innerfamilial sexuell missbrauchten Müttern äußerten sich die meisten der befragten Mütter in diese Richtung. Keine von ihnen beschrieb das Stillen als für sich lustvoll und keine berichtete von sexueller Erregung beim Stillen. Letzteres kommt bei vielen Frauen aber zumindest ab und an vor (Coles 2009, S. 318 f.). Dies könnte bei sexuell missbrauchten Müttern auf eine Abspaltung der mütterlichen Brust hinsichtlich der Sexualität hindeuten, um damit einhergehende Ängste und Flashbacks zu vermeiden. Eine Mutter dazu:

> Mein ganzer Körper hat sich verändert. Ich bin nicht glücklich mit meinem Körper. Ich erlebe meine Brüste nicht mehr als sexuell, seitdem ich stille. Sie sind eine Futterquelle für das Baby und das war es. Sie sind jetzt einfach abgemeldet und ich fühle nichts. Sie stehen im Moment überhaupt nicht mit Sexualität in Verbindung. (Coles 2009, S. 321)

Die meisten der elf Mütter beschreiben das Stillen gleichzeitig aber als wichtig für sie und ihre Beziehung zum Baby. Eine der Mütter dazu:

> Es ist Liebe. Es ist das Geben meiner Milch für ihn und sie mit ihm zu teilen. Ich bin die einzige, die das für ihn tun kann und es ist eine solch starke Liebe. Mit diesem kleinen Baby so verbunden zu sein, fühlt sich nach einer wirklich engen Beziehung an. (ebd., S. 319)

Außerdem bot das Stillen für einen Teil der Mütter die Chance, sich mit ihrem Körper und ihren Brüsten wieder anzufreunden, den bzw. die sie als durch den sexuellen Missbrauch als beschmutzt betrachteten. Es erlaubte ihnen einen positiven Zugang zu ihrem Körper und trug so ein Stück weit zu ihrer Heilung bei (ebd., S. 322).

8.5 Sexueller Missbrauch und Erziehungsverhalten

Ein sexueller Missbrauch führt bei einem Teil der betroffenen Mütter zu einigen besonderen Problemen hinsichtlich ihres Erziehungsverhaltens und der Ausgestaltung der Elternrolle. Sie haben im Vergleich zu nicht missbrauchten Müttern häufiger Probleme, die Generationengrenze gegenüber ihren Kindern sicher zu bestimmen und einzuhalten. Bei einigen Müttern kommt es in gewisser Weise zu einem Rollenwechsel mit ihren Töchtern oder Söhnen. Sie behandeln ihre Kinder häufiger als andere Mütter wie einen Freund oder eine Freundin und suchen bei den Kindern emotionale Unterstützung (Burkett 1991, S. 427). Die Mutter einer zehnjährigen Tochter beschreibt diese Situation folgendermaßen:

> Eine der Sachen, die wir gemeinsam machen, ist, dass wir zusammen schlafen und lange aufbleiben, so bis ein Uhr morgens, und quatschen, nur quatschen, über alles mögliche. Wir reden über ihre Freunde und wir sprechen über meine Freunde. Ich liebe es, ich liebe es einfach. Ich liebe es, es so zu machen. Ich wünschte, dass ich zehnmal mehr Zeit dafür hätte. (ebd., S. 426)

Linda P. Burkett (ebd.) weist aber ausdrücklich daraufhin, dass sich mehr als die Hälfte der von ihr untersuchten Mütter nicht von denen der Kontrollgruppe unterschieden hat. Die gefundenen signifikanten Unterschiede beruhten also nur auf einer Teilgruppe. Sexuell missbrauchte Mütter dürfen folglich nicht über einen „Kamm geschoren" werden. Dementsprechend wurde eine solche Rollenverwischung in anderen Untersuchungen fast ausschließlich bei sexuell missbrauchten Müttern festgestellt,

- die in einer unglücklichen Partnerbeziehung lebten (DiLillo & Damashek 2003, S. 323; Alexander, Teti & Anderson 2000, S. 834),
- die sich mit ihrem Partner in Erziehungsfragen uneinig waren (Cole, Woolger, Power & Smith 1992, S. 246),
- die ihn als in Erziehungsfragen wenig unterstützend einschätzten (ebd.) und/oder
- als Erwachsene sexuelle Gewalt erlitten (Banyard, Williams & Siegel 2003, S. 341).

Umgekehrt finden sich bei Müttern, die mit ihrem Partner glücklich sind, kaum Rollenverwischungen und sie fühlen sich deutlich weniger durch die Kindererziehung gestresst (Alexander, Teti & Anderson 2000, S. 834).

In einer australischen Untersuchung von P. E. Mullen und Kollegen (1994, S. 39) schätzten die sexuell missbrauchten Frauen ihre aktuelle Partnerbeziehung signifikant seltener als gut oder sehr gut ein als die nicht missbrauchten Frauen (72 % vs. 55 %). Sie konnten zudem signifikant häufiger persönliche Themen nicht mit ihrem Partner diskutieren und schätzten ihre Partner häufiger als dominierend und kontrollierend ein (ebd.).

Eine glückliche Partnerschaft und eine partnerschaftliche Haltung in Erziehungsfragen sind also wichtige Schutzfaktoren dafür, dass es bei sexuell missbrauchten Frauen nicht zu einer Rollenkonfusion mit ihren Kindern kommt. An den vielbeschriebenen Grenzverwischungen zwischen Müttern und Kindern sind die männlichen Partner also direkt oder zumindest indirekt mitbeteiligt. Diese Erkenntnis und die offenbar häufig bestehenden Beziehungsprobleme bei sexuell missbrauchten Frauen mit ihren Partnern lassen es zwingend erscheinen, die Väter bei Erziehungsproblemen sexuell missbrauchter Frauen mehr als bisher in die Beratung und Therapie einzubeziehen, um eine gemeinsam getragene elterliche Erziehungshaltung zu etablieren. Gleiches gilt für Partner, die nicht sexuell missbraucht worden sind. Bei ihnen ist eine Grenzverwischung ebenfalls häufiger, wenn es Probleme in der Partnerschaft gibt.

Darüber hinaus zieht ein Teil der sexuell missbrauchten Mütter entweder seltener Grenzen gegenüber ihren Kindern oder sie neigen dazu, die Grenzen sehr harsch zu ziehen. Sie fühlen sich oftmals bezüglich des Verhaltens ihrer Kinder als hilflos und ohne Kontrolle. Durch restriktive Erziehungsmaßnahmen versuchen sie die Kontrolle über ihre Kinder zurückzugewinnen. Meist gelingt dies nicht und setzt eine negative Spirale in Gang (Cole et al. 1992, S. 244). Außerdem schätzen sexuell missbrauchte Mütter im Durchschnitt ihre Erziehungsfähigkeit als schlechter ein als andere Mütter. Dies hat wiederum einen negativen Einfluss auf ihren tatsächlichen Umgang mit den Kindern. Sie ziehen dementsprechend im Durchschnitt weniger persönliche Bestätigung aus ihrer Elternrolle als andere Mütter und sind unzufriedener mit sich als Eltern (Kim et al. 2007, S. 345 f.; DiLillo & Damashek 2003, S. 325; Douglas 2000, S. 429; Cohen 1995, S. 1426).

Schließlich kommunizieren sie häufiger als andere Mütter unklar mit ihren Kindern, vermitteln ihnen mehr Unverständnis bezüglich ihres Verhaltens, haben unrealistische Erwartungen an die Kinder und weisen den Kindern häufiger die Schuld für bestimmte Verhaltensweisen zu (Burkett 1991, S. 428; Cohen 1995, S. 1426 f.).

Insgesamt hat also ein Teil der sexuell missbrauchten Mütter erhebliche Probleme mit der Erziehung ihrer Kinder. Zum Teil resultiert dies unzweifelhaft aus der ihnen widerfahrenen Gewalt. Allerdings stehen sie mit solchen Problemen nicht alleine da. Viele Eltern haben aus anderen Gründen ebenfalls ihre liebe Mühe und Not mit ihren Kindern. Letzteres darf nicht vergessen werden.

8.6 Risiko für körperliche Misshandlungen und sexuellen Missbrauch

Sexuell missbrauchte Mütter haben im Durchschnitt ein erhöhtes Risiko, ihre Kinder häufiger als andere Mütter körperlich zu misshandeln oder zu vernachlässigen (Hall, Sachs & Rayens 1998, S. 88). In verschiedenen Studien zeigte sich gegenüber den Vergleichsgruppen eine signifikant erhöhte Rate von körperlichen Misshandlungen bei ihren Kindern (DiLillo & Damashek 2003, S. 324 f.; Zuravin, McMillen, DePanfilis & Risley-Curtiss 1996, S. 325 ff.). Das Risiko körperlicher Misshandlungen ist bei Müttern, die selbst schwere und gewalttätige Formen sexuellen Missbrauchs über sich ergehen lassen mussten, deutlich höher als bei Müttern, die Opfer weniger schwerem sexuellen Missbrauchs sind (Hall, Sachs & Rayens 1998, S. 90 f.). Allerdings wiesen diese Mütter ebenfalls ein gegenüber den nicht missbrauchten Müttern signifikant erhöhtes Risiko auf, ihre Kinder zu misshandeln. Außerdem senken eine glückliche Paarbeziehung und eine gute soziale Einbindung das Risiko erheblich (ebd., S. 91).

Des Weiteren greifen insbesondere die Mütter, die sexuell missbraucht und körperlich misshandelt wurden, deutlich häufiger zu harschen Erziehungsmethoden als Mütter, die ausschließlich oder gar nicht sexuell missbraucht wurden (Dubowitz, Black, Cox et al. 2001, S. 731). Bei ihnen fanden sich im Übrigen am häufigsten depressive Symptome (ebd.). Diese Aspekte sind in den Untersuchungen zur Entstehung körperlicher Misshandlung bisher weitgehend vernachlässigt worden. Er bedarf deshalb dringend der weiteren Erforschung, damit es nicht zu einer einseitigen Schuldzuweisung an sexuell missbrauchte Mütter kommt und bessere Präventionsstrategien gegen körperliche Misshandlungen entwickelt werden können.

Mehrfach ist auf ein erhöhtes Risiko für Kinder von sexuell missbrauchten Müttern, selbst sexuell missbraucht zu werden, hingewiesen worden. Als Erklärung dafür wird immer wieder angeführt, die Mütter könnten die Gefahr bzw. Gefahrensituationen für ihre Kinder nicht richtig einschätzen. In diesem Kontext wird den Müttern unterstellt, sie würden sich unbewusst an Männer binden, die eine Neigung zu sexueller Gewalt haben (z. B. Meiselman 1978).

Die folgenden drei Studienergebnisse sind in diesem Zusammenhang interessant. Laut den Ergebnissen einer Studie von R. Kim Oates und Kollegen (1998, S. 1115) ist entgegen dieser Annahme zwar generell das Risiko sexuellen Missbrauchs für die Kinder sexuell missbrauchter Mütter erhöht, aber nicht das des innerfamilialen Missbrauchs. Dies hängt vermutlich insbesondere mit den bei ihnen häufiger bestehenden Partnerschaftsproblemen zusammen. Die Kinder könnten dadurch weniger emotionale und soziale Aufmerksamkeit erhalten und weisen deshalb ein erhöhtes Risiko auf, außerfamilial sexuell missbraucht zu werden (Kapitel 9).

Gemäß einer anderen Studie wurden 63 % der untersuchten Kinder betroffener Mütter innerfamilial sexuell missbraucht. Von diesen Kindern wurden allerdings 83 % von einem Täter aus der Familie der Mutter missbraucht (McCloskey & Bailey 2000, S. 1029 f.). Offenbar gibt es also in einem relativ großen Teil der Familien einen mehrere Generationen übergreifenden sexuellen Missbrauch. Bei einer solchen Konstellation stellt sich nicht die Frage nach dem Partnerwahlverhalten der Mütter, sondern warum sie sich nicht aus diesem Milieu lösen konnten und warum den Tätern ansonsten kein Einhalt geboten worden ist.

In der Studie von Myra Leifer, Teresa Kilbane und Sarah Kalick (2004, S. 88) fand sich im Übrigen eine Gruppe von Müttern, bei denen zu Hause keine Probleme bestanden und die nicht missbraucht worden waren, deren Kinder allerdings missbraucht wurden.

Diese Ergebnisse verweisen noch einmal deutlich auf die Rolle der Täter und anderer Faktoren außerhalb der Familie.

8.7 Bindung an die eigenen Eltern

Sexuell missbrauchte Mütter haben in ihrer Kindheit häufiger weniger sichere bzw. mehr desorganisierte Bindungen zu ihren Müttern und Vätern erlebt als nicht missbrauchte Mütter (Leifer, Kilbane & Kalick 2004, S. 83; Oates et al. 1998, S. 1116; Kim et al. 2007, S. 347). Außerdem haben sie häufiger als andere Mütter unter einer Trennung von ihren Müttern und Vätern gelitten bzw. kürzer mit ihnen zusammengelebt. Dementsprechend häufiger sind sie in sogenannten „Patchworkfamilien“ oder in öffentlicher Erziehung aufgewachsen (s. Kapitel 8.1; Leifer, Kilbane & Kalick 2004, S. 83 f.; Kim et al. 2007, S. 344). In der Studie von Myra Leifer, Teresa Kilbane und Sarah Kalick (2004, S. 83 ff.) galten diese Unterschiede – wenn man die Väter ausklammert – auch gegenüber nicht missbrauchten Müttern, deren Kinder sexuell missbraucht wurden. Diese Bindungserfahrungen führen im Erwachsenenleben bei einem Teil der betroffenen Mütter zu Bindungsproblemen in ihren Partnerschaften und zu unsicher gebundenen oder desorganisierten Eltern-Kind-Bindungen (ebd., S. 84).

Auf Folgendes möchte ich hier noch einmal hinweisen: Sexueller Missbrauch geht häufig mit emotionaler Vernachlässigung, körperlicher und häuslicher Gewalt sowie einem problematischen Erziehungsverhalten der Eltern einher und die jeweiligen Effekte können nicht genau voneinander abgegrenzt werden (DiLillo & Damashek 2003, S. 320; Kim et al. 2007, S. 345; Banyard, Williams & Siegel 2003, S. 341). So trugen z. B. in der Studie von Victoria Banyard (1997, S. 1101) die selbst erlittene Vernachlässigung, eine schlechte Beziehung zu den eigenen Eltern, die körperliche Misshandlung und der sexuelle Missbrauch jeweils eigenständig etwas zu den gefundenen Unterschieden zwischen nicht missbrauchten und missbrauchten Müttern und ihren Einschätzungen ihrer Elternkompetenz bei. Bei der Frage, ob auf Konflikte mit den Kindern eher mit aggressiven Verhaltensweisen reagiert wird, trug der sexuelle Missbrauch ebenfalls neben und unabhängig von den anderen Variablen etwas zu den festgestellten Unterschieden bei.

8.8 Was bedeutet der sexuelle Missbrauch ihres Kindes für selbst betroffene Mütter?

Wie sieht es bei nicht missbrauchenden Müttern, die selbst betroffen sind, hinsichtlich der Folgen des sexuellen Missbrauchs ihres Kindes auf ihr eigenes Leben aus? Dies ist ebenfalls eine häufig gestellte Frage, die durch bestimmte Vorstellungen geprägt ist: Viele erwarten eine höhere Belastung der Mütter durch ihren eigenen sexuellen Missbrauch bzw. ihre oftmals belastete Kindheit und dem Missbrauch ihres Kindes im Sinne einer doppelten Traumatisierung. Außerdem wird angenommen, dass ihre Schuldgefühle gegenüber ihrem Kind noch größer als bei den andern Müttern seien, weil sie es trotz ihrer eigenen Kindheitserfahrungen nicht beschützen konnten. Schließlich wird vielfach vermutet, sie seien wegen ihres eigenen Traumas nicht so „gute Mütter".

Einige Studien relativieren diese Vorstellungen deutlich bzw. sind deren Ergebnisse sehr unterschiedlich: So konnten R. Kim Oates und Kollegen (1998, S. 1115 f.) zwischen den missbrauchten und nicht missbrauchten Müttern direkt nach der Aufdeckung, 18 Monate später und 5 Jahre danach bezüglich ihrer Erziehungsfähigkeit und ihrer psychischen Gesundheit keine Unterschiede feststellen. Auch bei ihren Kindern fanden sich mit einer Ausnahme keine Differenzen: Die Kinder der missbrauchten Mütter wiesen direkt nach der Aufdeckung ein niedrigeres Selbstwertgefühl auf. In den Nachuntersuchungen konnte dies jedoch nicht mehr festgestellt werden. In einer Studie von Esther Deblinger und Kollegen (1993, S. 162 f.) zeigten sich ebenfalls bezüglich der Folgen für die Mütter keine Unterschiede zwischen den in der Kindheit missbrauchten und den nicht missbrauchten Müttern. Allerdings wiesen Mütter, die als Erwachsene sexuelle Gewalt erfahren hatten, höhere Stresswerte auf.

In der Studie von Myra Leifer, Jeremy P. Shapiro und Layla Kassem (1993, S. 761) fand sich ebenfalls kein Unterschied zwischen den Müttern, die sexuell missbraucht worden waren und denen, die dies nicht erlitten hatten hinsichtlich ihrer psychischen Gesundheit. Gleiches gilt für Mütter mit einem frühen Verlust einer Bezugsperson und Mütter mit negativen Beziehungen zu ihren Eltern. Das erste Trauma könnte möglicherweise durch das zweite Trauma überlagert worden sein (Oates et al. 1998, S. 1116 f.).

Kihyun Kim und Kollegen (2007, S. 345), Myra Leifer, Teresa Kilbane und Sarah Kalick (2004, S. 85 f.), Diane Hiebert-Murphy (1998, S. 428) und Susan J. Kelley (1990a, S. 28) konnten dagegen eine entsprechende Korrelation feststellen. Die Untersuchungsergebnisse sind also sehr heterogen. Sie zeigen noch einmal, dass es keine einfachen kausalen Beziehungen gibt.

Zur Illustration sollen zwei sexuell missbrauchte Frauen zitiert werden, die ihr Erleben wie folgt beschreiben:

> Ich bin als Kind sexuell missbraucht worden. Und ich dachte, dass ich es bei meinen Kindern niemals geschehen lassen würde und es passierte trotzdem ... Ich schwor, es würde meinen Kindern niemals widerfahren und ... es geschah. Und ich fühlte als hätte ich es geschehen lassen. (Breckenridge & Davidson 2002, S. 16)

> ... Ich war jung, als mein Vater es das erste Mal tat ... als der Täter es meinem Kind antat, kam das alles wieder hoch ... und nachdem ich mit dem Berater darüber gesprochen hatte, besonders als das Kind die Details des Missbrauchs schilderte, fühlte ich mich so schlecht und ich ging und ich übergab mich und ... das Kind hatte eine sehr schlechte Nacht und ich konnte auch nicht schlafen. (ebd.)

Ein sexueller Missbrauch des eigenen Kindes kann also Flashbacks bzw. Erinnerungen an den eigenen sexuellen Missbrauch auslösen und mehr Stress für diese Mütter bedeuten. In einer Studie klärte dies etwa 10 % der Varianz der festgestellten Unterschiede zwischen den nicht missbrauchten und missbrauchten Müttern auf. Zum einen könnte dies auf das Aufreißen alter Wunden, zum anderen auf Langzeiteffekte des sexuellen Missbrauchs zurückzuführen sein (Hiebert-Murphy 1998, S. 428 ff.). In einer anderen Studie wiesen die selbst missbrauchten Mütter höhere Stresswerte auf und zeigten signifikant häufiger mit einer PTBS in Verbindung stehende Symptome (Timmons-Mitchell, Chandler-Holtz & Semple 1997, S. 7). Interessanterweise fand sich aber mit einer Ausnahme kein Zusammenhang zwischen eigenen Missbrauchserfahrungen der Mütter und der Schwere der Symptome bei den Kindern. Anders als erwartet, fanden sich in einer Studie bei den Kindern nicht missbrauchter Mütter sogar mehr Symptome einer PTBS (ebd., S. 11). Da hier die Child Behavior Checklist verwendet wurde, die von den Müttern ausgefüllt wird, könnte es sein, dass diese aufgrund ihrer eigenen Geschichte einige Symptome einfach nicht wahrgenommen haben. Wie dem auch sei: Nicht missbrauchende Eltern müssen angesichts der referierten Forschungsergebnisse generell auf eigene Traumatisierungen angesprochen werden.

8.9 Reaktionen auf den Missbrauch des eigenen Kindes

Zu den Themen „Glauben Mütter ihren Kindern?“ und „Unterstützen Mütter ihre Kinder?“ wird in Studien selten ein Zusammenhang zwischen einem eigenen Missbrauch der Mutter und einer weniger intensiven Unterstützung des Kindes gefunden. In einer Studie wurden die betroffenen Mädchen von den selbst betroffenen Müttern stärker unterstützt als Mädchen von nicht betroffenen Müttern. Bei der Nachuntersuchung drei Monate nach der Aufdeckung des sexuellen Missbrauchs schätzten alle Mädchen, deren Mütter selbst als Kinder missbraucht worden waren, ihre Mütter als unterstützend ein, während dies bei den anderen Mädchen nur in 50 % der Fall war (Morrisson & Clavenna-Valleroy 1998, S. 33).

Möglicherweise sind viele selbst betroffene Eltern – insbesondere, wenn sie sich mit ihrem Missbrauch auseinandergesetzt haben – besonders handlungsfähig und stehen deshalb ihren Kindern in vorbildlicher Art und Weise unterstützend zur Seite (Breckenridge & Davidson 2002, S. 6). Außerdem könnten sich viele sexuell missbrauchte Mütter einfach vorgenommen haben, anders zu reagieren als ihre eigenen Mütter. Schließlich könnten die Töchter aufgrund ihres Wissens über den sexuellen Missbrauch ihrer Mütter deren Verhalten anders bewerten. Des Weiteren verhalten sich insbesondere Mütter, die sich einen Freundeskreis aufgebaut haben, daraus Freude und Anerkennung für sich ziehen und auf ihre eigenen Bedürfnisse achten, unterstützend und haben keine Probleme mit der Elternrolle (Banyard, Williams & Siegel 2003, S. 344 f.). Für sexuell missbrauchte Eltern müssen dementsprechend dringend die Hilfsangebote verbessert werden. Es darf nicht zu der Situation kommen, die eine betroffene Mutter beschreibt:

> Ich fühle, dass ich nicht mit allem fertig werden kann, was mir derzeit passiert, weil mich das über die Kante stoßen würde und dann wäre da niemand mehr für meine Kinder, die mich dringend brauchen. Deshalb muss ich alles zurückhalten, was mit meinem eigenen sexuellen Missbrauch zu tun hat und kann mich nur darum kümmern, was jetzt mit den Kindern geschieht.
> (Breckenridge & Davidson 2002, S. 20)

Bei Kindern sexuell missbrauchter Mütter sind in einigen Studien stärkere Belastungen festgestellt worden, in etwa ebenso vielen Studien wiesen sie jedoch keine schwerwiegenderen Folgen des sexuellen Missbrauchs auf als Kinder nicht missbrauchter Mütter (Elliott & Carnes 2001, S. 319; DiLillo & Damashek 2003, S. 326 f.; Kim et al. 2007, S. 339; Oates et al. 1998, S. 1115 f.).

8.10 Vorsicht vor einseitigen Zuschreibungen

Bei der Interpretation von Studienergebnissen muss – um es noch einmal zu betonen – genau darauf geachtet werden, sexuell missbrauchte Mütter nicht schlecht und zu *der* Ursache sexueller Gewalt zu machen. Neben den erhöhten Risiken, die beschrieben worden sind, soll deshalb ausdrücklich auf vier andere Studienergebnisse eingegangen werden:

- Kinder von sexuell missbrauchten Müttern, die sich mit ihrem Missbrauch auseinandergesetzt haben, weisen kein erhöhtes Risiko auf, sexuell missbraucht zu werden (DiLillo & Damashek 2003, S. 324; Breckenridge & Davidson 2002, S. 6).
- Sexuell missbrauchte Mütter sprechen zumindest laut den Ergebnissen einer Studie offener über Sexualität und sexuellen Missbrauch mit ihren Kindern als nicht missbrauchte Mütter (Grocke, Smith & Graham 1995, S. 989 f.). Dies ist sicher ein Faktor, der Kinder stärkt und ihr Risiko, sexuell missbraucht zu werden, verringert.
- Verschiedene Studien aus den USA fanden höhere Stillraten und eine bewusstere Auseinandersetzung mit der Mutterschaft bei missbrauchten Müttern (s. Kapitel 8.4).
- Sexuell missbrauchte Mütter, die ihren Missbrauch verarbeitet haben, reagieren angemessen auf einen sexuellen Missbrauch ihrer Kinder. Sie unterstützen sie häufig in vorbildlicher Art und Weise (s. Kapitel 8.9).

Insgesamt gesehen sind die Ergebnisse also alles andere als eindeutig. Es muss deshalb weiter geforscht werden, um für die Kinder und sexuell missbrauchte Mütter das Hilfeangebot weiter zu optimieren. Dabei sollte ein Fokus darauf gerichtet werden, nicht nur den sexuellen Missbrauch in der Kindheit zu betrachten, sondern die anderen Formen der Gewalt gegen Kinder und die im Erwachsenenalter erlebten Traumata mit in die Untersuchungen einzubeziehen. Wichtig ist es darüber hinaus, andere Faktoren wie Armut, den gesellschaftlichen Umgang mit Gewalt gegen Kinder und nicht zuletzt die Täter in den Analysen zu berücksichtigen. Schließlich muss endlich eine Studie über sexuell missbrauchte Väter begonnen werden. Dass es 30 Jahre nach Beginn der Diskussion über sexuellen Missbrauch eine solche noch nicht gibt, ist ein Skandal. Zur Illustration möchte ich dazu noch einmal einen sexuell missbrauchten Vater zitieren, der dies in wenigen Sätzen auf den Punkt bringt:

> Es ist doch ein Witz, was da im Moment abläuft. Überall liest und hört man, dass die Täter Therapie bekommen und die Strafen drastischer ausfallen sollen. Ich finde das ja auch ganz okay. Nur darüber, wie es den Opfern geht und welche Hilfe wir brauchen und wer die Hilfe bezahlt, wird doch kaum noch geredet. So spezielle Fragen, wie es beispielsweise für einen sexuell missbrauchten Mann ist, Vater zu werden, die interessieren offenbar keinen mehr oder haben noch nie einen interessiert. Ich habe jedenfalls in der ganzen vorliegenden Literatur so gut wie nichts zu diesem Thema gefunden. Für die Opfer der sexuellen Gewalt sind das aber die wichtigen Fragen. (Bange 2007, S. 102)

Eines der wenigen Bücher, das sich mit solchen Themen etwas ausführlicher befasst, ist der Klassiker der Selbsthilfeliteratur „Trotz allem. Wege zur Selbstheilung von Frauen, die sexuelle Gewalt erfahren haben“ von Ellen Bass und Laura Davis.

9 Täterstrategien

Die Strategien der Täter und Täterinnen bestimmen vor, während und nach der Beendigung des sexuellen Missbrauchs die Wahrnehmung und das Verhalten des Opfers und seiner nicht missbrauchenden Eltern massiv mit. Sie sind für das Verständnis, warum Eltern bzw. nicht missbrauchende Elternteile den Missbrauch so häufig nicht bemerken sowie für ihre Reaktionen auf die Aufdeckung von großer Bedeutung.

9.1 Aufbau einer Vertrauensbeziehung zum Kind

Die Täter planen die sexuellen Übergriffe fast immer von langer Hand. Sexueller Missbrauch ist kein zufälliges Geschehen, sondern das Ergebnis eines sorgfältig entwickelten Plans. Die Ziele der Täter sind, die Mädchen und Jungen gefügig und wehrlos zu machen sowie die Wahrnehmung ihrer engsten Vertrauenspersonen – insbesondere ihrer Eltern – zu manipulieren. Der Täter möchte dadurch Zugang zum Kind bekommen und die Vertrauenspersonen derart „einwickeln“, dass sie mögliche Hinweise ihrer Kinder auf den sexuellen Missbrauch nicht wahrnehmen, sie falsch interpretieren oder ihren Kindern keinen Glauben schenken. Der sexuelle Missbrauch soll unentdeckt bleiben, fortgesetzt werden können und der Täter erhofft sich, nicht für seine Taten zur Verantwortung gezogen zu werden (Enders 2001, S. 56; Heiliger 2000, S. 13; Bullens 1995, S. 54)

Der Schlüsselplan innerhalb der Täterstrategien ist der Aufbau einer Vertrauensbeziehung zum Opfer. Durch eine besondere emotionale und soziale Zuwendung versucht er, das Kind für sich zu gewinnen. Dem Kind vermittelt er das Gefühl, etwas ganz Besonderes zu sein (Bullens 1995, S. 59; Berliner & Conte 1990, S. 33).

Die Täter suchen sich dazu gezielt verletzliche Mädchen und Jungen, die durch emotionale Vernachlässigung, einen bereits erlebten sexuellen Missbrauch, ein Klima der Gewalt in ihrer Familie oder ein Leben in Armut besonders geschwächt sind. Gerade diese Kinder freuen sich oft über die Zuwendung des Täters und beginnen ihm zu vertrauen. Sie erleben den Täter positiv und gehen gerne zu ihm. Wie perfide und gezielt sich die Täter an verletzliche Mädchen und Jungen heranmachen, illustriert die folgende Aussage eines Täters:

> Wähle Kinder aus, die ungeliebt sind. Versuche nett zu ihnen zu sein, bis sie dir sehr vertrauen, und erwecke den Eindruck, dass sie von sich aus bereitwillig mitmachen. Benutze Liebe als Köder … Wähle ein Kind, das bereits missbraucht wurde. Das Opfer wird denken, dass diesmal weniger Schlimmes passiert. (Conte, Wolf & Smith 1989, S. 289)

Um die Kinder schnell und unauffällig einwickeln zu können, erkunden die Täter beim außerfamilialen Missbrauch vielfach noch vor der Kontaktaufnahme, wie die Beziehung der Kinder zu ihren Eltern ist, welche sozialen Kontakte die Kinder haben, wo ihnen etwas fehlt, was ihre Vorlieben und Gewohnheiten sind (Enders 2001, S. 57; Karremann 2010, S. 15). Dieses zielgerichtete Vorbereiten des sexuellen Missbrauchs wird in der Fachliteratur als „grooming process“ bezeichnet (Bullens 1995, S. 55).

Wie erfolgreich die Täter damit sind, belegt ein Studienergebnis von Lucy Berliner und Jon Conte (1990, S. 32): Über die Hälfte der von ihnen untersuchten 23 Kinder mochten den Täter, hatten ihn gern und waren emotional abhängig von ihm. Gerade weil die Täter die Kinder nicht nur sexuell missbrauchen, sondern sich gleichzeitig um sie kümmern und ihnen etwas geben, was ihnen gefehlt hat, entstehen bei vielen Mädchen und Jungen ambivalente Gefühle. Liane Dirks hat dies durch den Titel ihres autobiografischen Romans „Die liebe Angst“ prägnant auf den Punkt gebracht (Dirks 1986).

Beim außerfamilialen Missbrauch finden die Täter Zugang zu den Mädchen und Jungen, indem sie Orte aufsuchen, wo sich Kinder gerne aufhalten. Sie gehen in Schwimmbäder, auf Spielplätze und Sportplätze, halten sich in den Computerabteilungen großer Kaufhäuser auf. Dort suchen sie gezielt nach Kindern, die sich an diesen Orten lange aufhalten und kein Bedürfnis zeigen, nach Hause zu gehen, da dies ein Hinweis auf eine gewisse emotionale und soziale Bedürftigkeit sein kann. Viele engagieren sich als ehrenamtliche Mitarbeiter, z. B. in Sportvereinen und pädagogischen Arbeitsfeldern. Nicht selten sind sie hauptamtlich als Lehrer, Erzieher, Sozialpädagogen oder Priester tätig. In der Studie von Michele Elliott, Kevin Browne und Jennifer Kilcoyne (1995, S. 581 ff.) hatten z. B. von 91 untersuchten Sexualstraftätern immerhin 35 % einen sozialpädagogischen beruflichen Hintergrund. Allein dadurch genießen sie bei vielen Eltern und anderen Erwachsenen einen gewissen Vertrauensvorschuss, der sie davor schützt, als Sexualstraftäter verdächtigt zu werden. Gleiches gilt natürlich erst recht für Geistliche. Die im Jahr 2010 bekannt gewordenen Fälle von sexuellem Missbrauch an Schulen, in Internaten und kirchlichen Einrichtungen unterstreichen dies eindrücklich. Es bleibt zu hoffen, dass durch solche Fälle dauerhaft die Skepsis der Eltern gegenüber Autoritäten und Institutionen zunimmt und in den Institutionen Strukturen geschaffen werden, die es den Tätern erschweren, Kinder sexuell missbrauchen zu können. So könnten neben Maßnahmen wie dem Vorlegen polizeilicher Führungszeugnisse z. B. jährlich von einem außenstehenden Institut durchgeführte anonyme Befragungen der Kinder stattfinden, die u. a. erfassen, ob ihnen sexuelle Grenzverletzungen durch Professionelle oder andere Kinder und Jugendliche widerfahren sind. Alleine eine solche Befragung dürfte unter der Voraussetzung, dass ihre Ergebnisse ernstgenommen werden, eine erhebliche präventive Wirkung entfalten.

Wenn die Täter Kontakt zu Kindern aufnehmen und beginnen ihn zu vertiefen, unternehmen sie mit ihnen die Dinge, die es sich wünscht oder beschenken es großzügig (Berliner & Conte 1990, S. 33). Selbst ihre Wohnungen sind teilweise kindgerecht eingerichtet. Sie haben Spielzeug und Computerspiele entsprechend der Altersgruppe der von ihnen bevorzugten Opfer. Durch dieses Eingehen auf die Bedürfnisse der Mädchen und Jungen halten sie das Interesse der Kinder wach.

9.2 Widerstände beim Kind überwinden

Haben sie ein Kind gefunden, testen die Täter seine Widerstandsfähigkeit. Sie reden offen über Sexualität, bieten „Sexualaufklärung“ an und wecken so die Neugier des Kindes. Sie laufen nackt in der Wohnung herum und fordern es auf, dies auch zu tun. Sie beginnen dann oftmals mit einer schleichenden Desensibilisierung des Opfers in Bezug auf körperliche Berührungen. Scheinbar zufällig greifen sie Mädchen an die Brust oder in die Hose. Erstarrt das Kind und zeigt keinen offenen Widerstand, forcieren sie die sexuellen Handlungen weiter und steigern sie in ihrer Intensität (Enders 2001, S. 58; Leclerc, Wortley & Smallbone 2010, S. 30).

Dabei beobachtet der Täter stets, ob das Kind mit anderen über die Grenzüberschreitungen spricht. Viele Täter beugen dem vor, in dem sie „es" zu einem Geheimnis erklären (Enders 2001, S. 68; Berliner & Conte 1990, S. 33). Die sexuellen Handlungen werden darüber hinaus oftmals als „normal" oder als Aufklärung getarnt. Diese zielgerichtete Vorgehensweise ist von den Kindern aufgrund ihres Entwicklungsstandes nicht oder nur sehr schwer zu erkennen.

Eine weitere, bedeutende Strategie ist es, den Widerwillen und den Widerstand der Kinder zu ignorieren und gleichzeitig eine Schuldzuweisung an sie vorzunehmen. Die Täter versuchen den Kindern fast immer eine direkte Beteiligung zu suggerieren: „Es macht dir doch auch Spaß.", „Du hast doch nie ‚Nein' gesagt.", „Du wolltest das doch auch, sonst wärst du nicht immer wieder zu mir gekommen."

Andere Strategien, um die Kinder zu verwirren und ihre Wahrnehmung zu „vernebeln", sind z. B. den sexuellen Missbrauch als Strafe darzustellen, die sexuellen Handlungen in der Nacht im Halbschlaf des Kindes zu beginnen und am nächsten Morgen so zu tun, als sei nichts gewesen.

Wenn sexueller Missbrauch in Institutionen stattfindet und mehrere Kinder zugleich missbraucht werden, versuchen die Täter oftmals systematisch ein sexualisiertes Klima in den Einrichtungen zu erzeugen. Kinder, die sich dagegen wehren, werden dann in der Regel isoliert und als prüde vor den anderen Kindern lächerlich gemacht. Die Vorgänge in der Odenwaldschule sind ein Beispiel dafür, wie wirkungsvoll ein solches Vorgehen ist. So beschrieb die bekannte Moderatorin und Autorin Amelie Fried in Interviews, wie sie sich an der Odenwaldschule durch solche Täterstrategien so unter Druck gesetzt fühlte, dass sie ihre innere Abneigung und ihre Scham zurückgestellt hat und an dem geforderten „Strip-Poker" teilnahm.

9.3 Manipulation der Eltern

Sehr wirkungsvoll im Sinne der Täter ist es, die Kinder zu isolieren und einen Keil in die Eltern-Kind-Beziehung bzw. beim innerfamilialen sexuellen Missbrauch in die Beziehung zwischen den nicht missbrauchenden Elternteil und das Kind zu treiben (Heiliger 2000, S. 50; Enders 2001, S. 73 f.). Anne Morris (2003, S. 2 f.) beschreibt dieses Vorgehen als eine der häufigsten Täterstrategien und bezeichnet es als „maternal alienation".

Bei einem innerfamilialen Missbrauch wird die Beziehung zum nicht missbrauchenden Elternteil in der Regel systematisch geschwächt bzw. eine bereits bestehende schlechte Eltern-Kind-Beziehung weiter unterminiert. Der andere Elternteil wird z. B. schlecht gemacht oder als ungerecht hingestellt, während sich der Täter als der bessere Elternteil darstellt, der als einziger wirklich für das Kind da ist und es mit seinen Ängsten und

Nöten versteht (ebd., S. 4). Anita Heiliger (2000, S. 56f.) berichtet über einen Fall, der dies beispielhaft illustriert: Ein Mädchen fühlte sich von ihrer Mutter von klein auf abgelehnt und wurde von ihr geschlagen. Ihr Vater stellte sich auf die Seite des Mädchens und nahm sie in Schutz. Ihre größte Angst war es daher, seine Zuneigung zu verlieren. Dadurch gewann er eine enorme Macht über sie, die er gezielt aufrecht erhielt, um sie sexuell missbrauchen zu können und sich so ihr Schweigen zu sichern. Immer wenn sie sich entziehen wollte, setzte er auf diese Strategie und verbündete sich mit dem Mädchen gegen die Mutter. Das Mädchen schildert dies wie folgt:

> Immer wenn ich was gemacht habe, dass ihm nicht passte, dann hat er mich total ignoriert, da gab's mich nicht. Dann hat er auch gemeint: deine Mutter hat schon recht, du bist wirklich ein unmögliches Stück Mensch … das war so'ne subtile Gewalt, die war schon da … weil meine Mutter war ja auch seine Feindin, die ihn nicht verstanden hat, die ihn nicht akzeptiert hat, wie er ist, und immer Sachen wollte, die ungerechtfertigt waren. Nur ich hab ihm halt das gegeben und ihn verstanden. (ebd.)

Dabei verfügt der Vater als Insider über Kenntnisse und Informationen, die es ihm ermöglichen, behutsam und mit Bedacht vorzugehen. Er kennt den täglichen Ablauf in der Familie und kann ihn systematisch nach und nach zumindest in gewissem Maße nach seinen Wünschen steuern. Er kennt sein Kind und weiß daher genau, wie er dafür sorgen kann, dass es nicht mit der Mutter über den sexuellen Missbrauch spricht. Außerdem hat der Täter gerade beim innerfamilialen sexuellen Missbrauch ausreichend Zeit und Gelegenheiten, um in aller Ruhe sein Netz zu spinnen. Gerade diese schleichende Entwicklung lässt innerhalb einer Familie Beziehungs- und Verhaltensmuster entstehen, die für die Familie normal und unauffällig sind, bei Außenstehenden aber Argwohn wecken würden (Rijnaarts 1988, S. 162). Vielfach nutzt der Täter bereits bestehende Probleme in der Mutter-Kind-Beziehung geschickt für sich aus und verstärkt diese gezielt. Christel Dorpat (1982, S. 89) beschreibt dies in ihrem autobiografischen Roman aus Sicht einer betroffenen Mutter treffend:

> Mir fielen mitunter Szenen ein, die mir die Wut und den Abscheu hochtrieben, ein doppelbödigeres Spiel hätte niemand treiben können, und gutgläubiger, naiver als ich hätte niemand sein können. Ich konnte es nicht fassen. Hätte ich solche Szenen in anderen Familien erlebt, wäre mir unweigerlich ein Licht aufgegangen, aber so hatte ich nichts gesehen.

Schließlich fühlen sich Väter allein durch ihre Position geschützt. Für die allermeisten Mütter und für Außenstehende sind Väter über jeden Verdacht erhaben. Man kann einfach kein harmonisches Familienleben führen, wenn man seinem Partner unterstellt, er könne das gemeinsame Kind sexuell missbrauchen (Rijnaarts 1988, S. 163). Wenn z. B. ein Vater eine enge Beziehung zur Tochter pflegt, ist die normale Einschätzung eines solchen Verhaltens, dies sei Ausdruck väterlicher Liebe. In den letzten Jahren wird ein solches Verhalten von Vätern zurecht vehement eingefordert. Ein liebevolles Verhalten des Vaters gegenüber seinem Kind aus Sicht der Mutter als Hinweis auf einen sexuellen Missbrauch zu betrachten, würde vermutlich bei den meisten Menschen für Kopfschütteln sorgen. Zumal viele Täter nach außen hin das Bild eines „ordentlichen Mannes" zeichnen. Ein Täter:

> Im Grunde genommen habe ich ein Dreifachleben geführt. Ein Leben lebte ich, wenn ich mit meinen Freunden ausging, unbeschwert, jede Menge Geld zum Ausgeben. Alles bestens. Ich

> zahlte für alle. Zu Hause bei meiner Frau war ich jemand ganz anderer. Ich war liebevoll, fürsorglich, zuvorkommend. Verträglich. Ich versuchte, ihr alles zu geben, was sie haben wollte, bei der Arbeit war ich wieder eine völlig andere Person. Durch und durch ruhig, distanziert. Ein engagierter Arbeiter. Kam früh, ging spät. So in der Art. Das ging bestimmt fünf oder sechs Jahre so. (Salter 2006, S. 65)

Einige Täter versuchen darüber hinaus, ihre Familie von Außenkontakten zu isolieren. Sie verbieten ihren Frauen, sich mit anderen Frauen zu treffen oder zum Sport zu gehen. Den Kindern werden Freizeitaktivitäten verboten, oder wenn einmal Besuch kommt, verhält sich der Vater gegenüber den Freundinnen und Freunden „unmöglich", um weitere Besuche zu verhindern. Zum einen besteht so vielfach gar nicht die Möglichkeit für andere, hinter die Fassade der heilen Familie zu blicken. Zum anderen fehlen den nicht missbrauchenden Elternteilen und den Kindern Menschen, die sie ins Vertrauen ziehen können. Ein Täter:

> Ich würde meiner Frau und meinen Kindern nicht erlauben, sich Freunde außerhalb der Familie zu suchen. Dies hält die Familie isoliert und dadurch sinkt die Möglichkeit, erwischt zu werden. (Conte, Wolf & Smith 1989, S. 297)

Darüber hinaus möchten die meisten Opfer nicht, dass die Mutter bzw. der nicht missbrauchende Elternteil etwas über den sexuellen Missbrauch erfährt. Sie möchten ihren Eltern bzw. dem nicht missbrauchenden Elternteil Kummer ersparen und fürchten sich möglicherweise vor dessen Reaktionen (s. Kapitel 3). Die Zitate von zwei missbrauchten Frauen sollen diesen bereits mehrfach erwähnten Zusammenhang noch einmal beispielhaft illustrieren:

> Ich hatte … das Gefühl, es war ein Geheimnis, das ich wirklich hüten musste. Denn ich wusste, es würde meine Mutter töten, wenn sie es herausfände. Ich war nicht froh über mein Geheimnis, aber mir lag sehr viel daran, meine Mutter zu schützen. (Armstrong 1978, S. 70)

> Meiner Mutter wollte ich auch nichts davon sagen, weil ich sonst schuld gewesen wäre, wenn die Beziehung zwischen meiner Mutter und dem X auseinandergeht. (Heiliger 2000, S. 132)

Anita Heiliger (2000, S. 132) fand bei ihrer Analyse von 29 Gerichtsakten und acht Interviews mit betroffenen Mädchen bzw. Frauen deutliche Hinweise dafür, dass einige Täter bewusst die Probleme zwischen sich und ihrer Frau schürten, um die Wahrnehmung der Mütter zu manipulieren. Einige Täter suchen sich bereits bei der Partnerinnenwahl Frauen aus, die sich ihnen als schwache Persönlichkeiten präsentieren, selbst mit Problemen zu kämpfen haben und eher ein traditionelles Weiblichkeitsbild leben. Einige Täter nehmen dementsprechend nach Erkenntnissen verschiedener Täterforscher gezielt Kontakt zu alleinerziehenden Müttern auf, um deren Kinder sexuell missbrauchen zu können. Dabei nutzen sie die oftmals schwierige Lebenssituation der Mütter aus. Die Kinder freuen sich für ihre Mütter und wollen dieses „neue Glück" nicht durch den Vorwurf eines sexuellen Missbrauchs gefährden (Wyre & Swift 1991, S. 75; Enders 2001, S. 60; Budin & Johnson 1989, S. 79).

Ein weiterer Beleg für diese Täterstrategie ist ein Untersuchungsergebnis von Kathleen Coulborn Faller (1990, S. 68 f.): In über der Hälfte der Fälle, in denen Stiefväter oder Lebensgefährten der Mütter die Täter waren, begann die sexuelle Gewalt kurze Zeit nachdem sich die Beziehung zur Kindesmutter stabilisiert hatte. Eine missbrauchte Frau dazu:

> Der [neue Vater] hat nie geschimpft, der hat mich nie wie ein kleines Kind behandelt. Er hat mir immer alles erklärt. Für mich ist er der klügste Mann gewesen, so gescheit! Der hat alles gewusst. Und auf alles was ich ihn gefragt habe, hat er mir immer eine Antwort gegeben. Ich habe ihn angehimmelt! Das war mein neuer Vater. So einen tollen Vater hatte keine andere. ... Für meine Mutter wollte ich alles tun. Und ich konnte meine Mutter glücklich machen, wenn ich brav war. Weil ich immer, wenn ich was gesagt habe oder mich gewehrt habe, dann war ich nicht brav. Da war ich böse. Und böse wollte ich nicht sein. (Heiliger 2000, S. 55)

Trotz all dieser Strategien sind und bleiben die Mütter für ihre Partner die größte Bedrohung. Dementsprechend fordern fast alle Täter beim innerfamilialen sexuellen Missbrauch ihre Kinder auf, den Müttern nichts zu erzählen. In der Studie von Lucy Berliner und Jon R. Conte (1990, S. 33) taten dies z. B. 74 % der Täter.

Beim außerfamilialen Missbrauch wird die Beziehung zu den Eltern ebenfalls (weiter) verschlechtert und versucht, eine Entfremdung zwischen dem Kind und seinen Eltern zu erreichen. Auch gegenüber den Geschwistern wird diese Taktik angewandt. Das Kind wird bevorzugt und zum Lieblingskind erkoren. Dadurch wird Neid und Ablehnung provoziert. Gleiches gilt für den Freundeskreis der Kinder. Durch eine solche geschickt eingefädelte Isolation der Kinder werden die „Einzigartigkeit" der Beziehung zum Täter und die Bedeutung dieser Beziehung für das Kind gefördert. Es wird so nach und nach in eine totale Abhängigkeit gebracht. Dadurch hat das Kind natürlich kaum eine Möglichkeit, den Missbrauch aufzudecken und damit zu beenden.

Nimmt der Täter beim Kind größeren Widerstand oder Signale wahr, sich Hilfe zu holen, wird der sexuelle Missbrauch nur in seltenen Fällen beendet, um nicht aufzufliegen. In den meisten Fällen wird dagegen der Druck auf das Kind erhöht. Es wird Gewalt angedroht und wenn erforderlich auch eingesetzt. „Wenn du etwas erzählst, komme ich ins Gefängnis und du ins Heim", „Wenn deine Eltern etwas erfahren, haben sie dich nicht mehr lieb", „Ich bringe mich um, wenn du etwas erzählst" sind wirkungsvolle Drohungen. Reichen diese nicht aus, wird insbesondere beim innerfamilialen Missbrauch körperliche Gewalt angewendet. Die Mädchen und Jungen werden geschlagen oder regelrecht misshandelt. Manchmal wird damit gedroht, das geliebte Haustier zu töten und dies auch in die Tat umgesetzt. So hatte eine meiner Klientinnen nicht nur den ganzen Kopf voller Narben von den vielen Schlägen ihres Vaters, er hat auch, als sie 6 Jahre alt war, ihr Kaninchen vor ihren Augen auf grausame Weise getötet. Offenbar setzen einige Täter im Beisein der Kinder zudem gezielt Gewalt gegen die Mütter ein, um die Kinder einzuschüchtern und ihren Drohungen Nachdruck zu verleihen (Conte et al. 1989, S. 298 f.). Anita Heiliger (2001, S. 117) berichtet über folgendes drastisches Beispiel:

> Maria hatte Angst, sich gegen den Missbrauch durch den Freund der Mutter zu wehren, weil sie mitbekam, dass er die Mutter schlug. „Immer wenn er meine Mutter zusammengeschlagen hatte, kam er in der Nacht zu mir." Auch gegenüber dem Bruder und der Schwester war der Täter gewalttätig und stellte dadurch ein allgemeines Angstklima her, dass das achtjährige Kind dermaßen einschüchterte, dass es befürchtete, der Täter würde die Mutter umbringen, wenn sie ihr vom Missbrauch berichten würde. Der Polizei war die Gewaltsituation in dieser Familie übrigens bekannt, sie wurde jedoch als interne „Familienstreitigkeit" eingeordnet und daher kein Schutz für Frau und Kind bereitgestellt.

Insgesamt setzen die Täter aber relativ selten auf körperliche Gewalt. Bei einer Befragung von 94 wegen Kindesmissbrauchs verurteilten Männern gaben 20,4 % an, körperliche Gewalt als Strategie eingesetzt zu haben. Demgegenüber setzen 76,3 % auf Desensibilisierung der Kinder und 34 % auf Geschenke (Leclerc, Wortley & Smallbone 2008, S. 30).

Allerdings manipulieren die Täter nicht nur die Wahrnehmung der Mädchen und Jungen. Sie täuschen vielfach in sehr geschickter Weise die Eltern bzw. die Vertrauenspersonen der Kinder. So nehmen sie beim außerfamilialen Missbrauch häufig Kontakt zu den Eltern auf. Sie versuchen sich mit ihnen anzufreunden und sich ihr Vertrauen zu erschleichen. Von den 91 Tätern, die Michele Elliott, Kevin Browne und Jennifer Kilcoyne (1995, S. 581) befragten, wandten exakt ein Drittel diese Strategie an. Knapp die Hälfte dieser Täter bot den Eltern an, sich um das Kind entweder als „Mentor" oder als „Aufpasser" zu kümmern. Sie übernahmen als Trainer, Musiklehrer oder Jugendgruppenleiter sehr gerne solche Aufgaben um die Eltern „zu entlasten" (ebd.). Dabei legen die Täter großen Wert darauf, seriös und verlässlich zu wirken. In einer Untersuchung in Deutschland von 64 nachweislich überführten Tätern, die rechtskräftig wegen sexuellen Missbrauchs verurteilt wurden, hatten sich 41,7 % der dem Kind bekannten Täter über das familiäre Umfeld dem Kind genähert. Knapp 80 % gaben an, sich ihr Opfer gezielt ausgesucht zu haben (Peter & Bogerts 2010, S. 48). Der Journalist Manfred Karremann, der über ein Jahr inkognito in der Pädosexuellenszene recherchiert hat, beschreibt es ebenfalls als Grundstrategie der Pädosexuellen sich mit den Eltern bekannt zu machen. Das Motto der Pädosexuellen lautet demnach: „Nicht mit der Mutter, aber auch nicht ohne die Mutter" (Karremann 2010, S. 68). Verschiedene Forscher haben deshalb Täter danach gefragt, wie sie die Eltern und ihr Umfeld täuschen (Salter 2006, S. 39 ff.; Elliott, Browne & Kilcoyne 1995; S. 591 ff.; Conte, Wolf & Smith 1989, S. 293 ff.). Zwei Zitate von Tätern aus diesen Studien sollen illustrieren, über welches Geschick sie dabei verfügen und welche Strategien sie einsetzen:

> Ich möchte Ihnen einen Triebtäter beschreiben, den ich sehr gut kenne. Dieser Mann wurde von Eltern großgezogen, die gläubige Christen waren. Noch als Erwachsener blieb er ein treues Mitglied seiner Kirche. Auf der Highschool und im College war er ein glatter Einserschüler. Er hat geheiratet und ist Vater eines Kindes. Er trainierte die Baseball-Minimannschaft. Er war Chorleiter in seiner Kirche. Er hat nie illegale Drogen genommen. In seinem Leben keinen Tropfen Alkohol getrunken. Er galt als aufrechter, mustergültiger amerikanischer Junge. An zahlreichen Bürgeraktivitäten seiner Gemeinde nahm er als Freiwilliger teil. Er hatte einen gut bezahlten Karrierejob. Er galt in Gesellschaft als „umgänglich". Aber ab dem Alter von dreizehn Jahren an leistete er sich sexuelle Übergriffe an kleinen Jungen. Er hat sich nie an einem Fremden vergangen. Sämtliche Opfer waren seine Freunde … Ich kenne den Mann gut, denn ich bin es selbst. (Salter 2006, S. 67)

> In der Zwischenzeit umgarnen Sie die Familie. Sie stellen sich als Mann der Kirche dar, als Musiklehrer oder was auch immer – was auch immer sich eben eignet, damit diese Familie glaubt, dass sie in Ordnung sind. Sie zeigen den Eltern, dass sie echtes Interesse für ihr Kind hegen. Sie ködern sie, bis sie glauben, dass sie der vertrauenswürdigste Mensch der Welt sind. Bei jedem meiner Opfer waren die Familien vollkommen davon überzeugt, dass niemand besser zu ihren Kindern war als ich, und sie haben mir in Bezug auf ihre Kinder von ganzem Herzen vertraut. (ebd., S. 75).

Die von Manfred Karremann befragten Pädosexuellen beschreiben ebenfalls immer wieder, wie geschickt sie darin sind, den Eindruck des lieben und netten Nachbarn oder Trainers zu wecken. Ein Zitat dazu:

> Ich habe immer ein gutes Verhältnis zu den Eltern gesucht. Damit, wenn das Kind was sagt, die dann sagen: Nö, das kann doch gar nicht sein. Natürlich habe ich vorher schon geschaut: In welchen Familien wird nicht so viel miteinander geredet, oder wo ist das Verhältnis nicht so gut, das war aber nie vom sozialen Status der Familie des Kindes abhängig.
> (Karremann 2010, S. 15)

Aus Sicht eines Opfers beschreibt Kristian Ditlev Jensen (2004, S. 137), wie der Täter seine Familie täuschte:

> Gustav log, was das Zeug hielt. Manchmal log er einem ins Gesicht, manchmal verdrehte er die Dinge einfach so, dass sie in seine Wahrheit passten. Nicht selten verschwieg er entscheidende Informationen. Er war ein Meister der Verstellung. Manche Leute glauben, Personen wie Gustav seien so dumm, dass sie nur Kinder an der Nase herumführen können. Weit gefehlt. Gustav führte seine Freunde, alle Erwachsenen an der Nase herum. Und wenn es brenzlig wurde, hielt er sogar die Behörden zum Narren ... Das Erschreckende bei Gustav war, dass er immer genau wusste, wo er seine Widersacher zu suchen hatte. Und das nutzte er voll aus. So distanzierte er sich völlig von mir, als er bei meinen Eltern war. Ich beobachtete im Stillen, wie er bei großen Familienfesten die Lieder mit schmetterte. Wie er sich erhob und allen zuprostete. Und keiner der Gäste ahnte, dass er im Grunde nichts als Hohn für diese Art von Familienhölle empfand. Wie sollten sie auch, wenn er selbst vorschlug, den Gastgebern ein weiteres Mal zuzuprosten.

Wenn die Eltern dem Täter vertrauen und ihn schätzen, wirkt dies für die Kinder so, als sei auch der Missbrauch zumindest zum Teil mit abgesegnet. Dies mindert ihre Möglichkeiten, sich mit der Bitte um Hilfe an ihre Eltern zu wenden. Nicht wenige Mädchen und Jungen haben, wenn sie den Mut gefunden haben sich zu öffnen, dann Sätze wie die Folgenden gehört: „Aber der ist doch dein Lehrer und kümmert sich so gut um dich. Nun sei nicht so undankbar und schwärz ihn bitte nicht an.“ Die Kinder fühlen sich durch solche Aussagen verraten und verkauft. Sie sind enttäuscht von ihren Eltern und entwickeln nicht selten eine große Wut auf sie.

9.4 Nach der Aufdeckung

Schließlich agieren die Täter, wenn sie aufgeflogen sind, ebenfalls in strategischer Weise. In der Regel versuchen sie zuerst, die Verdachtsmomente im Keim zu ersticken. Sie versuchen, die Kinder und gegebenenfalls deren Eltern als unglaubwürdig darzustellen. Sie sprechen von „Hexenjagd“ oder vom „Missbrauch mit dem Missbrauch“. Freunde und Verwandte werden dabei, wenn es geht, als Fürsprecher eingesetzt. Die Aussagen der Kinder werden mit scheinbar logischen Argumenten widerlegt. „Da waren doch immer andere Kinder dabei“ oder „An dem Termin kann das gar nicht passiert sein, da war ich ganz woanders“ sind solche Ablenkungsmanöver. So wird Druck auf die Kinder aufgebaut, damit sie die Aussage zurückziehen. Bei ihren Unterstützern soll der Eindruck entstehen, dass die Kinder und ihre Anschuldigungen unglaubwürdig und falsch sind. Reicht dies nicht aus, kommt es zu Verleumdungen des Opfers, seiner Familie und seines Umfeldes. Der Druck wird durch die Androhung einer Verleumdungsklage teilweise noch gesteigert. Zwei Täter beschreiben ihr Vorgehen so:

> Nun, dann konzentriere ich mich wieder auf die Familie, bin zwar weiterhin nett und freundlich, ziehe mich aber von dem Kind gerade so weit zurück, dass der Argwohn der Eltern besänftigt

> wird. Ich verbringe vielleicht nicht mehr so viel Zeit mit ihnen. Schränke den körperlichen Kontakt ein bisschen ein, lege den Arm nicht mehr so häufig um das Kind. Ich mache alles, was dazu beiträgt, die Familie davon zu überzeugen, dass es kein Problem gibt.
> (Salter 2006, S. 77)

> Im Prinzip – wenn Sie ruhig bleiben und Ihrem Gegenüber, wer immer das auch ist, in die Augen schauen, vor allem, wenn es die Mutter des Opfers ist oder das Opfer selbst – wenn das Opfer irgendwo ist, wo Sie es anschauen, sie oder ihn nervös machen können, je nervöser Sie es machen, umso mehr sieht es danach aus, als ob es lügt. (ebd., S. 83)

Eine weitere Strategie ist es, ein paar „harmlose" Grenzverletzungen zuzugeben und sie als einmalig zu bezeichnen. Günther Deegener (1995, S. 59 ff.) bezeichnet dies als Verantwortungs-Abwehr-System und beschreibt es als für die Täter allgemeingültig. So soll von den eigentlichen Taten abgelenkt und das eigene Selbstbild aufrecht erhalten werden. Denn jeder Täter weiß allen anderen Beteuerungen zum Trotz ganz genau, dass ein sexueller Missbrauch unrecht ist und bei den Kindern zu massiven Beeinträchtigungen führen kann.

Viele Täter stellen sich selbst als Opfer sexuellen Missbrauchs oder anderer Verletzungen dar. Sie schieben die Übergriffe, wenn sie sie denn überhaupt zugeben, auf die Ablehnung durch ihren Partner, ihre Arbeitslosigkeit usw. Sie appellieren so an das Mitleid der anderen Familienmitglieder. In den USA sind verschiedene Untersuchungen durchgeführt worden, in denen die Angaben von Tätern, selbst sexuell missbraucht worden zu seien, durch einen Polygrafentest überprüft worden sind. Für solche Untersuchungen ist es unerheblich, ob ein Polygraf zuverlässig arbeitet. Denn allein die Aussicht, sich einem solchem Test unterziehen zu müssen, sorgt offenbar dafür, dass Täuschungen durchschaut werden können. Täter, die mit einem Polygrafentest rechneten, berichteten jedenfalls nur halb so häufig wie die anderen davon, selbst sexuell missbraucht worden zu sein (Hindman & Peters 2001, S. 10 ff.; zusammenfassend Bange 2010, S. 30 f.; Salter 2006, S. 117 f.). Eine andere Strategie ist es, auf ihre „Verdienste" für das Kind und die Familie hinzuweisen.

Für Eltern, aber auch für Professionelle, ist es wichtig, die Täterstrategien zu kennen. Für die Eltern ist es wichtig, damit sie die Hinweise ihrer Kinder erkennen können. Für die Helfer ist es wichtig, um sich nicht täuschen zu lassen und um den Täter nicht aus den Augen zu verlieren.

10 Missbrauch mit dem Missbrauch – Mythos oder Realität?

In der seit den 1990er Jahren zum Teil hitzig geführten Diskussion über den sogenannten „Missbrauch mit dem Missbrauch“ wird immer wieder behauptet, es gebe eine drastische Zunahme von (falschen) Missbrauchsvorwürfen insbesondere in strittigen familiengerichtlichen Verfahren zur elterlichen Sorge und zum Umgang (z. B. Endres & Scholz 1994, S. 466 ff.; Rösner & Schade 1993, S. 1138; Offe, Offe & Wetzels 1992, S. 245 ff.; Salzgeber, Scholz, Wittenhagen & Aymans 1992, S. 1249 f.). So bezifferte z. B. der damalige Vorsitzende des Deutschen Familiengerichtstages Siegfried Willutzki im Jahr 1994 die Rate von Falschbeschuldigungen auf etwa 40 %. Im Jahr zuvor war er gar von 70 bis 80 % ausgegangen (Busse, Steller & Volbert 2000, S. 5). Der Gerichtsgutachter Ernst Ell schätzte gegenüber dem Magazin „Spiegel“ sogar, dass in „jeder dritten Streit-Akte der Vorwurf des sexuellen Missbrauchs eine Rolle spielt“ und in 95 % der Sorgerechtsprozesse die Anschuldigungen frei erfunden seien (Mattusek 1997, S. 98).

Als Belege für diese Annahmen werden in der Regel auf US-amerikanische Untersuchungen, auf eine Anfang der 90er Jahre zu beobachtende Zunahme von Gutachtenaufträgen in familiengerichtlichen Verfahren und auf persönliche Erfahrungen hingewiesen (Busse, Steller & Volbert 2000, S. 4).

Als Ursachen für die zunehmenden (falschen) Missbrauchsvorwürfe werden die Enttabuisierung bzw. die öffentliche Diskussion des Themas, Veröffentlichungen in publikumswirksamen Zeitschriften und die engagierte Interessenvertretung von betroffenen Kindern durch Initiativgruppen und Fachberatungsstellen angesehen. Darüber hinaus wird insbesondere Müttern unterstellt, sie würden aufgrund von negativen Gefühlen ihrem Ehemann gegenüber Äußerungen ihrer Kinder fehlinterpretieren und/oder ihr Kind im Streit um das Sorgerecht für ihre Interessen funktionalisieren. Meist wird den Müttern aber keine böse Absicht unterstellt (z. B. Offe, Offe & Wetzels 1992, S. 245 ff.; s. auch Busse, Steller & Volbert 2000, S. 18 ff.). Sigrid Rösner und Burkhard Schade (1993, S. 1138) von der Arbeitsstelle für forensische Psychologie an der Universität Dortmund formulieren dies allerdings mit deutlich negativen Untertönen gegenüber den Müttern wie folgt:

> Hier kommt etwas Spezifisches hinzu, dass man als Instrumentalisierung des sexuellen Missbrauchs bezeichnen kann. Allerdings ist damit nicht gemeint, dass ein Elternteil den Vorwurf des sexuellen Missbrauchs boshaft und kaltschnäuzig benutzt, um das Sorgerecht für das gemeinsame Kind zu bekommen. Fast immer ist der beschuldigende Elternteil subjektiv vollständig davon überzeugt, dass der andere den sexuellen Missbrauch tatsächlich begangen hat.
>
> Auch dies muss im Zusammenhang mit Prozessen der selektiven Wahrnehmung und Bewertung gesehen werden. Die Mutter der Kinder befindet sich gegenüber ihrem geschiedenen Ehemann in einem konfliktreichen Prozess, in dem die erfahrenen Verletzungen und Kränkungen durch ihn – die ja auch zur Trennung führten – auch ihre Wahrnehmung bestimmen. So wird sie ein bestimmtes Verhalten des ehemaligen Partners, sei es auch noch so neutral, in erster Linie als von ihm negativ motiviert wahrnehmen. Bezogen auf ihre Kinder wird sie befürchten, dass sie ähnlichen Verletzungen und Kränkungen ausgesetzt sind wie sie selbst.

> In diesem von Feindseligkeit und Sprachlosigkeit zwischen den Eltern bestimmten Klima beobachtet die Mutter ein bestimmtes Verhalten ihres Kindes im Anschluss an einen Besuch beim Vater, das sie sich zu erklären versucht. In Trennungsfällen neigen beide Eltern dazu, auffälliges Verhalten des Kindes in irgendeiner Weise mit dem anderen Elternteil in Zusammenhang zu bringen. Aufgrund der Aktualität und emotionalen Besetzung des Themas „sexueller Missbrauch" ist diese Beschuldigung sehr wahrscheinlich, da fast alle Verhaltensauffälligkeiten auch im Zusammenhang mit sexuellem Missbrauch vorkommen. Hinzu kommt, dass die Vermutung sexueller Motive gegenüber den Kindern sich problemlos integrieren lässt in das ohnehin extrem negative Bild, das die Mutter von ihrem ehemaligen Ehemann inzwischen entworfen hat.

Von verschiedenen Autorinnen und Autoren werden die beteiligten Professionellen aus Jugendhilfeeinrichtungen ebenfalls mitverantwortlich gemacht und teilweise massiv angegriffen. Sie würden unspezifische Indikatoren fehlerhaft einschätzen und bewerten (z. B. Schade, Erben & Schade 1995, S. 5 ff.; Rösner & Schade 1993, S. 1134 ff.; Offe, Offe & Wetzels 1992, S. 247 ff.).

Aufgrund von Untersuchungen aus den USA, selektiven Erhebungen und persönlichen Eindrücken lässt sich allerdings nicht auf eine Gesamtentwicklung in Deutschland schließen. Leider hat diese Diskussion aber zu einer generellen Skepsis bezüglich von Missbrauchsvorwürfen geführt – insbesondere, wenn sie von Müttern gegenüber (ehemaligen) Partnern geäußert werden. Dieses Misstrauen reicht weit hinein in die Institutionen der sozialen Arbeit. Von Erziehern, Sozialarbeitern, Psychologen und Ärzten werden Beobachtungen der Mütter häufig bagatellisiert oder nicht ernst genommen und es wird nach anderen Ursachen für die Verhaltensauffälligkeiten oder verbalen Äußerungen des Kindes gesucht. Statt Unterstützung und Stärkung erfahren Mütter Unglauben und Vorwürfe. In der Phase einer großen Verunsicherung werden sie oft allein gelassen (Oelze 1996, S. 284). Bei außerfamilialem Missbrauch, z. B. in Internaten, Schulen oder Sportvereinen, erging es Eltern in der Vergangenheit häufig nicht anders. Der Verdacht wurde abgewiegelt, ihnen wurde ein „Missbrauch mit dem Missbrauch" vorgeworfen und in vielen Fällen wurde der sexuelle Missbrauch vertuscht. Eine Mutter zweier vom Trainer sexuell missbrauchter Jungen beschreibt ihre Erfahrungen so: „Wir waren plötzlich die Gejagten und Nestbeschmutzer, die mundtot gemacht werden sollten" (FAZ.NET vom 21. 03. 2010). Ob sich durch die im Jahr 2010 begonnene Diskussion daran etwas ändert, wird sich erst in Zukunft zeigen. Es ist deshalb notwendig, einen Blick auf die empirische Wirklichkeit zu werfen.

10.1 Untersuchungsergebnisse aus den USA

Erste Untersuchungen über die Problematik des sexuellen Missbrauchs in Scheidungs- und Umgangsverfahren wurden in den 1980er Jahren in den USA durchgeführt. Es fanden sich dort Spannbreiten des Anteils an Verfahren mit Missbrauchsvorwürfen an allen Verfahren von 2 bis 40 %. Die Rate der nicht aufzuklärenden bzw. ungerechtfertigten Beschuldigungen schwankte von 20 bis zu 80 % (Green 1986, S. 451 ff.; Jones & Seig 1988, S. 28 ff.; Everson & Boat 1989, S. 231 ff.; Thonnes & Tjaden 1990, S. 153 ff.; McIntosh & Prinz 1993, S. 98 ff.; Busse, Steller & Volbert 2000, S. 10 ff.).

Forschungsmethodische Probleme

Die weite Spanne dieser Ergebnisse verweist unweigerlich auf Schwierigkeiten bei der Definition und auf methodische Probleme. Gerade bei der Definition wird vieles durcheinandergeworfen. Dadurch werden Missverständnisse geradezu provoziert. So ist es bei in Kinderschutzeinrichtungen oder Jugendämtern gemeldeten Fällen nicht ungewöhnlich, wenn 30 bis 70 % von ihnen letztlich nicht aufgeklärt werden können (Trocmé & Bala 2005, S. 1334 f.). Solche Fälle müssen aber sorgfältig von bewussten Falschbeschuldigungen abgegrenzt werden. Die meisten nicht zu beweisenden Beschuldigungen basieren auf der Beobachtung von Verhaltensauffälligkeiten oder auf der Interpretation von kindlichen Äußerungen und werden im wohlverstandenen Interesse des Kindes vorgebracht. Durch bewusste Falschbeschuldigungen wird dagegen gezielt versucht, dem ehemaligen Partner oder einer Familie zu schaden sowie das Hilfesystem zu manipulieren.

In Deutschland wird häufig auf die drei Studien von Elissa Benedek und Diane Schetky (1985), Arthur H. Green (1986) und David P. H. Jones und Ann Seig (1988) wegen ihrer hohen Raten von falschen Missbrauchsvorwürfen verwiesen (55, 36 und 20 %). Aus diesem Grund sollen diese Studien methodisch genauer unter die Lupe genommen werden. Zuerst einmal muss festgestellt werden: Sie beruhen auf 18, 11 und 20 Fällen. Von solch extrem kleinen Stichproben, die sich zudem nur auf Gutachterfälle aus der eigenen Praxis beschränken, kann nicht auf ein gesamtes Land geschlossen werden, zumal sie durch die eigene theoretische Position des Gutachters verzerrt sein können. Dies ist besonders wahrscheinlich im Umfeld der emotional oft besonders hoch aufgeladenen Situation im Zusammenhang mit Sorgerechts- und Umgangsstreitigkeiten, wo zudem der Druck besteht, eine Entscheidung in die eine oder andere Richtung treffen zu müssen (Australian Government & Australian Institute of Family Studies 2007, S. 4). Eine Verallgemeinerung ihrer Ergebnisse ist deshalb schlicht unzulässig. Außerdem wurden in den Studien keine wissenschaftlich fundierten Standards genutzt, um im Nachhinein „falsche“ von „wahren“ Anschuldigungen zu unterscheiden (Elterman & Ehrenberg 1991, S. 271 f.). So würden laut Arthur Green (1986, S. 455) z. B. Kinder in Gegenwart des beschuldigten Vaters auf jeden Fall wahrheitsgemäß mit Ablehnung oder Zuneigung reagieren. Dies ist allerdings keineswegs immer der Fall, da sehr viele Kinder dem Täter ambivalent gegenüberstehen (Corwin, Berliner, Goodman, Goodwin, White 1987, S. 100). Außerdem muss – wie bereits ausgeführt – eine Unterscheidung zwischen bewussten Falschbeschuldigungen und ungerechtfertigten Anschuldigungen, z. B. aufgrund von fehlerhaften Interpretationen von Verhaltensauffälligkeiten, vorgenommen werden. Es macht einen erheblichen Unterschied, ob man bewusst täuscht oder aus Sorge um ein Kind handelt (Offe, Offe & Wetzels 1992, S. 245).

Missbrauchsvorwürfe in Familiengerichtsverfahren

Diejenigen Studien mit größeren bzw. für einen Gerichtsbezirk repräsentativen Stichproben finden keine Belege für eine erhebliche Zunahme von sexuellen Missbrauchsvorwürfen in Familiengerichtsverfahren in den USA. Der Anteil solcher Verfahren liegt demnach bei etwa 2 %. So wurden von Julia A. McIntosh und Ronald J. Prinz (1993, S. 98 ff.) alle Akten eines Familiengerichts in South Carolina aus dem Jahre 1987 untersucht. Angaben über sexuellen Kindesmissbrauch fanden sich nur in 0,8 % aller 603 ausgewerteten Fälle und in 2 % der Fälle, in denen es um das Sorgerecht ging. Nancy Thoennes und Patricia G. Tjaden (1990, S. 153) werteten über 9.000 Fälle aus zwölf Gerichtsbezirken mehrerer US-Bundesstaaten aus. Sie fanden in etwas weniger als in 2 % der Fälle Missbrauchsanschuldigungen.

Gemäß methodisch besserer Studien stellen allerdings auch nicht aufzuklärende bzw. falsche Missbrauchsbeschuldigungen ein relevantes Problem dar. So fanden z. B. Nancy Thoennes und Patricia G. Tjaden (1990, S. 157 ff.) in ihrer Untersuchung, dass in den Verfahren, in denen sexueller Missbrauch ein Thema war, in 50 % der Fälle der Missbrauch bestätigt werden konnte, in 33 % der Fälle der Missbrauch als unzutreffende Anschuldigung und in 17 % als nicht entscheidbar eingestuft wurde. In 6 % der Fälle gab es bewusst falsche Anschuldigungen. Aus Sicht der Autoren ist aber nicht die Zahl der Fälle entscheidend, sondern vielmehr, welche Dynamik und Ursachen den Falschbeschuldigungen zugrunde liegen. Ein weiteres wichtiges Ergebnis dieser Studie ist, dass die Mütter „nur" für 67 % der Anschuldigungen verantwortlich waren. Außerdem richteten sich „nur" 48 % ihrer Anschuldigungen gegen die Väter. Zu 6 % verdächtigten die Mütter den Stiefvater und zu 13 % andere Personen. 28 % der Anschuldigungen gingen von Vätern aus. In 6 % der Fälle beschuldigten sie die Mütter, in 10 % den neuen Partner der Mutter und in 6 % eine andere Person. 11 % der Beschuldigungen wurden von dritten Personen erhoben (ebd., S. 154).

In einer für Kanada repräsentativen Untersuchung von 798 Fällen sexuellen Missbrauchs, die im Zeitraum von Oktober bis Dezember 1998 an das Kinderschutzsystem gemeldet wurden, konnten 38 % der Beschuldigungen nachgewiesen werden. Bei 20 % blieb ein dringender Verdacht bestehen, konnte jedoch nicht bewiesen werden. In 36 % der Beschuldigungen fanden sich keine Belege für ihre Richtigkeit und in 6 % lagen bewusste Falschbeschuldigungen vor. Bei den ebenfalls untersuchten 2.349 Beschuldigungen wegen körperlicher Misshandlungen und bei den 3.257 Beschuldigungen wegen Vernachlässigung wurden jeweils 4 % als bewusste Falschbeschuldigungen bewertet (Trocmé & Bala 2005, S. 1340). Bei den Fällen des sexuellen Missbrauchs gab es keine Falschbeschuldigung durch ein Kind. Eltern mit Sorgerecht waren für 19 % und Eltern ohne Sorgerecht für 16 % der bewussten Falschbeschuldigungen verantwortlich. In 14 % der Fälle waren es Großeltern, Freunde der Familie oder Nachbarn und in 10 % anonym gebliebene Personen, die die Familie bzw. einen Elternteil fälschlicherweise „angeschwärzt" hatten (ebd.).

Sexueller Missbrauch und Trennungen

Kathleen Coulborn Faller und Ellen De Voe haben sich der Frage, welche Dynamiken bei Missbrauchsvorwürfen im Kontext von Trennungen und Scheidungen zu beobachten sind, ausführlich gewidmet (Faller & De Voe 1995, S. 9 f.; s. auch Faller 1991). Auf Basis von 215 Fällen, die in einem Zeitraum von 15 Jahren an einer Universitätsklinik im mittleren Westen der USA ausgewertet wurden, ergaben sich folgende Fallkonstellationen:

- Die Scheidung erfolgte nach Aufdeckung des sexuellen Missbrauchs (14,4 % der Fälle). In einigen dieser Fälle haben die Mütter erst durch dritte Personen wie Lehrer oder Sozialarbeiter vom sexuellen Missbrauch erfahren und daraufhin die Trennung vom Partner vollzogen.

- Die Aufdeckung eines bereits während der Ehe laufenden sexuellen Missbrauchs erfolgte erst nach der Scheidung (25,1 % der Fälle). In 18 der 54 Fälle in dieser Kategorie erfolgte die Aufdeckung durch ein Elternteil. Während der Ehe hatten diese Eltern den Missbrauch entweder ignoriert oder nicht wahrgenommen. In 36 Fällen deckten die Kinder den Missbrauch auf. Als Begründung für die „verspätete" Aufdeckung gaben sie vor allen an, sie hätten die Ehe nicht gefährden wollen, hätten keine Unterstützung vom nicht missbrauchenden Elternteil oder anderen Vertrauenspersonen erwartet und ihr Schweigen sei durch den Täter erzwungen worden. Nach der Scheidung seien diese Gründe weitgehend weggefallen. Insbesondere kann der Täter den aufgebauten Geheimhaltungsdruck nach der Trennung nicht aufrechterhalten und seine Drohung, die Familie würde zerbrechen, läuft angesichts der Scheidung der Eltern ins Leere. Außerdem hat bei einigen Kindern die Angst vor den Besuchstagen beim missbrauchenden Elternteil zur Eröffnung des Missbrauchs beigetragen (s. dazu auch Crisma et al. 2004, S. 1042; Wakefield 2004, S. 2; Roesler & Wind 1994, S. 333).
- Der sexuelle Missbrauch begann erst während der Scheidungsphase (27 % der Fälle). Dafür wird die neue, unstrukturierte Lebenssituation nach der Scheidung, der emotionale Stress, die durch die Scheidung aufgestaute Wut und Aggression und die viele Zeit, die die Väter nach der Trennung allein mit den Kindern verbringen, verantwortlich gemacht. Bei einigen Tätern gab es offenbar bereits vor der Trennung Ansätze sexualisierten Verhaltens gegenüber den Kindern. Nach dem Wegfall der Familienstruktur und der fehlenden Überwachung durch einen anderen Erwachsenen kam es dann zu sexuellen Übergriffen. Dieser Zusammenhang wird von anderen Autoren ebenfalls angeführt (z. B. Thoennes & Tjaden 1990, S. 160; Corwin et al. 1987, S. 102).
- Falsche oder möglicherweise falsche Anschuldigungen gab es in 20,9 % der Fälle. Dabei handelte es sich in 31 Fällen (14,4 %) um sichere Falschbeschuldigungen und 14 Fälle (6,5 %) wurden als möglicherweise falsch betrachtet. Von den insgesamt 45 Falschbeschuldigungen beruhten 34 (15,8 %) auf Fehlinterpretationen von Verhaltensweisen des Kindes oder auf Missverständnissen. Dies ist ein besonders wichtiger Hinweis, da Kinder bei Umgangs- und Sorgerechtsstreitigkeiten oftmals vergleichbare Symptome zeigen, wie sie häufig als für sexuellen Missbrauch typisch beschrieben werden. Zehn Fälle (4,7 %) wurden als bewusste Falschbeschuldigungen klassifiziert, wobei diese Falschbeschuldigungen auf Aussagen von sechs Personen beruhten. Vier Falschbeschuldigungen wurden allein von einem Vater erhoben, der später einräumte, sich alles ausgedacht zu haben, um seine Tochter für sich zu gewinnen. Bei einem Fall konnte keine sichere Aussage getroffen werden.
- Missbrauchsbeschuldigungen, die nicht direkt im Scheidungskontext erhoben wurden, machten 12,6 % der Fälle aus. In diesen Fällen wurde nicht der geschiedene Partner beschuldigt. Mit einer Ausnahme wurden diese Beschuldigungen als wahrscheinlich zutreffend bewertet.
- Eindeutige Falschbeschuldigungen durch Kinder gab es in 4,2 % der Fälle. In einem Fall lag eine bewusste Falschbeschuldigung durch ein Kind vor, in drei Fällen beschuldigte ein tatsächlich missbrauchtes Kind die falsche Person und in fünf Fällen übernahm das Kind die falschen Anschuldigungen seitens eines Elternteils.

In den verschiedenen Untersuchungen zeigt sich darüber hinaus durchgängig, dass es keineswegs nur Mütter sind, die die Beschuldigungen erheben. In vielen Fällen beschuldigen auch Väter entweder die Mütter oder deren neuen Lebensgefährten. In der Tendenz sind diese Anschuldigungen häufiger als die der durch Mütter vorgetragenen nicht zu verifizieren oder bewusst falsch (Australian Government & Australian Institute of Family Studies 2007, S. 12).

Falschbeschuldigungen durch Kinder

Untersuchungen, die sich mit Falschbeschuldigungen durch Kinder befassen, weisen – entsprechend den Ergebnissen von Kathleen Coulborn Faller und Ellen de Voe – übereinstimmend eine allgemein geringe Rate bewusster Falschbeschuldigungen auf. Entsprechende Zahlenangaben schwanken zwischen 0 und 8 %. In der Studie von David P. H. Jones und J. Melbourne McGraw (1987, S. 30) wurden z. B. von 576 Anschuldigungen von Kindern 8 und von Erwachsenen 26 als fiktiv bewertet (8 %). Bis auf eine Ausnahme waren diese Kinder in ihrer Vorgeschichte sexuell missbraucht worden. Sie verwendeten dieses „Wissen" für eine gezielte Falschaussage. Bei der bereits zitierten kanadischen Studie ging keine Falschbeschuldigung von einem Kind aus (s. o.; Trocmé & Bala 2005, S. 1340 f.).

Das Risiko bewusster Falschbeschuldigungen steigt laut der Studie von Mark D. Everson und Barbara W. Boat (1989, S. 231) in der Vorpubertät an. Sie stellten bei Kindern unter 6 Jahren eine Falschaussagenrate von unter 2 % fest, bei Kindern zwischen 6 und 11 Jahren lag sie bei 4,3 % und bei den 12- bis 18-Jährigen bei 8 % (n = 1.249 Fälle). Möglicherweise versuchen einzelne Jugendliche durch die Anschuldigungen Aufmerksamkeit auf sich zu ziehen, sich für vorherige körperliche Misshandlungen oder Herabsetzungen am Vater zu rächen oder den Auszug von zu Hause zu beschleunigen (Wakefield 2004, S. 7).

10.2 Untersuchungsergebnisse aus Deutschland

Im Gegensatz zu den zahlreichen US-amerikanischen Untersuchungen finden sich in Deutschland bisher nur wenige empirische Angaben über die Größenordnung von sexuellen Missbrauchsvorwürfen in Familiengerichtsverfahren und über den Anteil von Falschbeschuldigungen. Erstmals wurde Ende des letzten Jahrhunderts in Deutschland zu diesen Fragen ein groß angelegtes Forschungsprojekt am Institut für Forensische Psychiatrie der Freien Universität Berlin von Detlef Busse, Max Steller und Renate Volbert (2000) durchgeführt. Die Untersuchung basiert auf einer Aktenauswertung familiengerichtlicher Verfahren an den beiden zuständigen Berliner Familiengerichten. Dazu wurden alle Akten über die Verfahren bezüglich isolierter Umgangsregelungen der Jahre 1988, 1993 und 1995 ausgewertet. Zudem wurden zusätzlich jeweils 500 Akten von isolierten Sorgerechtsfällen am Familiengericht Tempelhof-Kreuzberg herangezogen. Bei den 1.352 ausgewerteten Fällen zur Regelung des Umgangs fanden sich insgesamt nur 45 Fälle, in denen in irgendeiner Form ein sexueller Missbrauchsverdacht zur Sprache kam. Das sind 3,3 % aller gesichteten Fälle. Die Verteilung der Fälle pro Jahrgang zeigt eine leichte Zunahme der Fälle mit Missbrauchsvorwurf im Jahre 1993 gegenüber 1988 (von 2,4 auf 4,8 %) und eine Abnahme auf 2,7 % im Jahr 1995. Diese geringfügigen Unterschiede erreichen nicht das Signifikanzniveau (Busse, Steller & Volbert 2000, S. 30). Bei den Fällen, in denen es um Sorgerechtsentscheidungen ging, zeigt sich ein ganz ähnliches Ergebnis: In 45 (3 %) der 1.500 Akten fand sich ein Hinweis auf sexuellen Missbrauch. Die Verteilung über die jeweiligen Jahre ist folgendermaßen: 1988: 2,6 %, 1993: 3,4 % und 1995: 3,0 % (ebd., S. 32).

Die vertiefende Auswertung der 90 Fälle mit Missbrauchsvorwürfen erbrachte folgende wichtige Ergebnisse:

- Die Fallanalyse zeigte vielfältige Fallkonstellationen. Keineswegs handelte es sich immer um den „klassischen" Fall, in dem ein Elternteil den anderen des Missbrauchs beschuldigt. Insgesamt wurde in 71 % der Fälle der Vorwurf von einem Elternteil gegenüber dem anderen erhoben. 58-mal wurde der Vorwurf von der Mutter (64 %), sechsmal vom Vater (7 %) erhoben. In 10 % der Fälle wurde seitens des Elternteils eine andere Person beschuldigt – meist erhob der Vater die Vorwürfe gegen den neuen Lebenspartner der Mutter. In der Regel hatten derartige Beschuldigungen wenig Substanz. Darüber hinaus fanden sich 14 Fälle (16 %), bei denen der Missbrauchsverdacht vom Jugendamt an das Gericht herangetragen wurde. Dabei spielte der Streit der Eltern um die elterliche Sorge meist keine oder kaum eine Rolle. Ausgangspunkt war vielmehr die Annahme einer Kindeswohlgefährdung durch die Jugendämter. In 64 % dieser Fälle richtete sich der Verdacht gegen den Vater (ebd., S. 33 ff.).
- In etwa drei Viertel der Fälle wurde der Kindesvater verdächtigt, in 11 % der neue Lebenspartner der Mutter, in 8 % die Mutter und in 5 % eine andere Person (ebd., S. 37). Bei sieben beschuldigten Personen (ausschließlich Väter) fanden sich in den Akten Hinweise auf eine Vorstrafe wegen sexuellen Missbrauchs, die bereits vor dem Antrag beim Familiengericht ausgesprochen worden war (ebd., S. 38).
- In 28 % der Fälle stellten Verhaltensauffälligkeiten die Grundlage der Verdachtsbildung dar. In weiteren 14 % der Fälle waren es unspezifische Beobachtungen beim Waschen, Baden oder Wickeln des Kindes oder beim Austausch von Zärtlichkeiten. In 19 % der Fälle wurden Beschuldigungen ohne Konkretisierungen vorgenommen. Bei 13 % spielten Befürchtungen eine Rolle, ein Kind könnte aufgrund von nicht belegten Annahmen über frühere sexuelle Handlungen bzw. Neigungen einer Person sexuell missbraucht worden sein. In 8 % der Fälle wurden einschlägige Verurteilungen eines Elternteils (oder einer anderen Person) als Argument angeführt. In 6 % der Fälle haben die Kinder den Vorwurf nachvollziehbar zurückgewiesen. In 12 % der Fälle lagen konkrete Angaben des Kindes vor (ebd., S. 43 ff.).
- Der Vorwurf des sexuellen Missbrauchs wurde nur in 35 % aller gerichtlichen Entscheidungen aufgenommen. Dabei wurde der Missbrauchsverdacht in 28 % der Fälle als bestätigt gewertet und bei 64 % als zweifelhaft bzw. nicht bestätigt beurteilt. In zwei Fällen wurde zwar von einem sexuellen Missbrauch des Kindes ausgegangen, aber die Täterschaft des Vaters bezweifelt (ebd., S. 59 ff.).
- Die Gesamtbetrachtung der Sorgerechtsfälle zeigt, dass in fast allen der durch das Gericht nicht bestätigten Missbrauchsfällen der Vorwurf für die beschuldigten Elternteile

keine negativen Konsequenzen hatte. Etwas anders ist das Ergebnis bei den Umgangsrechtsfällen. In fünf Fällen erfolgten Einschränkungen des Kontaktes des Kindes mit dem Verdächtigten, obwohl der Verdacht nicht bestätigt werden konnte (ebd., S. 65).

Jörg Fegert (1995, S. 15) berichtet über die Analyse von 50 vormundschafts- und familiengerichtlichen Gutachten, die in der Abteilung für Psychiatrie und Neurologie des Kindes- und Jugendalters des Virchow Klinikums der Berliner Humboldt Universität in den Jahren 1992 bis 1994 erstellt wurden, dass in 20 Fällen ein Missbrauchsverdacht bestand. Von diesen Fällen sind neun bestätigt worden, sieben konnten nicht aufgeklärt werden und in vier Fällen sei der Verdacht als ungerechtfertigt eingeschätzt worden. Von einem Massenphänomen könne deshalb nicht gesprochen werden. Nur in einem Fall sei es zu einer bewussten Falschaussage einer Jugendlichen gekommen, die ihren ungeliebten Stiefvater loswerden wollte. Dieses Mädchen war in der Vorgeschichte real sexuell missbraucht worden (ebd., S. 16).

Elisabeth Deberding und Gunter Klosinski (1995, S. 214 f.) von der Abteilung für Kinder- und Jugendpsychiatrie der Universität Tübingen stellten zu Beginn der 1990er Jahre einen Anstieg von Missbrauchsanschuldigungen bei familien- und vormundschaftlichen Begutachtungsfällen ihres Institutes fest. Lag die Quote 1981 bei 2,7 %, stieg sie 1990 auf 7,4 %, 1991 auf 14,6 % und 1992 auf 28,7 % an. Bei einem Drittel der insgesamt 48 Gutachten wurde die Anschuldigung als wahrscheinlich unzutreffend bewertet. Der Vorwurf wurde zu 60 % von Müttern erhoben, Väter waren für 13 % der Anschuldigungen verantwortlich. Die anderen Verdachtsmomente wurden von öffentlichen Institutionen oder Beratungsstellen erhoben. Michael Günter und Kollegen (1997) von der gleichen Abteilung der Tübinger Universität berichteten, die Quote sei im Jahr 1997 wieder rückgängig gewesen. Sie sank auf 16 % ab. Was allerdings irritiert, ist, dass von Michael Günter et al. für die Jahre 1981, 1990, 1991 und 1992 niedrigere Zahlenangaben verwendet werden als von Deberding und Klosinski (1981: 2,5 %; 1990: 6 %; 1991: 11,5 % und 1992: 25 %). Eine Begründung für diese Abweichung wird nicht gegeben.

Fazit: Die Feststellungen sowohl in der Fachöffentlichkeit als auch in der Praxis über eine in den 1990er Jahren einsetzende drastische Zunahme familiengerichtlicher Verfahren, in denen der Vorwurf des sexuellen Missbrauchs erhoben wurde, finden nach den vorliegenden größeren Studien aus den USA und der Studie von Detlef Busse, Max Steller und Renate Volbert (2002) keine Bestätigung. Die häufig vertretene Meinung, es seien fast ausschließlich „hysterische" Mütter, von denen eine solche Beschuldigung ausgeht, muss ebenfalls deutlich relativiert werden. Ein Teil der insgesamt gesehen seltenen Beschuldigungen geht von Vätern, anderen Familienmitgliedern, Personen aus dem Umfeld der Familie und von den Jugendämtern aus. Insbesondere über die Beschuldigungen von Vätern wird selten gesprochen. Der häufig erhobene Vorwurf, die Missbrauchsanschuldigungen würden sich negativ für den Beschuldigten auswirken, ist ebenfalls deutlich zu relativieren. Nicht bestätigte Beschuldigungen hatten kaum bzw. nur in wenigen Fällen Einfluss auf die gerichtlichen Entscheidungen. Solche Fälle führen allerdings zu kaum reparablen Folgen für alle Beteiligten und sind deshalb sehr ernst zu nehmen.

Genauso ernst ist es zu nehmen, wenn das Gericht willkürlich Sanktionen gegen die Person verhängt, die die Missbrauchsbeschuldigung erhebt. So wurden in der Studie von

Kathleen Coulborn Faller und Ellen de Voe (1995, S. 17) immerhin in 40 von 215 Fällen (18,6 %) solche Sanktionen vom Gericht ausgesprochen. Zum Beispiel wurde der beschuldigenden Person in einigen Fällen das Sorgerecht entzogen und auf den Beschuldigten übertragen. In anderen Fällen wurde das Kind fremduntergebracht, um es vor der die Beschuldigung erhebenden Person zu schützen. Besonders bedenklich ist dabei, dass signifikant häufiger solche Sanktionen verhängt wurden, wenn es medizinische Beweise oder andere deutliche Hinweise für den sexuellen Missbrauch gab. Überraschenderweise fand sich dagegen zwischen bewussten Falschbeschuldigungen und Sanktionen kein Zusammenhang (ebd., S. 23).

Die Fehleinschätzungen vieler Professioneller über die Zahl der (falschen) Missbrauchsbeschuldigungen in famliengerichtlichen Verfahren könnten darauf beruhen, dass vor allem außergewöhnliche Fälle in Erinnerung bleiben und bei späteren Einschätzungen überbewertet werden (Fegert 1995, S. 17).

Interessant ist das Ergebnis einer Befragung von 165 Gerichtsgutachterinnen und -gutachtern aus den USA. Die Gutachterinnen schätzten die in ihren Verfahren erhobenen Missbrauchsvorwürfe signifikant seltener als falsch ein als ihre männlichen Kollegen (33,9 % vs. 57,4 %; LaFortune & Carpenter 1998, S. 218). Die Werte sind insgesamt als sehr hoch zu bewerten. Sie zeigen, welche Skepsis offenbar in den USA herrscht und wie offensichtlich das Geschlecht und damit ein subjektiver Faktor die Einschätzungen beeinflusst. Bei einer Befragung von 340 Mitgliedern der „International Society for Traumatic Stress Studies" schätzen die in der Arbeit mit sexuell missbrauchten Kindern erfahrenen Therapeuten die Kinder signifikant häufiger als glaubwürdig ein als unerfahrene Psychologen. Außerdem waren es auch bei dieser Studie die Frauen, die den Kinder signifikant häufiger glaubten (Kovera et al. 1993, S. 392 ff.).

Insgesamt rechtfertigen es die vorliegenden Daten und Fakten nicht, Müttern mit Misstrauen zu begegnen, wenn sie eine Missbrauchsbeschuldigung gegen ihren Partner erheben. Solche Aussagen müssen vielmehr vor dem Hintergrund der Fakten in jedem Einzelfall sorgfältig überprüft werden. Ansonsten darf es nicht verwundern, wenn Mütter sich nicht trauen, solche Anschuldigungen öffentlich zu machen. Gleiches gilt für Eltern beim außerfamilialem sexuellen Missbrauch.

11 Interventionsmöglichkeiten

Die Bezugspersonen der Kinder sollten als traumatisierte Mütter und Väter angesehen werden, wenn sie keine aktive Rolle beim sexuellen Missbrauch eingenommen haben. Sie benötigen – unabhängig von ihren Kindern – umgehend ein spezialisiertes Beratungsangebot. Die wichtigsten Ziele der Arbeit mit den nicht missbrauchenden Eltern sind, diese dabei zu unterstützen ihrem Kind zu glauben, ihm eine stabile emotionale Unterstützung zu geben und es vor weiterem sexuellen Missbrauch zu schützen. Voraussetzung dafür ist, die Eltern selbst möglichst schnell zu stabilisieren und sie dadurch in die Lage zu versetzen ihrem Kind helfen zu können. Denn für die sexuell missbrauchten Kinder spielt eine angemessene und liebevolle Unterstützung durch ihre nicht missbrauchenden Eltern eine entscheidende Rolle bei der Verarbeitung des sexuellen Missbrauchs. So sind laut zahlreicher Studien die Folgen eines sexuellen Missbrauchs bei den Kindern deutlich geringer, wenn sich ihre Eltern liebevoll und einfühlsam um sie gekümmert haben. Dies gilt im Übrigen für alle von Kindern erfahrenen Traumatisierungen (Banyard, Englund & Rozelle 2001, S. 77 f.). Die Eltern möglichst mit in die Therapie einzubeziehen und ihnen ein Hilfeangebot zu machen, kann als generelles Prinzip gelten (Saunders, Berliner & Hanson 2003, S. 109). Darauf zu verzichten, grenzt an einen Kunstfehler.

Trotz dieser nicht wirklich neuen Erkenntnis gibt es zumindest in Deutschland bisher erstaunlich wenige Veröffentlichungen über die beraterisch-therapeutische Arbeit mit den nicht missbrauchenden Eltern. Die folgenden Ausführungen basieren auf der Analyse der vorhandenen Literatur zur Rolle der nicht missbrauchenden Mütter und Väter sowie einiger Untersuchungen aus den USA, Australien und Großbritannien. Außerdem sind Erkenntnisse über die Reaktionen von Eltern auf andere traumatische Erfahrungen ihrer Kinder mit einbezogen worden.

11.1 Grundsätze für Beratung und Therapie

Im Folgenden sollen als erstes die Grundsätze beschrieben werden, die es den Helferinnen und Helfern ermöglichen, für die Eltern und die Kinder hilfreiche Interventionen zu planen und durchzuführen.

Vertrauen und Sympathie

Für die Beratung von nicht missbrauchenden Eltern gilt der gleiche Grundsatz wie für die Arbeit mit sexuell missbrauchten Mädchen und Jungen: Gegenseitiges Vertrauen ist eine unabdingbare Voraussetzung für einen gelingenden Hilfeprozess. Ressentiments und Vorurteile behindern diesen Prozess nachhaltig und gefährden seinen Erfolg. Sie sind deshalb fehl am Platz. Dass heißt: Nicht missbrauchende Elternteile benötigen einen Berater, der ihre Gefühle und Gedanken respektiert.

Trotz einer solch zugewandten Haltung sind im Laufe der Intervention aber auch die problematischen Aspekte z. B. der Eltern-Kind-Beziehung anzusprechen. Dabei müssen zu Beginn insbesondere beim innerfamilialen sexuellen Missbrauch durch einen Elternteil die Rolle des nicht missbrauchenden Elternteils und seine möglichen Verwicklungen in den sexuellen Missbrauch nüchtern und individuell analysiert werden. Die Frage, warum sich das Kind den nicht missbrauchenden Elternteilen nicht anvertraut hat, gehört dazu. Ansonsten kann weder von den Eltern noch von den Kindern der sexuelle Missbrauch in ihr Leben integriert werden, weil wichtige Aspekte ausgeblendet werden. Es geht also nicht um eine „blinde Parteilichkeit".

Genauso wichtig wie Vertrauen ist eine gewisse gegenseitige Sympathie. Sándor Ferenczi hat dies schon Anfang der 30er Jahre des vergangenen Jahrhunderts knapp und präzise auf den Punkt gebracht: „Ohne Sympathie keine Heilung" (1932, S. 332).

Außerdem sollte den Erzählungen der Mütter und Väter Glauben geschenkt bzw. von ihrer Authentizität ausgegangen werden. Dies bedeutet aber nicht, auf eine Überprüfung des Realitätsgehaltes ihrer Geschichte und der Fakten zu verzichten. Sie ist in angemessener Form immer erforderlich (Bange 2007, S. 117 ff.). Eine Mutter aus den USA formuliert diese Notwendigkeiten vor dem Hintergrund ihrer Erfahrungen mit dem Hilfesystem folgendermaßen:

> Ich denke sie [die Professionellen im System] sollten zumindest ein wenig mehr Empathie zeigen. Ich denke nicht, dass sie dies tun. Ich denke, sie sollten ein wenig fürsorglicher sein, nicht wie aus Stein gemeißelt. Sie behandelten mich wie eine Bürgerin zweiter Klasse.
> (Plummer & Eastin 2007a, S. 779)

In einer Befragung von 41 nicht missbrauchenden Müttern aus Köln und Berlin führten die mit den Interventionen zufriedenen Frauen dementsprechend fast durchgängig als positiv an, wenn sie auf Akzeptanz und Wertschätzung der Helferinnen und Helfer gestoßen sind. Ein einfühlender und fürsorglicher Umgang wurde von ihnen als Schlüssel zum Erfolg der Interventionen bewertet. Daneben wurden insbesondere konkrete Hilfsangebote und ein ruhiger Umgang gelobt (Klopfer et al. 1999, S. 657 f.). In einer Befragung von 203 nicht missbrauchenden Elternteilen aus zehn Gemeinden in vier Bundesstaaten der USA nannten 34 % auf die Frage, was ihnen bei der Intervention besser gefallen hat als erwartet, die Unterstützung durch den Helfer. 27 % waren angenehm überrascht, wie gut sich die Helferinnen und Helfer um die Kinder und ihre Bedürfnisse gekümmert haben. Auf einer Skala von 1 bis 4 lag die Zufriedenheit der Eltern im Durchschnitt bei 3,2 (Jones, Atoro, Walsh, Cross, Shadoin & Magnuson 2010, S. 300 f.). Dies ist ein hoher Wert und zeigt, dass durch eine Qualifikation des Hilfesystems die Interventionen deutlich verbessert werden können. In den USA sind in den letzten zehn Jahren verstärkt systematisch entsprechende Fort- und Weiterbildungsangebote durchgeführt worden, die teilweise verpflichtend waren. Eine solche Fort- und Weiterbildungsoffensive könnte auch in Deutschland dazu beitragen, die Interventionen beim sexuellen Missbrauch deutlich zu verbessern.

Sehr wichtig erscheint es zudem, die Eltern mehr über die Notwendigkeit von Beratung und Therapie aufzuklären. In einer in den USA telefonisch durchgeführten Befragung von 157 Eltern, deren Kinder einen schweren sexuellen Missbrauch oder eine schwere körperliche Misshandlung erlitten hatten, suchten nur 22 % Hilfe für ihr Kind. Es blieben also fast 80 % der Kinder und Familien ohne Unterstützung (Kopiec, Finkelhor & Wolak 2004, S. 51).

Vorurteilsfreie Haltung gegenüber den Eltern

Die Helfer sollten vorurteilsfrei auf die Eltern zugehen. Dabei gilt vor allem, auf seine eigenen Bilder über die „ideale Mutter“ zu achten und sie zu reflektieren. Ansonsten können diese von vielen Menschen tief verinnerlichten Bilder den Hilfeprozess erheblich behindern. Sehr wichtig ist es, in diesem Kontext auf das nonverbale Verhalten zu achten, da entsprechende Haltungen oftmals nicht offen verbal geäußert, sondern durch die Körpersprache und bestimmte Reaktionen subtil transportiert werden.

Wenn Eltern nach der Aufdeckung geschockt reagieren, sich ambivalent verhalten oder auf ihr eigenes Leiden fixiert sind, werden sie von den Professionellen häufig als narzisstisch und wenig hilfreich für die Intervention betrachtet. Die Helfer nehmen diese Reaktionen der Eltern als unangemessen wahr und reagieren mit Gefühlen wie Wut und Ärger. Oftmals tragen diese Gefühle zu einer Ablehnung der Eltern bei. Wenn die Eltern eine solch ablehnende und/oder verurteilende Reaktion wahrnehmen, fühlen sie sich unverstanden und beteiligen sich an den Interventionen meist nur halbherzig oder boykottieren sie gänzlich. Dies geht eindeutig zu Lasten der betroffenen Kinder, der Eltern und eines gelingenden Hilfeprozesses.

Bei mehreren Gruppendiskussionen mit insgesamt 59 Müttern über ihre Erfahrungen mit dem Kinderschutzsystem in den USA beklagten sich die Mütter massiv über einen vorurteilsbehafteten und ablehnenden Umgang der Fachkräfte mit ihnen. Die Professionellen hätten sie harsch behandelt, wenn sie sich nicht entsprechend dem Ideal der „guten Mutter“ verhielten und wenn sie die Vorschläge der Helfer und Helferinnen nicht absolut akzeptierten und entsprechend handelten. Sie seien dann als „hysterisch“, „verrückt“ oder „Psychofall“ diffamiert und häufig wenig respektvoll behandelt worden (Plummer & Eastin 2007a, S. 779 f.).

Bei einer Befragung von elf Müttern sexuell missbrauchter Kinder, die an einer Elterngruppe in New York teilnahmen, waren zwei Frauen mit den Reaktionen der Professionellen sehr zufrieden. Sie hätten aus ihrer Sicht nicht besser sein können. Dagegen fanden die anderen neun Mütter die Hilfen nicht unterstützend und wenig bis gar nicht hilfreich. Einige meinten sogar, die Situation hätte sich durch die Hilfsangebote der Professionellen weiter verschlechtert. Die Mütter fühlten sich vor allem durch abwertende Bemerkungen der Professionellen über sie als Personen und ihr Verhalten als Mütter verunsichert und abgelehnt. Für sie war es deshalb nicht denkbar, über ihre Zweifel an sich und an ihren Kompetenzen als Mutter mit den Professionellen zu sprechen (Hill 2001, S. 390 f.). Diese Erfahrungen von Müttern verweisen noch einmal auf die eigenen Vorstellungen der Helfer über nicht missbrauchende Eltern, die unbedingt reflektiert werden müssen.

Außerdem müssen die Meinungen der Eltern und ihre Beteiligung am Hilfeprozess ernst genommen werden. Setzen die Helferinnen und Helfer ihre Sicht der Dinge durch und findet die Beteiligung der Eltern nur pro forma statt, kommt es in der Regel zu massiven Widerständen bei den Müttern und Vätern. Dies bedeutet nicht, die Eltern nur „im Schongang“ behandeln zu sollen. Die Professionellen müssen ihre Sichtweisen klar und verständlich zum Ausdruck bringen und zwar auch dann, wenn sie denen der Eltern widersprechen. Die Eltern müssen jedoch in gleicher Weise die Möglichkeit haben, ihre

Meinungen vorzutragen. Gegenseitige Schuldvorwürfe und Anklagen sind dabei strikt zu vermeiden.

Sehr vorsichtig muss mit der Frage des „Missbrauchs mit dem Missbrauch" umgegangen werden. Sehr oft ist in Fachbeiträgen zu lesen und von Fachkräften zu hören, das mit dem sexuellen Missbrauch sei doch alles übertrieben und viele Mütter würden den Vorwurf des sexuellen Missbrauchs bei Trennung und Scheidung als Mittel gegen die Väter einsetzen. Eine solche nicht am Einzelfall und seinen Fakten orientierte Haltung, die noch dazu auf falschen Informationen beruht (s. Kapitel 10), hat in der Beratung von nicht missbrauchenden Eltern nichts zu suchen. Sie wird offenbar vor allem beim innerfamilialen sexuellen Missbrauch vorgebracht. So berichten Mütter, deren Kinder innerfamilial *und* außerfamilial missbraucht wurden, von sehr unterschiedlichen Reaktionen des Hilfesystems. Beim Missbrauch durch den Partner wurde den Müttern nicht geglaubt, während dagegen z. B. die Beschuldigung eines Nachbarn sehr ernst genommen wurde und sie entsprechend respektvoll behandelt wurden (Plummer & Eastin 2007a, S. 782).

Da die Reaktionen von nicht missbrauchenden Müttern und Vätern sehr vielfältig sind, darf von den Helfern nicht ein typisches Verhaltensmuster erwartet werden. Vielmehr muss jedem Einzelfall mit einer offenen Haltung begegnet werden, um die Verhaltensweisen der Eltern einschätzen zu können. Dabei sind die Ressourcen der Eltern und der Kinder immer mit in den Blick zu nehmen. Zwar wird dies redundant von vielen Autoren gefordert, aber offensichtlich in der Praxis noch zu selten umgesetzt. So fanden sich bei einer Untersuchung in weniger als der Hälfte von 138 aktuell in Deutschland verwendeten sogenannten „Risikoinventaren" zur Überprüfung von Kindeswohlgefährdungen Fragen nach den Schutzfaktoren bzw. den Ressourcen der Familie (Metzner & Pawils 2009, S. 19).

Transparenz

Nur wenn die Einschätzungen der Helferinnen und Helfer, die Vorgehensweisen und die geplanten Handlungsschritte gegenüber den nicht missbrauchenden Eltern transparent gemacht werden, können gegenseitiges Vertrauen und ein gutes Arbeitsbündnis entstehen. Damit die Zusammenarbeit funktioniert, ist es notwendig, die Eltern möglichst frühzeitig in die Planung des Hilfeprozesses einzubeziehen und sie über die jeweils eingeleiteten Schritte zu informieren. Eine solche Transparenz ist eine notwendige vertrauensbildende Maßnahme. Ansonsten fühlen sich die Eltern und die Kinder entmachtet und hilflos. Solche durch den sexuellen Missbrauch bereits ausgelösten Gefühle werden ohne Transparenz und echte Beteiligung durch den Hilfeprozess verstärkt und führen unweigerlich zu Problemen im Hilfeprozess. Außerdem findet kein Empowerment der Eltern statt, welches wichtig ist, damit sich das heilende Potenzial der Beziehung zwischen den Kindern und den Eltern entfalten kann (Miller & Dwyer 1997, S. 199).

Die bereits zitierte Befragung von 203 nicht missbrauchenden Elternteilen in den USA unterstreicht, wie wichtig dies ist. Auf die Frage, was bei der Intervention schlechter war als erwartet, nannten 32 % die Kommunikation. Die Eltern beklagten sich darüber, nicht oder zeitlich verzögert über den Stand der Interventionen und der polizeilichen Ermittlungen informiert worden zu sein. Sie hätten vielfach nicht gewusst, woran sie sind. Außerdem hätten sie die Helfer nicht erreichen können und auf ihre Anrufe hätten die Professionellen nicht reagiert (Jones et al. 2010, S. 301 f.).

Fokus erweitern

Intervention und Beratung dürfen sich nicht nur auf die Eltern-Kind-Beziehungen beschränken, da die Reaktionen der Eltern durch die Haltung des erweiterten Familienkreises, des sozialen Umfeldes der Familie und gegebenenfalls durch die polizeilichen Ermittlungen beeinflusst werden. Ob z. B. die Großeltern die Familie unterstützen oder nicht, kann einen enormen Unterschied ausmachen. Familien leben nicht in einem luftleeren Raum. Es ist folglich wichtig, die nicht missbrauchten Geschwister, die erweiterte Familie und Freunde einzubeziehen und für den Hilfeprozess zu aktivieren (Miller & Dwyer 1997, S. 198). Gerade bei einem innerfamilialen sexuellen Missbrauch, aber auch bei einem außerfamilialen und damit möglicherweise einhergehenden Problemen in der Beziehung der Eltern, sind Freundinnen bzw. Freunde ein wichtige Quelle der Unterstützung. Viele Mütter beschreiben diese als erste und möglicherweise wichtigste Ansprechpartnerinnen:

> Meine Kollegin hat mir auch in der folgenden Zeit sehr geholfen, nicht nur während der Arbeitszeit. Wenn ich zum Beispiel nicht wusste, was ich in der Mittagspause machen sollte, dann gingen wir schon mal zusammen einen Kaffee trinken. (Enders & Stumpf 1991, S. 55)

> Meine Freundin kann ich Tag und Nacht anrufen, wenn es mir mal richtig dreckig gehen würde, käme sie sofort. Sie ist mein Sicherheitsanker. (ebd., S. 66)

In einigen Fällen ist es darüber hinaus angemessen, die Kindertagesbetreuungseinrichtung, die Schule oder andere Orte, an denen sich die Kinder und die Familie bewegen, mit in den Fokus zu nehmen. Die Reaktionen von Mitschülern, Lehrern und Erziehern können massive Auswirkungen auf die betroffenen Mädchen und Jungen haben. Höhnische Kommentare von Mitschülern verletzen die Betroffenen zutiefst und lösen bei ihnen einen Unwillen aus, weiter zur Schule zu gehen. Bevor Lehrer, Erzieher oder andere Personen einbezogen werden, ist das Für und Wider mit den Eltern und insbesondere mit den Kindern zu besprechen. Zumal Studien zeigen, dass auch Professionelle bestimmte Bilder von sexuell missbrauchten Kindern im Kopf haben, die ihre Wahrnehmung des Verhaltens der Kinder und ihre Reaktionen beeinflussen. So nehmen sie z. B. an, sexuell missbrauchte Kinder würden generell unter ihren schulischen Möglichkeiten bleiben (Kouyoumdjian et al. 2005, S. 482).

Außerdem ist es bedeutsam, nicht nur den sexuellen Missbrauch zu betrachten, sondern andere Formen der Gewalt gegen Kinder oder häusliche Gewalt mit zu bedenken, da viele missbrauchte Mädchen und Jungen aus sogenannten „Multiproblemfamilien“ kommen.

Ziele der Interventionen festlegen

Die Beratung sollte im Übrigen zügig erfolgen. Dabei ist darauf zu achten, dass die Termine von den Eltern eingehalten werden. Zudem sollten zu Anfang die Ziele der Intervention und der Beratung genau geklärt werden. Sie sollten realistisch und überprüfbar sein, um Frustrationen auf beiden Seiten zu vermeiden. Hilfreich ist es hierzu, Themenlisten zu erstellen. Im Verlaufe der Intervention sollten sie immer wieder überprüft und gegebenenfalls angepasst werden. Benjamin E. Saunders, Lucy Berliner und Rochelle F. Hanson (2003, S. 108), die aufgrund einer Analyse von 24 Therapieansätzen, eine Richtlinie für die Therapie mit sexuell missbrauchten oder körperlich misshandelten Kindern aufgestellt haben, halten nur ein solch zielgerichtetes Vorgehen für angemessen. Nur so ist der Focus der Therapie klar und die Gefahr, sich mit Nebenthemen aufzuhalten, gering.

Multiprofessionelles Team

Ein multiprofessionelles Team ist angesichts der oftmals bei den Helferinnen und Helfern ausgelösten Gefühle von Wut, Hass, Angst oder Hilflosigkeit, der vielfältigen zu bewältigenden Aufgaben und der teilweise schwer zu treffenden Entscheidungen bei einem sexuellen Missbrauch zwingend erforderlich. Das betroffene Kind und die nicht missbrauchenden Eltern benötigen jeweils einen eigenen Ansprechpartner. Es führt zu Rollenkonfusionen, wenn ein und dieselbe Person das betroffene Kind und die Eltern unterstützt (Hill 2005, S. 342 ff.). Außerdem können sich die Helferinnen und Helfer gegenseitig emotional unterstützen, die Verantwortung kann auf mehrere Schultern verteilt und verschiedene Interventionsschritte können gemeinsam erörtert werden. Allein zu handeln und zu intervenieren ist ein Kunstfehler (Bange & Körner 2004, S. 91 f.).

11.2 Wirkung von Beratung und Therapie

Trotz verschiedener methodischer Einschränkungen, wie kleine Stichproben oder fehlende Vergleichsgruppen, belegen die vorliegenden Untersuchungen mit nicht missbrauchenden Eltern und ihren Kindern unzweifelhaft: Beratung und Therapie lohnen sich für die Mütter und Väter sowie für die Mädchen und Jungen. Bei vielen Eltern gehen die Symptome deutlich schneller zurück. Eine ähnliche Entwicklung zeigt sich bei den Kindern. Es gibt allerdings – wenn auch nur wenige – Familien und Kinder, bei denen trotz therapeutischer Interventionen keine positiven Veränderungen festzustellen sind (Corcoran & Pillai 2008, S. 456 ff.; Cohen et al. 2004, S. 398 f.; Deblinger, Stauffer & Steer 2001, S. 338 ff.; Cohen & Mannarino 1998a, S. 22 ff.; Finkelhor & Berliner 1995, S. 1410 ff.; Bentovim, Boston & Elburg 1987, S. 1455 f.).

Kognitiv-verhaltenstherapeutische Ansätze, die den sexuellen Missbrauch direkt thematisieren und die Eltern einbeziehen, sind nach bisherigen Erkenntnissen nicht direktiven (Spiel-)Therapien – zumindest bei jüngeren Kindern – überlegen. Zum einen bewirken sie stärkere Verbesserungen bei den Symptomen, zum anderen brechen weniger Familien die Therapien ab (Corcoran & Pillai 2008, S. 456 ff.; Deblinger, Stauffer & Steer 2001, S. 338 f.; Cohen & Mannarino 1998a, S. 22 ff.; Cohen & Mannarino 1996, S. 46 f.). Bei den Studien von Judith A. Cohen und Anthony P. Mannarino (1996, 1998a), in denen einmal Vorschulkinder und einmal 7- bis 14-Jährige untersucht wurden, profitierten die Vorschulkinder stärker von den kognitiv-verhaltenstherapeutischen Angeboten als die älteren Kinder. Vermutlich wird von den älteren Kindern in den nicht direktiven Therapien von sich selbst aus der sexuelle Missbrauch häufiger thematisiert als von Vorschulkindern. Da die direkte Kommunikation über den sexuellen Missbrauch generell wichtig für den Therapieerfolg ist, ist diese Annahme begründet.

Die nicht missbrauchenden Eltern sind mit beiden Therapieformen in den meisten Studien in etwa gleich zufrieden (Cohen & Mannarino 1998a, S. 24). In der Studie von Esther Deblinger, Lori B. Stauffer und Robert A. Steer (2001, S. 339) fand sich jedoch eine signifikant höhere Zufriedenheit bei den Eltern, die an einem kognitiv-verhaltenstherapeutischen Angebot teilgenommen haben. Vermutlich nehmen die Eltern einfach mehr positive Veränderungen bei den Kindern und sich selbst wahr, was ihre Zufriedenheit erhöht. Zudem wirkten sich bei dieser Studie Rollenspiele zum Einüben von Reaktionen auf die Verhaltensweisen der Kinder positiv aus (ebd., S. 341).

Interessant ist ein Studienergebnis von Samel Jinich und Alan J. Litrownik (1999, S. 182 ff.): Sie zeigten einer Gruppe von Müttern ein Video, das Informationen darüber enthielt, wie wichtig die Reaktionen der Eltern für ihre Kinder sind und wie Eltern unterstützend reagieren können. Die Mütter der Kontrollgruppe bekamen ein Video zu sehen, in dem die generellen Leistungen und Angebote der Kinderschutzeinrichtung beschrieben wurden. Anschließend beobachteten die Sozialarbeiter die Eltern-Kind-Interaktion ohne zu wissen, welche Eltern welches Video gesehen hatten. Sie schätzten die Mütter, die das Video mit den speziellen Informationen zum sexuellen Missbrauch und der Rolle der Eltern gesehen hatten, signifikant als unterstützender ein. Diese Eltern berichteten zudem selbst signifikant über mehr unterstützende Verhaltensweisen. Die parallel befragten Kinder wiederum gaben mehr positive Gefühle an, wenn sich ihre Eltern unterstützend verhielten. Offenbar reichen also schon einige grundlegende Informationen für die Eltern aus, um ihr Verhalten im Sinne der Kinder positiv zu verändern.

Bisher sind fast ausschließlich gruppentherapeutische Angebote untersucht worden. Da es kaum Untersuchungen über einzeltherapeutische Angebote für nicht missbrauchende Eltern gibt, kann keine Aussage dazu gemacht werden, welches Angebot besser ist (Lalor & McElvaney 2010, S. 170; Saunders, Berliner & Hanson 2003). Wie so oft beim sexuellen Missbrauch an Mädchen und Jungen hängt der Erfolg vermutlich weniger vom Ansatz oder der Methode, sondern vom Einzelfall ab. In erster Linie dürfte es entscheidend sein, ob Sympathie, Vertrauen und eine tragfähige Beziehung zwischen dem Therapeuten und Klienten entstehen (s. Kapitel 11.1).

11.3 Selbsthilfe

Hilfreich für viele Eltern von sexuell missbrauchten Kindern ist die Teilnahme an einer Mütter-, Väter- oder Elterngruppe. In einer solchen Gruppe trifft man auf Menschen, die ähnliches erlebt haben, die offen für das Thema sind und die durch ihr Beispiel hilfreich sein können. Außerdem erleben es Mütter, die an solchen Gruppen teilgenommen haben, als besonders positiv, dort nicht verurteilt zu werden. Darüber hinaus ist es für sie eine Erleichterung, andere Menschen zu erleben, die ähnlich fühlen und bei denen man auf Verständnis stößt, ohne seine Geschichte detailliert erzählen zu müssen. Schließlich erleben es Eltern als unterstützend, in einer solchen Gruppe ohne Druck ihr eigenes Tempo finden zu können (Hill 2001, S. 392). Zwei Mütter beschreiben ihre Erfahrungen mit einer solchen Gruppe dementsprechend als sehr positiv:

> In der Müttergruppe kannst du über Gefühle wie das Versagen als Mutter sprechen und dich dabei total sicher fühlen, weil alle anderen dasselbe fühlen und um die Verletzlichkeit in dir wissen. (ebd., S. 392)

> In der Zartbitter-Müttergruppe bin ich trotz meiner eigenen Erfahrungen immer wieder überrascht, was da für attraktive und emanzipierte Frauen sitzen. Egal ob Lehrerin, Therapeutin, Juristin, Verkäuferin oder Putzhilfe – sie alle haben die sexuelle Ausbeutung ihrer Kinder nicht mitbekommen. Mit tut es gut, nicht allein so „blind" gewesen zu sein. Nicht nur ich habe an eine „glückliche" Familie geglaubt. (Enders & Stumpf 1991, S. 142)

Bei solchen Selbsthilfegruppen, in denen sich eine Gruppe von gleichberechtigten Menschen trifft, muss zuvor entschieden werden, ob zumindest zu Beginn ein Professioneller dabei ist, um den Prozess zu begleiten und um gegebenenfalls Wissen über den sexuellen Missbrauch einbringen zu können (Mebes 2002, S. 525). In der Studie von Andrew Hill (2001, S. 394) erlebten die Mütter die Teilnahme einer Sozialarbeiterin als hilfreich.

11.4 Kinder mit sexuell auffälligem Verhalten

Insbesondere bei Kindern mit sexuell auffälligem Verhalten gestaltet sich die Therapie oftmals als besonders schwierig und langwierig. So mussten z. B. in der Studie von Judith A. Cohen und Anthony P. Mannarino (1998a, S. 23) von 49 Kindern im Alter zwischen 7 und 14 Jahren neun Kinder von den Therapiegruppen wegen sexuell aggressiven Verhaltens ausgeschlossen werden. Sieben der Kinder nahmen an nicht direktiven Gruppentherapien teil (Abbruchquote 27 %), zwei an kognitiv-verhaltenstherapeutisch orientierten Gruppenangeboten (Abbruchquote 6 %; s. auch Cohen & Mannarino 1996, S. 47). Für Kinder mit sexuell auffälligen Verhaltensweisen sind stärker strukturierte Angebote vorzuziehen, da sie bessere Erfolge zeigen als unstrukturierte Angebote.

In ihrer Metaanalyse von elf Studien zur Therapie von Kindern mit sexuell auffälligen Verhalten stellten Annick St. Amand, David E. Bard und Jane F. Silovsky (2008, S. 158 f.) fest, dass die Therapien besonders erfolgreich sind, wenn man die Eltern der Kinder einbezieht. Der wichtigste Faktor war die Anleitung der Eltern, wie sie problematisches Verhalten ihrer Kinder reduzieren und prosoziale Verhaltensweisen fördern können. Dabei erwiesen sich Ansätze wie z. B. „time out", selektive Aufmerksamkeit und klare Grenzziehungen als bedeutsam. Signifikante Effekte hatte es darüber hinaus, wenn die Eltern befähigt wurden, mit ihren Kindern offen über Sexualität zu sprechen und ihnen Regeln für einvernehmliche und lustvolle Sexualität beizubringen. Außerdem haben sich sogenannte „Sicherheitspläne" bewährt, die z. B. beinhalten, dass die Kinder nicht ohne Aufsicht mit anderen Kindern spielen. Solche Regeln müssen aber immer wieder überprüft und angepasst werden, wenn sich das Verhalten der Kinder verändert, da sie eine große Einschränkung für die Kinder darstellen. Weniger erfolgreich bzw. weitgehend ohne Wirkung blieben Ansätze, die aus der Arbeit mit erwachsenen Sexualstraftätern abgeleitet wurden. So hatte es keine Effekte, mit den Kindern über den „cycle of abuse" zu sprechen und ihnen Techniken zu vermitteln, diesen zu unterbrechen. Die Einbeziehung der Eltern war wichtiger als die Art des therapeutischen Ansatzes. Insgesamt machen Therapien ohne die Einbeziehung der Eltern also keinen Sinn (Association for the Treatment of Sexual Abusers 1996, S. 6 ff.; Chaffin 2008, S. 116).

Generell sind Beratungen und Therapien, bei denen die nicht missbrauchenden Mütter und Väter einbezogen werden, effektiver als solche, die sich ausschließlich an die Kinder wenden (Corcoran & Pillai 2008, S. 456 ff.; Deblinger, Stauffer & Steer 2001; Cohen & Mannarino 1996, S. 43). Die Eltern sind als positives Rollenmodell einfach einflussreicher bezüglich der kindlichen Entwicklung als die Therapeuten (Hill 2005, S. 351). Sie müssen deshalb in der Therapie vorrangig als Partner der Therapeuten gesehen werden. In den verschiedenen Therapieschulen gibt es unterschiedliche Ansätze der Zusammenarbeit mit den Eltern, die je nach Ausbildung des Therapeuten und den Bedürfnissen des Kindes und der Eltern individuell eingesetzt werden sollten (ebd., S. 344 f.). Regelrecht erbost sind Eltern, wenn sie von der Therapie ihrer Kinder ausgeschlossen werden. Dies führt teilweise zu einem Boykott der Therapie und gefährdet den Heilungsprozess beim Kind.

11.5 Der erste Schritt der Intervention – Fakten analysieren

Eine eingehende Analyse der vorliegenden Fakten muss Ausgangspunkt der Intervention sein. Nur eine solche Analyse ermöglicht einen sachgerecht geplanten Hilfeprozess. Sie schützt zudem z. B. davor, vorschnell die nicht missbrauchenden Eltern mitverantwortlich oder gar zu den Hauptschuldigen des sexuellen Missbrauchs zu machen. Eine solche Zuschreibung an die Mütter und Väter verstärkt die bei den meisten nicht missbrauchenden Eltern vorhandenen Schuldgefühle und schwächt sie emotional. Dadurch sind sie wiederum weniger in der Lage, ihre Kinder angemessen zu unterstützen (s. o.).

Aufgrund der bisherigen Erfahrungen mit Interventionen bei sexuellem Missbrauch ist es zwingend notwendig, diese Analyse im Team durchzuführen. So können die Erkenntnisse miteinander diskutiert und unterschiedliche Sichtweisen ausgetauscht werden (vgl. Kapitel 11.1). Bei dieser Analyse sind die im Folgenden angesprochenen Aspekte zu berücksichtigen.

Lebenssituation der Familie

Direkt nach dem Bekanntwerden des sexuellen Missbrauchs muss in einem ersten Schritt die derzeitige Lebenssituation überprüft werden. Dazu gehört die Beantwortung zumindest der folgenden Fragen:

- Wer lebt im Haushalt?
- Wie ist die Wohnsituation?
- Wie ist die Qualität der Eltern-Kind-Beziehung?
- Welche Erziehungsvorstellungen haben die Eltern?
- Glauben die Eltern dem Kind und unterstützen sie es?
- Wie erklären sich die Eltern, dass der sexuelle Missbrauch geschehen konnte?
- Gibt es Anzeichen für ambivalente Verhaltensweisen?

- Welche Strukturen und Routinen gibt es in der Familie?
- Wie sieht der Tagesablauf der einzelnen Familienmitglieder aus?
- Gibt es kulturelle oder religiöse Besonderheiten in der Familie?
- Gibt es besondere Belastungen in der Familie (z. B. Tod der Großeltern)?
- Wie reagieren die Angehörigen?
- Gibt es Familienmitglieder, die die Familie unterstützen?
- Welche weiteren Personen, wie Freunde oder Bekannte, unterstützen die Familie?
- Wie stehen die Eltern zum Beschuldigten bzw. zum Täter?
- Hat der Täter immer noch Kontakt zur Familie und/oder zum Kind?
- Wie hat das Umfeld der Familie auf die Aufdeckung reagiert?
- Über welche weiteren Ressourcen verfügt die Familie?
- Wie ist die finanzielle Situation der Familie?
- Wie ist die Arbeitssituation der Eltern?
- Wie ist der Freundeskreis des Kindes?
- Wie ist die Situation der Kinder in der Kita oder der Schule?
- Welche Verhaltensauffälligkeiten zeigt das Kind? Dabei ist mit zu erfassen, wann sie erstmals beobachtet wurden, wie häufig sie sind, in welchen Situationen sie auftreten und ob es bereits Veränderungen gegeben hat. Bei sexuell auffälligen oder aggressiven Verhaltensweisen sollte darüber hinaus erfragt werden, ob sie sich auf sich selbst beschränken oder ob andere Kinder davon betroffen sind.
- Wie ist die Situation der Geschwister?
- Gibt es oder gab es bereits Kontakte zum Jugendamt oder anderen Hilfeeinrichtungen?
- Welche Erfahrungen haben die Eltern mit den bereits erfolgten Interventionen oder Beratungen gemacht?

Die Auseinandersetzung mit diesen Themen ist wichtig, um die notwendigen Hilfen für die einzelnen Familienmitglieder angemessen und sorgfältig planen zu können.

Wie ist der Verdacht entstanden?

Parallel dazu muss geklärt werden, wie der Verdacht auf den sexuellen Missbrauch entstanden ist und wie stichhaltig die Anschuldigungen sind. In diesem Zusammenhang müssen u. a. folgende Informationen zusammengetragen werden:

- Wer hat den Verdacht geäußert und aufgrund welcher Informationen ist dies geschehen?
- Hat sich das Kind direkt zum sexuellen Missbrauch geäußert? Wie detailliert hat es den sexuellen Missbrauch beschrieben? In welcher Situation hat das Kind über den sexuellen Missbrauch gesprochen? Wen hat das Kind ins Vertrauen gezogen? Ist auf das Kind Druck ausgeübt worden? Hat das Kind die Anschuldigung zwischenzeitlich widerrufen? Welche Gefühle hat die Art der Aufdeckung bei den nicht missbrauchenden Eltern ausgelöst und wie haben die Eltern reagiert?
- Gibt es Verhaltensweisen des Kindes, die auf einen sexuellen Missbrauch hindeuten? Wem sind die Verhaltensweisen aufgefallen? Gibt es alternative Erklärungen für diese Verhaltensweisen?
- Was spricht für den Tatverdacht der betreffenden Person und was dagegen?
- Wird die Person von weiteren Kindern beschuldigt?

- Ist der Beschuldigte bereits wegen einer Straftat gegen die sexuelle Selbstbestimmung verurteilt worden?
- Wie hat sich die beschuldigte Person zu den Vorwürfen verhalten? Hat sie die Anschuldigungen zurückgewiesen? Hat sie bestimmte Handlungen eingeräumt?
- Gibt es „Hausfreunde“, die z. B. auffallend große Geschenke machen?
- Wer schläft wo? Gibt es Privatheit in der familiären Wohnumgebung?
- Zu welchen Jugendlichen und Erwachsenen hat das Kind innerhalb und außerhalb der Familie Kontakt?
- Gibt es Personen, die die Familie regelmäßig besuchen (z. B. Freunde der Familie, Babysitter)?
- Gibt es eine Person, die das Mädchen bzw. der Junge nicht besuchen möchte?
- Gibt es in der Familie ein Lieblingskind bzw. ein „Aschenputtel“?
- Gibt es Hinweise darauf, dass noch andere Kinder betroffen sind?
- Welche möglichen anderen Erklärungen gibt es für den Verdacht?
- Sind die Geschwisterkinder möglicherweise ebenfalls betroffen?

Wie sehen die Eltern die Situation des Kindes?

Die Eltern sollten intensiv in die Beantwortung der zuvor genannten Fragen einbezogen werden. Darüber hinaus müssen sie nach ihrer Einschätzung der Situation des Kindes und dem aus ihrer Sicht bestehenden Hilfebedarf gefragt werden. Dabei sollte sich nicht nur auf den sexuellen Missbrauch beschränkt werden, sondern die allgemeine Entwicklung des Kindes sollte ebenfalls betrachtet werden. Allerdings ist hierbei auf Zuschreibungen zu achten. Eltern sexuell missbrauchter Kinder erwarten z. B., dass die Kinder mehr Probleme haben, Freunde zu finden, sich häufiger aggressiv verhalten oder sich öfter zurückziehen als andere Kinder (Kouyoumdjian et al. 2005, S. 481). Mit diesen Erwartungen liegen die Eltern nicht generell falsch (s. Kapitel 1), sie können aber im konkreten Einzelfall an der Realität vorbeigehen und ihr Verhalten gegenüber dem Kind negativ beeinflussen.

Im Rahmen der Jugendhilfe ist es immer noch ungewöhnlich, eine solche Einschätzung strukturiert vorzunehmen. Es wäre aus meiner Sicht eine deutliche Verbesserung der Praxis, wenn die Eltern z. B. die deutsche Fassung der Child Behavior Checklist (Arbeitsgruppe Deutsche Child Behavior Checklist 1998) oder ein ähnliches Instrument zur Erfassung von Symptomen wie den „Weekly Behavior Report“ (Cohen & Mannarino 1996) ausfüllen würden. Ein solches Vorgehen könnte dazu beitragen, den Hilfebedarf der Kinder genauer erfassen zu können. Gleichzeitig könnten den Eltern so zielgerichtet Hinweise gegeben werden, worauf sie besonders zu achten haben. Außerdem könnten so wenig beachtete Fakten und Symptome in den Blick geraten.

Wie ist die Situation der Geschwister?

Die nicht betroffenen Geschwisterkinder und ihre Situation sollte ebenfalls erfragt werden. Oftmals leiden sie erheblich unter den in der Familie durch den sexuellen Missbrauch ausgelösten Prozessen, ohne dass ihnen Hilfe angeboten wird. Manchmal stellt sich im Laufe der Interventionen auch heraus, dass sie ebenfalls sexuell missbraucht worden sind. Außerdem können sie für das betroffene Geschwisterkind eine wichtige Stütze sein. Es muss jedoch immer darauf geachtet werden, sie und ihre Bedürfnisse nicht aus den Augen zu verlieren.

Wie sehen die Kinder die Situation?

Das betroffene Kind muss natürlich ebenfalls nach seinen Einschätzungen und seiner Sicht der Dinge gefragt werden. Die Gefühle und Gedanken der sexuell missbrauchten Jungen und Mädchen zur Rolle der nicht missbrauchenden Elternteile sind entscheidend für die weitere Entwicklung und die Planung des Hilfeprozesses. Die Meinungen und Sichtweisen der Kinder müssen deshalb ebenso wie die Sichtweisen und Einschätzungen der Eltern in die Hilfeplanung einbezogen werden. Nur so sind sie besprechbar. Werden die Kinder nicht angemessen einbezogen, ist dies ein Kunstfehler.

Keineswegs dürfen die Erwachsenen über den Kopf der Kinder hinweg ihre Sichtweisen durchsetzen und Entscheidungen allein treffen. Nur wenn eine Gefährdung abzusehen ist, ist dies erlaubt bzw. rechtlich geboten. Allerdings sollten die Kinder in jedem Fall frühzeitig über solche Entscheidungen informiert werden. Ansonsten steigert sich bei ihnen das Gefühl, die Kontrolle über ihr Leben zu verlieren, immer weiter. Die von den Tätern angedrohten Folgen der Aufdeckung wie „Du kommst ins Heim und ich ins Gefängnis“ scheinen sich aus Sicht der Kinder zu bewahrheiten und lassen sie an sich und ihrer Entscheidung, den Missbrauch aufgedeckt zu haben, zweifeln.

Wie ist die Situation der Eltern?

Die Belastungssituation und Belastungsreaktionen der nicht missbrauchenden Mütter und Väter müssen vorsichtig erfasst werden. Auch hier sollte überlegt werden, ob dazu nicht standardisierte Verfahren eingesetzt werden sollten (Saunders, Berliner & Hanson 2003, S. 28). Abzuklären ist dabei insbesondere, über welche Ressourcen die Eltern verfügen, ob und wie sich die Eltern gegenseitig unterstützen und ob die Eltern auf ein privates Unterstützungsnetz zurückgreifen können. Dies ist gegebenenfalls zu aktivieren. So kann z. B. die Großmutter kommen, um alltagspraktische Unterstützung (z. B. Essen kochen oder Einkäufe erledigen) zu leisten. Es kann beim Fehlen eines solchen Netzwerkes – insbesondere bei Missbrauch innerhalb der Familie – dringend notwendig sein, zusätzliche vorübergehende Hilfen zu installieren, um die Belastungen der Eltern bzw. des nicht missbrauchenden Elternteils zu verringern. In den ersten Tagen ist darauf zu achten, den Entscheidungsdruck, der auf den Eltern lastet, zu minimieren. Es darf natürlich nicht vergessen werden zu erfragen, wer von den Familienmitgliedern das Kind unterstützt und wie dies konkret geschieht. Die entsprechend getroffenen Absprachen sollten schriftlich fixiert und ihre Einhaltung regelmäßig erfragt werden. Dies gilt für alle erfassten Fakten, für Absprachen und Hilfen. Eine gute und nachvollziehbare Dokumentation ist eine unbedingte Voraussetzung für gelingende Hilfeprozesse.

Daneben muss abgeklärt werden, ob die Eltern selbst als Kind sexuell missbraucht worden sind, ob es bei ihnen psychische Erkrankungen gegeben hat und wie es mit ihrem

Alkohol- und Drogenkonsum aussieht. Wichtig ist insbesondere beim innerfamilialen Missbrauch zu klären, wie die Beziehung zum Partner ist und wie die bisherigen Partnerschaften verlaufen sind. Vorsichtig sollte dabei das Thema der „häuslichen Gewalt" angesprochen werden.

Bei Eltern, die sich wegen eines Missbrauchsvorwurfs getrennt haben, ist es wichtig, über die gegenseitige Wahrnehmung und mögliche Wahrnehmungsverzerrungen bezüglich des ehemaligen Partners zu sprechen. Im Sinne der Kinder sollte versucht werden, die oftmals bestehende gegenseitige Feindseligkeit abzumildern und die Elternbeziehung zu klären (Dietrich et al. 2010, S. 13 ff.). Bei solchen hochkonflikthaften Familien muss auf die gedankliche und emotionale Ausgeglichenheit der Professionellen geachtet werden. Die eskalierende Dynamik überträgt sich oft nicht nur auf einzelne Professionelle, sondern auf das gesamte Helfersystem. Solche Spiegelungsprozesse sind meist an der Stimmung der Helfer zu erkennen. Geht die Stimmung in den Keller, kommt es zu Erschöpfung oder aggressiven Gefühlen sind dies Warnhinweise, die beachtet werden müssen (ebd., 18 f.).

Einschätzungen regelmäßig überprüfen

Die Reaktionen der Eltern und die Situation in der Familie verändern sich im Verlaufe des Hilfeprozesses stetig. Es sollte deshalb nicht von den ersten Reaktionen der nicht missbrauchenden Eltern auf das zukünftige Verhalten zurückgeschlossen werden. Vielmehr muss immer wieder eine aktualisierte Einschätzung der Fakten und des Hilfeverlaufes vorgenommen werden, damit die Interventionen nicht auf „veralteten" Einschätzungen fortgeführt werden. Selbst wenn die Eltern zu Beginn nicht mitarbeiten möchten und ihren Kindern keinen Glauben schenken, sollten sie nicht „abgeschrieben" werden. Möglicherweise verändert sich ihre Haltung und sie werden im Verlauf des Hilfeprozesses zu einem wichtigen Bündnispartner (Miller & Dwyer 1997, S. 198).

Wie selten diese offene Haltung anscheinend ist, zeigen Studienergebnisse aus den USA: Reagierten die Mütter zu Beginn der Interventionen nicht unterstützend, wurden die Kinder häufiger und schneller aus den Familien genommen und sie mussten häufiger vor Gericht aussagen. Möglicherweise geschieht die Herausnahme in einigen Fällen zu früh, weil die weitere Entwicklung unter dem Eindruck der ersten Reaktionen zu negativ eingeschätzt wird (Everson et al. 1989, S. 202 ff.). Allerdings sind Interventionen beim sexuellen Missbrauch immer ein Balanceakt zwischen zu früh, zu spät, zu viel oder zu wenig.

Rückschläge einkalkulieren

Intervention beim sexuellen Missbrauch verlaufen so gut wie nie gradlinig. Es gibt immer wieder Rückschläge oder es wird sich von Elternseite nicht an Absprachen gehalten. Die daraus resultierenden Gefühle der Enttäuschung oder der Wut beim Helfer müssen genutzt werden, um zu überprüfen, was die Gründe für diese Störungen sind. Sie sollten nicht zu einem Beziehungsabbruch führen, sondern Impulse sein, den Hilfeprozess neu zu überdenken (Miller & Dwyer 1997, S. 199).

11.6 Wann sollten die nicht missbrauchenden Eltern einbezogen werden?

Für die Intervention ist eine entscheidende Frage „Wann beziehe ich die Eltern mit ein?“. Gerade bei einem Verdacht auf innerfamilialen sexuellen Missbrauch gibt es seit Langem eine Kontroverse darüber, wann die Eltern bzw. der nicht missbrauchende Elternteil informiert werden soll(en). Einige Autoren vertreten die Auffassung, dass die Familie umgehend vom Verdacht informiert werden sollte. Sie betonen dabei den Rechtsschutz für die Eltern und dass ihre Mitwirkung eine wichtige Voraussetzung für das Gelingen des Hilfeprozesses bzw. die Heilung des Kindes sei. Die Chance, dass die Eltern die Fakten und die Realität des sexuellen Missbrauchs (schneller) akzeptieren, würde erhöht. Dadurch würde wiederum die Möglichkeit einer angemessenen Reaktion verbessert. Außerdem könnten Alternativhypothesen und andere Belastungsfaktoren jenseits eines möglichen sexuellen Missbrauchs ohne Beteiligung der Eltern kaum überprüft werden. Schließlich würde so das Problem nicht allein beim Kind festgemacht, sondern die Eltern würden unmissverständlich auf ihre Verantwortung für ihr Kind und seine Heilung hingewiesen. Dagegen wird argumentiert, dass durch eine zu frühe Information der Eltern beim innerfamilialen sexuellen Missbrauch die Gefahr bestehe, dass der Täter den Druck auf das Opfer erhöht und so Interventionen erschwert oder auch unmöglich gemacht würden (Jönsson 1997, S. 124 f.).

Das Kinder- und Jugendhilfegesetz macht in dieser Frage keine klaren Vorgaben. Einerseits haben Kinder und Jugendliche nach § 8 Abs. 3 Sozialgesetzbuch (SGB) VIII einen eigenständigen Rechtsanspruch auf Beratung, andererseits haben die Personensorgeberechtigten Informations- und Mitwirkungsrechte. So sind die Eltern beim Bekanntwerden von Anhaltspunkten für eine Kindeswohlgefährdung in die Gefahreneinschätzung durch die Fachkräfte einzubeziehen, „soweit dadurch der wirksame Schutz des Kindes oder des Jugendlichen nicht in Frage gestellt wird“ (§ 8a Abs. 1 SGB VIII).

Aufgrund der fachlichen Bedenken und der gesetzlichen Vorschriften erscheint eine schematische Regelung nicht möglich. Vielmehr muss die Balance zwischen den eigenständigen Rechten des Kindes und denen der Eltern in jedem Einzelfall hergestellt werden. Grundsätzlich könnten als Zielperspektiven gelten, die Eltern bei einem Verdacht auf außerfamilialen sexuellen Missbrauch direkt und bei einem Verdacht auf innerfamilialen so früh wie möglich einzubeziehen. Des Weiteren sollte versucht werden, für alle Maßnahmen (auch für die Herausnahme des Kindes aus der Familie) die Einwilligung der Eltern zu erlangen. Orientierungsmaßstab bei der Beteiligung der Eltern muss jedoch immer die Situation bzw. das Wohl des Kindes sein. Prinzipiell sollte darauf geachtet werden, möglichst wenige Hilfekonferenzen ohne die Familie durchzuführen. Wenn Hilfekonferenzen ohne die Beteiligung der Familie stattgefunden haben, sollte dies schriftlich begründet werden.

Beim Verdacht auf außerfamilialen sexuellen Missbrauch ist es oft relativ unproblematisch, die Eltern einzubeziehen. Beim innerfamilialen sexuellen Missbrauch gestaltet sich dies wesentlich schwieriger. Die nicht missbrauchenden Elternteile ahnen zwar vielfach, dass etwas nicht stimmt, dennoch möchten einige von ihnen die sexuellen Übergriffe nicht wahrhaben. Deshalb könnten sie ihre Partner von den Vorwürfen unterrichten und Druck auf das Kind ausüben, die Beschuldigungen zurückzuziehen.

Das Erstgespräch mit den Eltern

Gespräche mit nicht missbrauchenden Elternteilen müssen aus diesem Grund sorgfältig vorbereitet werden. Gerade das erste Gespräch mit den Eltern ist bei Kindeswohlgefährdungen generell eine „entscheidende Weichenstellung“ für den gesamten Hilfeprozess (Fertsch-Röver 2010, S. 90). Bei einem solchen Gespräch geht es jedoch nicht um (polizeiliche) Ermittlungen. Vielmehr sollte es als Dialog mit den Eltern gestaltet werden, um sich einen möglichst umfassenden Eindruck über die Familie zu verschaffen und um möglicherweise ein gemeinsames Verständnis mit den Eltern über das Problem zu entwickeln. Eine anklagende Haltung ist dabei fehl am Platz. Die Probleme müssen aber klar benannt werden (s. Kapitel 11.1; ebd., S. 91 ff.).

Zur Vorbereitung eines solchen Gesprächs sollte man sich u. a. folgende Fragen stellen und wenn möglich mit einer Kollegin oder einem Kollegen zuvor durchsprechen:
- Welche Haltung habe ich gegenüber den Eltern?
- Auf welchen Informationen basiert diese Haltung?
- Stehe ich unter Druck bei dem Gedanken an das Gespräch? Woraus resultiert dieser Druck?
- Welche konkreten Ziele verbinde ich mit dem Gespräch?
- Welche Ressourcen des Kindes/der Familie kenne ich bereits, an die im Gespräch angeknüpft werden kann? (ebd., S. 95).

Sperren sich die Eltern gegen jedes Hilfeangebot, sollte versucht werden, andere Vertrauenspersonen des Kindes, wie z. B. die Großeltern oder Freunde der Familie, in den Hilfeprozess einzubeziehen.

Herausnahme des Kindes aus der Familie

Wenn die Eltern jedes Hilfeangebot boykottieren und das Kindeswohl gefährdet ist, muss über eine Herausnahme des Kindes nachgedacht und diese gegebenenfalls gerichtlich durchgesetzt werden. Im Vorfeld einer Herausnahme ist es mittlerweile möglich, die Eltern über das Familiengericht per Auflage dazu zu zwingen, eine Hilfe in Anspruch zu nehmen (FamFG § 156 Abs. 1 Satz 4 „Anordnung der Teilnahme an einer Beratung“). Das Gesetz über das Verfahren in Familiensachen und in Angelegenheiten der freiwilligen Gerichtsbarkeit (FamFG), das am 1. September 2009 in Kraft getreten ist, hat weite Teile des familiengerichtlichen Verfahrens neu geregelt und verschiedene neue Interventionsmöglichkeiten geschaffen. Außerdem hat es dafür gesorgt, dass bei drohenden Kindeswohlgefährdungen das Verfahren beschleunigt abläuft und Familiengerichte und Jugendhilfe enger als bisher zusammenarbeiten müssen (Deutscher Verein für öffentliche und private Fürsorge 2010, S. 11 ff.; Weisbrodt 2010, S. 53 ff.).

11.7 Weitere Schritte der Intervention

Bei der Planung der Intervention müssen die Möglichkeiten der Familie und ihr Tempo berücksichtigt werden. Die einzelnen Familienmitglieder dürfen durch zu schnelle und zu viele Interventionen nicht überfordert werden.

Parallel zur Analyse der Fakten ist es zu Beginn der Intervention von zentraler Bedeutung, die nicht missbrauchenden Eltern und das betroffene Kind zu stabilisieren. Es geht sozusagen darum, „erste Hilfe zu leisten“ und den Hilfeprozess einzuleiten. Dabei geht es zum Teil um alltagspraktische Dinge wie die Strukturierung des Tagesablaufes oder beim innerfamilialen sexuellen Missbrauch um Fragen zur Wohnsituation. Des Weiteren ist es in dieser Phase wichtig zu überprüfen, ob, wie weitgehend und in welcher Form die nicht missbrauchenden Eltern in der Lage sind, das Kind (dauerhaft) zu unterstützen. Erst wenn sich die emotionale und äußere Situation der Familienmitglieder stabilisiert hat, kann Stück für Stück an die Aufarbeitung des sexuellen Missbrauchs herangegangen werden.

Bei innerfamilialem sexuellen Missbrauch z. B. durch den Großvater oder durch ein Geschwisterkind müssen die Rollen beider Eltern betrachtet werden. Gerade bei sexuellem Missbrauch unter Geschwistern bestehen bei den Eltern in der Regel erhebliche Rollenkonfusionen, da das Opfer und der Täter beide ihre Kinder sind (Klees 2008).

Bei außerfamilialem sexuellen Missbrauch sind die Dynamiken oftmals noch vielfältiger und bedürfen ebenfalls einer eingehenden Betrachtung. Eine blinde Parteilichkeit hilft keiner der beteiligten Personen weiter (s. Kapitel 11.1).

Wie insbesondere im Kapitel 6 zu den Folgen des sexuellen Missbrauchs für die Eltern-Kind-Beziehung beschrieben wurde, ist ohne eine solch kritische Analyse eine Verarbeitung des sexuellen Missbrauchs weder für das Kind noch für den nicht missbrauchenden Elternteil zu erwarten. Vielmehr besteht die Gefahr, dass die Verhaltensmuster, die den sexuellen Missbrauch mit begünstigt haben, sich nicht verändern und das Risiko eines weiteren sexuellen Missbrauchs besteht.

In dieser Phase sollte es noch nicht um etwaige Kindheitserinnerungen oder eigene Traumata der Eltern gehen, da eine solche Auseinandersetzung in der Regel von den Eltern viel Kraft erfordert, die dann für die Bewältigung der aktuellen Krise fehlen. Neben der Betrachtung der Situation, die zum sexuellen Missbrauch geführt hat, ist in dieser Phase zentral darüber zu sprechen, wie mit den derzeit vorhandenen Emotionen und Gedanken konstruktiv umgegangen werden kann (Baynard, Englund & Rozelle 2001, S. 82). Zu früh mit zu viel einzusteigen bedeutet in der Regel eine Überforderung aller Beteiligten und führt meist zu Problemen im Hilfeprozess.

11.8 Themen der Beratung und Therapie

Den Eltern schwirren nach der Aufdeckung eines sexuellen Missbrauchs zahlreiche Fragen durch den Kopf. Ausgehend von solchen Fragen und den in den Kapiteln 4 bis 8 beschriebenen Erkenntnissen sollen einige wichtige Beratungsinhalte und Themen herausgearbeitet werden. Vorab ist aber ein Punkt besonders bedeutsam: Um Antworten auf die teilweise weitreichenden Fragen der Eltern zu finden, benötigen sie Ruhe und einen klaren Kopf. Ihnen sollte im Rahmen der Beratung und Therapie deshalb vermittelt werden, möglichst immer die Ruhe zu bewahren – auch wenn das in vielen Situationen sehr schwer fällt.

Grundlegende Informationen zum sexuellen Missbrauch

Die meisten Eltern kennen sich mit dem Thema des sexuellen Missbrauchs, seinen Hintergründen und seinen Folgen für die Kinder nicht aus. Es ist deshalb notwendig, sie mit grundlegenden Informationen über sexuellen Missbrauch und generell über Traumata zu versorgen, um ihnen eine Einschätzung ihrer Situation zu erleichtern. Sie ermöglicht es ihnen, einen kognitiven Rahmen für das Geschehen zu entwickeln. So kann z. B. die Einschätzung der Eltern, sie seien „lausige Eltern“, weil ihr Kind sexuell missbraucht worden ist, dadurch verändert werden, dass sie erfahren, wie groß das Ausmaß des sexuellen Missbrauchs an Kindern ist und sie bei Weitem nicht die einzigen Betroffenen sind.

Außerdem sollten die Eltern befähigt werden, mit ihren Kindern offener über Sexualität und sexuellen Missbrauch zu sprechen. Dabei sind Botschaften wie „Ich glaube dir“, „Ich verstehe dich und bin traurig darüber, dass dir das passiert ist“ und „Die Verantwortung liegt einzig und allein beim Täter, egal wie du dich verhalten hast“ zentral. Diese Botschaften und solche Gespräche sind wichtige Faktoren für den Erfolg von Beratung und Therapie. Allerdings dürfen solche Gespräche nicht zu massiv von den Eltern eingefordert und durchgeführt werden, da die Kinder sich dadurch überfordert fühlen können. Den Kindern muss deshalb der Raum gegeben werden, sich solchen Gesprächen zu verweigern. Ein Studienergebnis von Genelle K. Sawyer und Kollegen (2006, S. 45) zeigt nämlich, dass Kinder, die sehr häufig mit ihren Eltern über den sexuellen Missbrauch sprachen, mehr internalisierende Symptome und mehr sexuelle Verhaltensauffälligkeiten aufwiesen als Kinder, die dies nicht getan haben. Allerdings galt dies vor allen für Familien mit wenig strukturierten Abläufen.

Des Weiteren ist es ein aus der Beratung und Therapie sowie der Alltagserfahrung vieler Eltern gut bekanntes Phänomen, dass vor allem Kinder in der Pubertät oftmals nicht mit den Eltern über sexuelle Fragen und den sexuellen Missbrauch sprechen möchten. Zum einen könnte dies bei den sexuell missbrauchten Mädchen und Jungen durch den aus ihrer Sicht begangenen Vertrauensbruch bedingt sein. Zum anderen nabeln sich Jugendliche von ihren Eltern generell ab und gehen solchen Gesprächen mit ihren Eltern ab einem gewissen Alter eher aus dem Weg. Außerdem schämen sich viele Mädchen und Jungen gerade vor ihren Eltern für den widerfahrenen Missbrauch und weichen deshalb solchen Gesprächen lieber aus.

Grundlegende Informationen zum pädagogischen Umgang mit dem betroffenen Kind sind von großer Bedeutung, da die Beratung in der Regel nur einmal die Woche für eine oder anderthalb Stunden stattfindet. Die Eltern verbringen dagegen deutlich mehr Zeit mit ihrem Kind und haben deshalb größere Einflussmöglichkeiten. Neben der emotionalen Bedeutung, die die Eltern für ihre Kinder haben, ist dieser Zeitfaktor vermutlich ein Grund für den großen Einfluss der Eltern auf die Verarbeitung des sexuellen Missbrauchs durch die Kinder. Solche Informationen und die konkreten Anleitungen von Eltern, wie sie im Alltag reagieren können, sind deshalb ein Schlüssel für eine gelingende Intervention (Baynard, Englund & Rozelle 2001, S. 81; Stauffer & Deblinger 1996, S. 70).

Aufdeckungsprozess

Wie im Kapitel 7 beschrieben wurde, ist es für die Reaktion der Eltern sehr bedeutsam, wie und durch wen sie vom sexuellen Missbrauch erfahren haben. Es ist deshalb wichtig, mit den Eltern über den Aufdeckungsprozess zu sprechen. Dabei gilt es, darauf zu achten, ob die Eltern beispielsweise darüber enttäuscht sind, dass ihr Kind sich zuerst einer anderen Person anvertraut hat und dies gegebenenfalls anzusprechen. Solche Informationen liefern bedeutsame Erkenntnisse über die Eltern-Kind-Beziehung und das Vertrauensverhältnis zwischen Eltern und Kind. Nur so werden möglicherweise unterschwellige Probleme ansprechbar und damit ihre Aufarbeitung möglich.

Außerdem muss sich der Therapeut mit den Eltern über die Frage verständigen, inwieweit sie den Missbrauch als Realität wahrnehmen. Zweifel oder gar die Leugnung des Missbrauchs sind unproduktiv und ein sehr großes, fast unüberwindbares Hindernis im Hilfeprozess. Ansonsten besteht im Lauf der Beratung und Therapie stetig die Gefahr von Verleugnungstendenzen bei den Eltern.

Umgang mit den Symptomen der Kinder

Bei der Beratung ist es zentral, mit den Eltern über die Symptome und Reaktionsweisen ihrer Kinder zu sprechen und sie ihnen zu erklären. Eltern müssen verstehen, warum sich ihre Töchter und Söhne so und nicht anders verhalten. Die Eltern müssen – wenn möglich – angeleitet werden, die Verarbeitungsprozesse ihres Kindes zu begleiten und angemessen auf die gezeigten Symptome zu reagieren. Dabei kann eine wöchentliche Verhaltensbeobachtung der Eltern-Kind-Beziehung wichtige Hinweise geben.

Von besonderer Bedeutung ist es, die Eltern dabei zu unterstützen, möglichst ruhig und gelassen auf die Symptome zu reagieren. In diesem Zusammenhang muss mit den Eltern über sexuelle Verhaltensauffälligkeiten und mögliche symbolische Reinszenierungen des Missbrauchs gesprochen werden, da solche Symptome für die Eltern sehr beängstigend sind (Baynard, Englund & Rozelle 2001, S. 81; s. Kapitel 1.4). Wenn ein sexuell missbrauchter Junge sexuell aggressiv reagiert und die Eltern befürchten, er sei jetzt auf dem besten Wege zum Sexualstraftäter, sollten die Eltern beruhigt werden. Neuere Studien belegen, dass eine solche Entwicklung sehr selten ist (Bange 2010, S. 36 f.). Wenn Kinder keine Symptome zeigen, ist den Eltern zu vermitteln, dass es durchaus Kinder gibt, die sexuell missbraucht werden, ohne Auffälligkeiten zu entwickeln.

Die Eltern sollten zudem davor gewarnt werden, das Kind aufzufordern sich zu entspannen oder Details des sexuellen Missbrauchs zu erzählen. Darüber hinaus sollten die

Eltern darin bestärkt werden, für ihr Kind gerade in einer solchen Situation eine beständige Tagesstruktur zu schaffen und in tröstender, beruhigender und liebevoller Weise auf das Kind zuzugehen. Gleichzeitig sind sie darin zu bestärken, auf notwendige Grenzen zu achten.

Falls es Geschwisterkinder gibt, sollte es nicht zu viele Sonderregelungen für das betroffene Kind geben. Das sexuell missbrauchte Kind sollte generell nicht gegenüber den anderen Geschwistern bevorzugt werden. Genauso wenig sollte es in „Watte gepackt“ werden. Die meisten betroffenen Mädchen und Jungen möchten keine Sonderbehandlung.

Eltern benötigen von den Professionellen in nicht belehrender Form konkrete Hinweise, was ein angemessenes Verhalten in solchen Situationen ist. Hilfreich kann es sein, dieses Verhalten durch Rollenspiele einzuüben und es wöchentlich zu reflektieren.

Viele Eltern wünschen sich von den Professionellen „Rezepte“ und konkrete Handlungsanweisungen. Ein Stück weit ist es gut und richtig, den Eltern etwas an die Hand zu geben. Allerdings dürfen die Eltern nicht entmündigt werden. Sie müssen die Verantwortung für ihre Handlungen und ihre Kinder behalten. Mütter und Väter wissen oft ganz gut, was richtig ist und wie sie sich gegenüber ihrem Kind am besten verhalten müssen.

Ambivalentes Verhalten der Kinder gegenüber dem Täter

Wie verschiedene Studien zeigen, ist es für Mütter und Väter besonders schwer zu ertragen, wenn die Kinder sich trotz eines sexuellen Missbrauchs nicht eindeutig ablehnend gegenüber dem Täter verhalten. Den Eltern muss erläutert werden, dass ein ambivalentes Verhalten von Kindern gegenüber dem Täter normal ist und worin seine Ursachen liegen.

Gerade beim innerfamilialen, aber auch beim außerfamilialen Missbrauch erwarten alle vom Kind, dass es sich vom Täter abwendet. Entspricht das Kind diesen Erwartungen nicht, reagieren viele nicht missbrauchende Eltern und Professionelle irritiert und mit Ablehnung. Indirekt wird dem Kind dann oft eine Mitverantwortung für den sexuellen Missbrauch zugeschrieben, was wiederum die Schuldgefühle des Kindes vergrößert. Darüber hinaus gibt das ambivalente Verhalten der Kinder Hinweise auf die Eltern-Kind-Beziehung bzw. auf emotionale und soziale Bedürfnisse des Kindes, die bisher vom nicht missbrauchenden Elternteil zu wenig berücksichtigt und von den Tätern ausgenutzt worden sind.

Gefühle der Kinder gegenüber den Eltern

Sehr wichtig ist es, den Kindern in der Beratung Raum dafür zu geben, ihre Enttäuschung und ihre Wut auf den nicht missbrauchenden Elternteil benennen zu können. Dies sollte direkt gegenüber den Eltern erfolgen, wenn es das Kind wünscht, und nicht indirekt über die Helfer, da dies ein wichtiger Schritt zurück zu einer vertrauensvollen Eltern-Kind-Beziehung ist. Jedoch sollte dabei sichergestellt werden, dass dies in angemessener und nicht (zu sehr) in anklagender Form geschieht. Gegebenenfalls müssen die Helfer moderierend eingreifen (Miller & Dwyer 1997, S. 200).

Umgang mit den eigenen Symptomen der Eltern

Die Eltern sollten gleichermaßen über ihre eigenen Symptome und Reaktionen sprechen. Sie benötigen Unterstützung, Beratung und gegebenenfalls Therapie, um ihr eigenes Trauma überwinden zu können. In den Gesprächen mit den Eltern sind die sie quälenden Fragen zu besprechen. Sie müssen die Gelegenheit erhalten,

- ihre ganze Enttäuschung, ihre Scham, ihre Schuldgefühle und ihre Wut darüber, ihr Kind nicht vor dem sexuellen Missbrauch geschützt zu haben,
- die von ihnen gefühlte Hilflosigkeit,
- ihre Wut auf den Täter,
- ihre Ängste bezüglich der Zukunft ihrer Kinder,
- ihre Trauer und
- ihre Verluste

ausdrücken zu können (Hill 2005, S. 346).

Dabei sollte ein positiver Ansatz gewählt und Hoffnung auf Besserung geweckt werden. Hierbei kann es hilfreich sein danach zu schauen, was sich an positiven Veränderungen durch die Krise möglicherweise ergeben hat. Außerdem sollte zwischen Müttern und Vätern differenziert und ihnen jeweils ein eigenständiges Angebot gemacht werden.

Elternbeziehung

Die Eltern sind besser in der Lage ihr Kind zu unterstützen, wenn die Elternbeziehung auf stabilen Füßen steht. Die meist bestehenden Differenzen zwischen den Eltern, die gegenseitigen Schuldvorwürfe, die Rollenverteilung bei der Aufarbeitung des sexuellen Missbrauchs und Fragen der Sexualität müssen besprochen werden. Ansonsten droht in einigen Fällen sogar die Beziehung zu scheitern. Zudem müssen sich die Eltern mit ihrem Selbstbild als Mann bzw. Frau, als Mutter bzw. Vater und ihren zukünftigen Lebensentwürfen auseinandersetzen.

Außerdem erklärt sich ein Teil der jeweiligen Reaktion der Eltern auf den sexuellen Missbrauch aus dem Zustand der Elternbeziehung. Wenn sich die Mutter z. B. weiterhin sehr gut mit dem beschuldigten Vater versteht, könnte sie sich auf seine Seite stellen und dem Kind mit Unglauben begegnen.

Wichtig ist es darüber hinaus, zumindest beim innerfamilialen sexuellen Missbrauch durch einen Partner, einen Blick auf die bisherigen Beziehungen des nicht missbrauchenden Elternteils zu werfen, um festzustellen, ob es wiederkehrende Beziehungsmuster gibt, die das Missbrauchsrisiko für das Kind erhöhen.

Verhältnis zum Täter

Insgesamt muss beim innerfamilialen und außerfamilialen sexuellen Missbrauch geklärt werden, wie sich die nicht missbrauchenden Mütter und Väter gegenüber dem Täter in Zukunft verhalten möchten. Nur eine klare Haltung gegenüber dem Täter ermöglicht es den Eltern, sich voll für ihre Kinder einzusetzen. Beim innerfamilialen sexuellen Missbrauch muss offen über die Trennung vom Partner gesprochen werden. Da der Missbrauch in der Regel eine Wiederholungstat ist, ist ansonsten das Kind nicht geschützt.

Sollten sich die Eltern getrennt haben, ist es natürlich wichtig, die Trennung und die damit einhergehenden Gefühle und Gedanken zu thematisieren. Oftmals sind die Mütter enttäuscht, sehen ihr gesamtes Leben in Auflösung begriffen und zweifeln an sich selbst. Dabei sollten neben dem sexuellen Missbrauch und seinen Hintergründen andere Aspekte wie Fragen der Unterhaltszahlungen oder Besuchsregelungen angesprochen werden.

Finanzielle Probleme durch den sexuellen Missbrauch

Mütter, die bisher wegen der Kinder ihren Beruf aufgegeben oder in Teilzeit gearbeitet haben, haben oftmals finanzielle Probleme, wenn ihr Mann der Täter war und ausgezogen ist. Vielfach unterstützen die Väter die Familie finanziell nicht. Beim außerfamilialen sexuellen Missbrauch kann es ebenfalls zu solchen Problemen kommen, wenn z. B. die Mutter ihre Arbeit aufgibt oder einschränkt, um sich um das Kind zu kümmern. Mütter klagen immer wieder darüber, dass solche Probleme vom Hilfesystem nicht ernst genug genommen werden (Plummer & Eastin 2007a, S. 781). So ist es z. B. ein unhaltbarer Zustand, wenn der Missbrauch im Bett des Kindes oder der Eltern stattgefunden hat und die Familie sich kein neues Bett leisten kann. Hier ist unbürokratische Hilfe erforderlich. Manchmal ist es z. B. notwendig, die Wohnung zu verändern, wenn sie der Tatort war oder es steht ein Umzug an, um nicht permanent an den sexuellen Missbrauch erinnert zu werden.

Aufklärung über Täterstrategien

Es muss des Weiteren unbedingt darüber gesprochen werden, wie zielgerichtet und manipulativ sich der Täter in der Regel das Vertrauen der Eltern erschleicht. Antworten auf Fragen wie „Wann haben Sie den Täter kennen gelernt?“ oder „Mit welchen Tricks hat er ihre Wahrnehmung und die ihres Kindes vernebelt?“ können die Schuld- und Schamgefühle der Eltern mindern und ihnen verdeutlichen: Es ist keineswegs immer leicht, das Vorgehen der Täter zu durchschauen. Fragen danach, wann die Eltern misstrauisch geworden sind oder woher ihr Kind die Kraft hatte, offene oder verdeckte Hinweise zu geben, können ebenfalls helfen, den Eltern ihre Energie zumindest ein Stück weit zurückzugeben. Wenn die Eltern ihrem Kind geglaubt und schützend reagiert haben, stellt sich die Frage, woher sie den Mut und die Kraft dazu hatten. Dies kann bei der Verarbeitung des sexuellen Missbrauchs helfen. Aufgeklärt werden sollten die Eltern schließlich noch darüber, welche Strategien die Täter anwenden, wenn sie aufgeflogen sind. Ohne eine solche Aufklärung besteht insbesondere direkt nach der Aufdeckung die Gefahr, dass die Eltern durch den Täter verunsichert werden und beginnen, an den Aussagen ihres Kindes zu zweifeln. Die Täter nutzen dabei letztlich geschickt die Hoffnung der Eltern aus, es sei doch nichts geschehen.

11.9 Beratungsangebote für Väter

Bei der Beratung und Therapie von Eltern sexuell missbrauchter Mädchen und Jungen ist besonderer Wert auf die Entwicklung – bisher kaum vorhandener – geschlechtsspezifischer Beratungsangebote für Väter zu legen. Die Bedeutung der Vaterbeziehung kann nicht überschätzt werden. Die meisten sexuell missbrauchten Frauen und insbesondere Männer schätzen ihre Vaterbeziehung im Rückblick als wenig vertrauensvoll und erheblich belastet ein. Im Vergleich zu nicht missbrauchten Frauen und Männern berichten sie deutlich häufiger über ein schlechtes Verhältnis zu ihren Vätern. Zudem wird es im Durchschnitt deutlich schlechter als das zu den Müttern eingeschätzt (Küssel, Nickenig & Fegert 1993, S. 280; Bange & Deegener 1996, S. 163). Die gespannte Beziehung zum Vater kann eine emotionale Bedürftigkeit und eine Suche nach einem „Ersatzvater" zur Folge haben. Dadurch sind gerade Jungen möglicherweise besonders verwundbar gegenüber den Manipulationen eines Täters, der ihnen Aufmerksamkeit und Zuwendung schenkt. Ein Täter beschreibt seine Taktik so:

> Vielleicht fassen sie ein Kind ins Auge, dem daheim ein Vaterbild fehlt. Wissen Sie, sie fangen an, Schlüsse zu ziehen. Na, ja. Dieses Kind hat vielleicht keinen Vater, oder einen, der sich nicht viel aus ihm macht. Manche Kinder haben Väter, aber sie sind nicht bei ihnen ...
> (Salter 2006, S. 75)

Viele missbrauchte Männer, aber auch Frauen beschreiben ihre Gefühle gegenüber ihren Vätern wohl aus diesem Grund mit großer Bitterkeit:

> Er war viel beschäftigt damals. Realität ist, dass er überhaupt nicht greifbar war. Das habe ich auch gerade jetzt noch einmal stark empfunden. Deswegen habe ich jetzt auch so eine Wut auf ihn. Ich bin ganz tief enttäuscht. Und zwar, weil er für mich innerlich nicht greifbar ist. Da war also nichts, wodurch ich Halt finden konnte. Insofern haben meine Eltern mich auch nie schützen können, die wussten ja gar nichts davon. Ich war ein sehr einsames Kind zu Hause.
> (Glöer & Schmiedeskamp-Böhler 1990, S. 82)

Insbesondere wenn sich sexuell missbrauchte Jungen nach einem Missbrauch weniger „jungenhaft" verhalten, indem sie typische Jungenspiele vermeiden oder sich regressiv verhalten, kann dies zu ablehnenden Reaktionen durch ihre Väter führen. Etliche Studien zum Erziehungsverhalten von Eltern beweisen, dass viele Väter auf Jungen mit Zurückweisung reagieren, die sich nicht rollenkonform verhalten (McGuffey 2005, S. 637 f.). Auch viele homosexuelle Männer, die sich als Jungen nicht für „Jungenspiele" interessierten, berichten von einer starken Ablehnung durch ihre Väter. Oftmals wandten sich die Väter daraufhin ganz von ihnen ab und kümmerten sich – falls vorhanden – nur noch um den „normalen" Bruder (Isay 1993, S. 42 f.). Dies hinterlässt zum einen natürlich ein Gefühl der Verlassenheit und verstärkt zum anderen das Gefühl, ein Außenseiter zu sein. Außerdem werden dadurch Brüche in der Vater-Sohn-Beziehung vertieft bzw. hervorgerufen. Dies kann bei einigen sexuell missbrauchten Jungen bestehende Isolationstendenzen verstärken. Außerdem geht so ein wichtiges männliches Vorbild und eine Vertrauensperson verloren, die durch einen einfühlenden Umgang die Folgen des sexuellen Missbrauchs mindern könnte. Die Arbeit mit den Vätern ist deshalb für männliche, aber auch für weibliche Opfer sexueller Gewalt von besonderer Bedeutung. Bei ihnen kann der Vater z. B. ein alternatives Rollenmodell werden und verdeutlichen, dass es auch Männer gibt, die Kindern ihre Liebe geben ohne sie sexuell zu missbrauchen.

Allerdings kann die schlechte Bewertung der Vaterbeziehung durch den sexuellen Missbrauch selbst mitbedingt sein. So kann die Beziehung eines Mädchen oder Jungen zu seinem Vater bis zum Beginn der sexuellen Übergriffe einigermaßen in Ordnung gewesen sein. Durch den sexuellen Missbrauch kann dann aber die gesamte Beziehung als entfremdet bewertet werden. Soweit die Untersuchungen retrospektiv sind, lässt sich dies nicht ausschließen.

Die Studie von S. Shaun McGuffey (2005, S. 635 f.) kam zu einem weiteren interessanten Ergebnis: Die Väter übernehmen, nachdem der sexuelle Missbrauch ihres Kindes bekannt geworden ist, nicht die gleiche Verantwortung wie die Mütter. Die Mütter reduzierten in der Folge des sexuellen Missbrauchs wesentlich häufiger als die Väter ihre Arbeitszeit, um mehr bei ihren Kindern zu sein. Sie übernahmen dementsprechend eine viel aktivere Rolle im therapeutischen Prozess. Die Väter verbrachten – entgegen ihren Ankündigungen – dagegen kaum mehr Zeit mit ihren Kindern als vorher und reduzierten ihre Arbeitszeit bis auf drei Ausnahmen nicht. Der sexuelle Missbrauch hat also ähnlich wie die Geburt eines Kindes vielfach den Effekt einer Retraditionalisierung der Mutter- und Vaterrolle. Auf solche Effekte sollte bei der Beratung geachtet und sie sollten gegebenenfalls angesprochen werden.

Abschließend soll noch einmal ein Betroffener zitiert werden. Kristian Ditlev Jensen (2004, S. 12) bringt in seiner Autobiografie die schwierige Situation der Eltern und der Betroffenen in einer recht versöhnlichen Art und Weise auf den Punkt:

> Ich liebe meine Eltern sehr – und vergebe ihnen öffentlich voll und ganz jeden ihrer Fehler, die sie bei mir gemacht haben, als sie in einer Situation steckten, die für alle Eltern der schlimmste Alptraum sein muss. Trotzdem ist ihr Versagen ein wichtiger Teil der Geschichte und zeigt, welchem Druck eine ganze Familie ausgesetzt ist, wenn ein pädophiler Gewohnheitstäter seine Verbrechen begeht.

12 Prävention mit Eltern

Der Präventionsarbeit mit Eltern kommt für den Schutz der Kinder zentrale Bedeutung zu. Die Mütter und Väter müssen aus den folgenden Gründen über sexuellen Missbrauch aufgeklärt und dadurch motiviert werden, aktiv für ihre Kinder Partei zu ergreifen:

- Mädchen und Jungen sind ohne Hilfe von Erwachsenen im Falle eines sexuellen Missbrauchs trotz aller Präventionsbemühungen damit überfordert, sich selbst zu helfen. Sie können sich dem Täter nur schwer oder gar nicht entziehen, sei es, weil sie emotional oder sozial von ihm abhängig sind, er sie durch seine geschickte Vorgehensweise überrumpelt oder er schlicht körperlich überlegen ist (Clancy 2009, S. 195; Koch & Kruck 2000, S. 71; Kapitel 9). Caren Adams und Jennifer Fay haben schon 1989 mit folgenden zwei Sätzen in aller Deutlichkeit auf die Bedeutung und die Verantwortung der Eltern bzw. anderer Erwachsener für die Prävention hingewiesen: „Kinder müssen sich auf Erwachsene verlassen können, die sich um sie kümmern und sie schützen. Und um sich vor Erwachsenen schützen zu können, brauchen die Kinder die Hilfe anderer Erwachsener" (Adams & Fay 1989, S. 15).
- Mütter und Väter können am besten mögliche Gefahrensituationen für ihre Kinder abschätzen, weil sie die engste Beziehung zu ihren Kindern haben und mit ihnen zumindest bis zur Pubertät die meiste Zeit verbringen.
- Eltern sind für ihre Kinder in den letzten Jahrzehnten bei der Aufklärung über sexuelle Fragen generell immer wichtiger geworden. Fanden im Jahr 1980 z. B. lediglich 28 % der Jungen im eigenen Elternhaus einen Ansprechpartner so sind es heute bereits 62 %. Bei den Mädchen sind es sogar 67 %. Eltern von Mädchen nehmen mittlerweile zu 78 % die Aufklärung selbst in die Hand. Bei den Jungen sind es 67 %. Die Eltern vermitteln ihren Kinder Informationen über Sexualität zunehmend und fast schon in der Regel sukzessive entsprechend der Entwicklung ihrer Kinder. Ungebrochen ist dabei die aufklärerische Schlüsselrolle der Mütter. Väter bleiben dagegen in Punkto Aufklärung nach wie vor im Hintergrund. Der Anteil der Eltern, denen die Aufklärung schwer fällt, geht ebenfalls seit Jahren zurück (Bundeszentrale für Gesundheitliche Aufklärung 2010, S. 13 ff.).
- Wenn mit den Kindern in der Schule Präventionsveranstaltungen durchgeführt werden, spricht zumindest ein Teil der Kinder ihre Eltern auf die Inhalte der Projekte an. Die Eltern müssen dann angemessen auf die Fragen der Kinder zur Sexualität und zum sexuellen Missbrauch reagieren können, um ihnen weitere Sicherheit und angemessene Informationen geben zu können. Reagieren die Eltern aus Unwissenheit oder aus Angst ablehnend auf die Fragen der Kinder, verpuffen die Effekte der Präventionsprojekte.
- In einigen Familien gibt es nach einem Präventionsprojekt Probleme, wenn die Kinder dort z. B. lernen, nicht gewünschte körperliche Berührungen abzulehnen und „Nein" zu sagen. Solche Botschaften widersprechen oft den Erziehungsvorstellungen von Eltern und werden von ihnen zurückgewiesen oder nicht beachtet. Dies gefährdet den Erfolg der Präventionsprojekte.
- Mütter und Väter müssen über den sexuellen Missbrauch aufgeklärt werden, damit sie Hinweise auf sexuellen Missbrauch bei ihren Kindern wahrnehmen und gegebe-

nenfalls angemessen reagieren können, wenn ihr Kind sich ihnen anvertraut. Eltern, die um die Hintergründe und Folgen des sexuellen Missbrauchs wissen, sind eher in der Lage, das Verhalten der Kinder richtig einzuschätzen und in kindgerechter Art und Weise darauf zu reagieren.
- Die Eltern können angesichts ihrer zentralen Rolle im Leben ihrer Kinder die Präventionsinhalte wiederholt und individuell entsprechend der Fähigkeiten ihrer Töchter und Söhne vermitteln. Wenn Präventionsarbeit nicht nur als punktueller Einsatz betrachtet wird, sondern als erzieherische und gesamtgesellschaftliche Grundhaltung, sind Mütter und Väter folglich die ersten Adressaten für eine Veränderung. Das gilt erst recht, wenn Familie als ein potenziell gewaltträchtiges Umfeld für Mädchen und Jungen bewertet wird.

Zahlreiche Studien über die Wirkung von Präventionsprojekten belegen dementsprechend signifikant höhere Lerneffekte bei den Kindern, wenn ihre Eltern einbezogen worden sind. Der überwiegende Teil der Eltern bewertet die Programme im Übrigen als positiv und würde ihr Kind sofort wieder teilnehmen lassen. Die von vielen Eltern gehegte Befürchtung, die Kinder würden durch die Präventionsprojekte Ängste entwickeln, konnte ebenfalls widerlegt werden. Nur bei sehr, sehr wenigen Kindern lässt sich ein erhöhtes Angstniveau feststellen (Damrow 2006, S. 117; Renz, Liljequist, Steinberg, Bosco & Phares 2002, S. 74; Koch & Kruck 2000, S. 49 f.; Bange 1995, S. 30 ff.). Leider ist bisher noch nicht erforscht, ob Eltern, die sich mit dem Thema des sexuellen Missbrauchs beschäftigt haben, angemessener auf den sexuellen Missbrauch ihres Kindes reagieren als Eltern, die dies nicht getan haben.

Alles in allem müssen Elternabende in Kindergärten und Schulen ein zentraler Bestandteil aller präventiven Bemühungen sein. Ohne Elternbeteiligung sind die Erfolgsaussichten von Präventionsprogrammen gering. Es gibt im Übrigen auch Autorinnen und Autoren, die es generell für unwahrscheinlich halten, dass sich Kinder effektiv gegen die Täter zur Wehr setzen und einen sexuellen Missbrauch verhindern können. Sie halten deshalb die Präventionsprojekte mit Kindern für wenig erfolgsversprechend (Clancy 2009, S. 174 ff.; Bolen 2001, S. 183 f.).

12.1 Das Wissen von Eltern über sexuellen Missbrauch

Eltern wissen teilweise sehr wenig über sexuellen Missbrauch und die Möglichkeiten der Prävention. Außerdem kann ein Teil der Eltern ihr vorhandenes Wissen nicht auf ihre eigene Situation übertragen. Dies geht aus verschiedenen Elternbefragungen hervor und zeigt, wie notwendig eine verstärkte und flächendeckende Aufklärung ist. So befragte z. B. Anne Knappe (1995, S. 242 ff.) mittels eines Fragebogens 264 Familien aus Bamberg über ihre Kenntnisse zum sexuellen Missbrauch. Zwar wiesen dort relativ viele Eltern ein einigermaßen realistisches theoretisches Wissen auf. So konnten sie mit einiger Genauigkeit z. B. Angaben zum Ausmaß des sexuellen Missbrauchs, zur unterschiedlichen Betroffenheit von Mädchen und Jungen und zum Verhältnis vom innerfamilialen zum außerfamilialen Missbrauch machen. Sobald sie dieses Wissen aber auf sich selbst und ihre eigene familiäre Situation beziehen sollten, gab es erhebliche Probleme. So gaben die Eltern z. B. zwar an, sexueller Missbrauch würde meist durch Familienmitglieder oder Bekannte verübt, viele schlossen aber den eigenen Verwandten- und Bekanntenkreis kategorisch aus. Bei der Aufklärung ihrer Kinder griffen sie dann stattdessen sehr häufig auf das Bild des Fremdtäters zurück. Sie warnten die Kinder z. B. vor Fremden oder vor bestimmten Orten. Solche Warnungen sind jedoch wenig hilfreich, da die Gefahr eher in der Familie oder ihrem Umfeld droht. Außerdem schränken solche Warnungen die Entwicklungsmöglichkeiten der Kinder ein.

Insgesamt sprachen 46 % der befragten Bamberger Eltern mit ihren Kindern über den sexuellen Missbrauch. Mehr als die Hälfte vermied solche Gespräche. Als Gründe dafür wurden angeführt, das Kind könne generell misstrauisch gegenüber Erwachsenen werden und es könne Angst bekommen. Diese Sorge ist – wie bereits ausgeführt – weitgehend unbegründet. Außerdem trauten sich die Eltern ein solches Gespräch nicht zu.

In einer aktuelleren Befragung von 64 Eltern aus einer westdeutschen Großstadt gaben 75 % der Eltern an, mit ihren Kindern bereits in allgemeiner Form über sexuellen Missbrauch gesprochen zu haben. Etwas ausführlicher hatten dies nur 16 % gemacht. Auch diese Eltern sprachen in erster Linie über Fremdtäter mit ihren Kindern. Familienangehörige und Bekannte als mögliche Täter wurden nur von 11 % genannt (Nonhoff & Orth 2009, S. 25 ff.). Keiner der befragten Elternteile konnte sich vorstellen, dass ein sexuell missbrauchtes Kind eine positive soziale Beziehung zum Täter haben könnte (ebd.). Die in Kapitel 5 beschriebene in der Regel ablehnende Reaktion von Müttern und Vätern auf ein ambivalentes Verhalten ihres Kindes ist vor dem Hintergrund eines solchen Ergebnisses als normale Reaktion zu bewerten. Gerade über diesen Punkt und – wie bereits mehrfach ausgeführt – die Täterstrategien müssen Eltern also intensiver aufgeklärt werden.

In einer aktuellen Untersuchung aus den USA finden sich sehr ähnliche Zahlen und Aussagen. Dort hatten 79 % der Eltern mit ihren Kindern über den sexuellen Missbrauch gesprochen. Meist hatten sie ihre Kinder über Fremde als Täter informiert. Darüber hinaus forderten sie die Kinder auf, sich ihnen im Falle eines Falles anzuvertrauen. Außerdem sollten die Kinder „Nein-sagen“, „weglaufen“ oder sich wehren. Die Eltern, die nicht mit ihren Kindern gesprochen hatten, meinten, ihnen fehle das Wissen für eine Aufklärung über sexuellen Missbrauch und ihre Kinder seien für das Thema noch zu jung (Deblinger, Thakkar-Kolar, Berry & Schroeder 2010, S. 95f.). Eltern, die selbst als Kinder sexuell missbraucht worden sind, klärten ihre Kinder im Übrigen häufiger über sexuellen Missbrauch auf als die nicht missbrauchten Mütter und Väter (ebd.; siehe auch Finkelhor 1994, S. 87 ff.). Ältere Studien aus den USA kommen zu sehr ähnlichen Ergebnissen (Elrod & Rubin 1993, S. 530; Berrick 1988, S. 548 ff.; Finkelhor 1984, S. 87 ff.).

Bei der Befragung von Jeanne M. Elrod und Roger H. Rubin (1993, S. 532) konnten interessanterweise keine Wissensunterschiede zwischen Müttern und Vätern festgestellt werden. Die Väter waren aber signifikant zurückhaltender bezüglich der Themen, die mit den Kindern im Rahmen von Präventionsprojekten besprochen werden sollten als die Mütter. Außerdem planten sie seltener als die Mütter Gespräche mit ihren Kindern über den sexuellen Missbrauch. Mütter wie Väter wollten außerdem die emotional schwierigen Themen eher aussparen. Die in der Studie befragten Eltern konnten sich zudem nicht vorstellen, dass bereits sehr kleine Kinder sexuell missbraucht werden und sahen sie deshalb nicht als Zielgruppe von Präventionsmaßnahmen an. Ihre Informationen über den sexuellen Missbrauch hatten die Eltern in erster Linie aus den Medien (99 %) und in zweiter Linie aus bei Ärzten verteilten Faltblättern (27 %).

Susan A. Clancy (2009, S. 196) meint in ihrem umstrittenen Buch „The Trauma Myth", dass fast alle Menschen Schwierigkeiten damit hätten, sich sexuellen Missbrauch im nahen familiären Umfeld vorzustellen und ihn im Falle eines Falles zu akzeptieren. Solange man nicht direkt betroffen sei, wäre man jederzeit bereit zu sagen, dass man sich sofort von seinem Mann trennen oder beherzt eingreifen würde, um ein Kind zu schützen. Wenn es dann aber wirklich soweit sei, würden die meisten Menschen davor zurückschrecken. Gründe würden dann immer gefunden. „Er ist seit 30 Jahren ein angesehener Lehrer bei uns in der Gemeinde, da glaubt mir doch sowieso keiner" oder „Was werden die Leute über unsere Familie sagen, wenn ich das öffentlich mache" sind Beispiele für solche Argumente. Auch wenn ich sie nicht so generalisieren würde, steckt ein Stück Wahrheit hinter dieser Einschätzung. Ich habe solche Reaktionen in der Praxis auch einige Male erlebt. Es ist deshalb zumindest ein Stück weit ungerecht, mit dem Finger auf die betroffenen Eltern zu zeigen.

In der Bamberger Untersuchung wurden in einem zweiten Teil Mütter über ihre Kenntnisse zum sexuellen Missbrauch befragt, einmal bevor und einmal nachdem sie ein Präventionsprojekt mit drei Elternabenden absolviert hatten. Die Mütter verfügten anschließend über deutlich mehr Wissen zum sexuellen Missbrauch und zu den modernen Präventionsstrategien. Allerdings änderte sich trotzdem wenig bezüglich ihres Bildes vom Fremdtäter. Etwa die Hälfte der Eltern blieb zudem bei der Aussage, das eigene Kind solle bestimmte Höflichkeitsformen gegenüber Erwachsenen (wie z. B. die Hand geben) auf jeden Fall wahren (Knappe 1995, S. 244 ff.). Bei einer allerdings schon etwas älteren Untersuchung aus den USA war nach der Teilnahme an einem Elternabend nur wenig Wissenszuwachs bei den Eltern festzustellen. Besonders bedenklich stimmt vor dem Hintergrund der in den Kapiteln 3 und 5 referierten Ergebnissen die Aussage vieler Eltern, sie würden es schon merken, wenn ihr Kind sexuell missbraucht würde und müssten sich deshalb nicht so sehr mit Verhaltenssignalen und Anzeichen für einen sexuellen Missbrauch auseinandersetzen. „Ich würde es einfach wissen" oder „Ich würde es ihren Augen ansehen" sind Beispiele für diese Sichtweise der befragten Mütter, die mit der Realität nur wenig zu tun haben (Berrick 1988, S. 549).

In einer Untersuchung über eine in den USA durchgeführten Medienkampagne gegen den sexuellen Missbrauch wurde festgestellt, dass bei Eltern ein Wissenszuwachs zu verzeichnen war, wenn sie einen entsprechenden Film gesehen und eine schriftliche Information erhalten haben. Bei den Eltern, die entweder nur den Film geschaut oder nur den Flyer gelesen hatten, war kein signifikanter Wissenszuwachs zu verzeichnen. Eine Veränderung ihres Verhaltens fand sich ausschließlich bei den Eltern, die den Flyer rezipiert hatten. Mit der Zeit nahm das Wissen wieder ab (Rheingold, Campbell, Self-Brown, de Arellano, Resnick & Kilpatrick 2007, 358 ff.). Die Präventionsprojekte können also durch begleitende Medienkampagnen positiv unterstützt werden.

In jedem Fall bieten die Präventionsprojekte und -kampagnen den Eltern aber vielfältige Möglichkeiten, sich mit solchen Fragen zu beschäftigen, was bereits ein Fortschritt ist.

Eine Mutter, die an einem Präventionsprojekt des Kinderschutzzentrums Oldenburg teilgenommen hat, beschreibt ihre Erfahrung so:

> Durch das gesamte Projekt, damit meine ich alle erhaltenen Informationen/Materialien, konnte ich für mich selbst erkennen, wo ich meine Grenze habe, und dass es wichtig ist, an mir selbst zu arbeiten. Für mich stellte sich vor dem Projekt immer die Frage, wo liegen die Grenzen beziehungsweise welches Verhalten ist höflich und welches unhöflich. Wenn beispielsweise fremde Menschen meinem Kind über den Kopf streicheln, wie reagiere ich dann? Das Projekt hat mir in dieser Hinsicht mehr Sicherheit gegeben und mich dahingehend bestärkt, auch nein sagen zu können, wenn ich und auch mein Kind etwas nicht möchten.
>
> (Herschelmann 2009, S. 32)

Leider haben sich an der Bamberger Untersuchung fast nur Mütter beteiligt, sodass über die Väter nichts bekannt ist (Knappe 1995, S. 249 ff.). Das Kinderschutzzentrum Oldenburg hat in den letzten Jahren gute Erfahrungen damit gemacht, spezielle Mütter- und Väterabende sowie begleitende individuelle Gesprächsangebote anzubieten. Gerade durch die speziellen Väterabende konnten mehr Väter erreicht werden als zuvor (Herschelmann 2009, S. 31 f.).

Insgesamt kam man angesichts dieser Studienergebnisse sagen, dass noch viel zu tun ist, um Eltern in die Lage zu versetzen, ihre Kinder angemessen über den sexuellen Missbrauch aufzuklären. Die große Überraschung, die viele Menschen geäußert haben, als im Jahr 2010 die Diskussion über den sexuellen Missbrauch in Institutionen begann, unterstreicht ebenfalls noch einmal, wie viel noch im Argen liegt und zu tun ist. Über den sexuellen Missbrauch in Institutionen wird nämlich schon seit 20 Jahren ausführlich diskutiert. Außer ein paar Fachleuten hat dies aber offenbar keiner bemerkt.

12.2 Grundsätze der Elternbildung

Die Mütter und Väter, die zu einem Elternabend kommen, sind, was das Thema „sexueller Missbrauch“ angeht, in der Regel verunsichert. Neben vielen Fragen sind Gefühle wie Wut, Rache, Trauer, Faszination, Angst, Panik, Neugier, Bedrohung, sexuelle Erregung, Verleugnung, Zorn, Entsetzen und Abwehr bei einem Präventionsabend immer mit im Raum und werden auch zum Ausdruck gebracht. Manche Eltern haben ganz schlicht Angst um ihr Kind – insbesondere, wenn es aktuell einen Fall gegeben hat, von dem die Eltern Kenntnis erlangt haben. Gerade dann möchten die Mütter und Väter wissen, wie sie ihre Kinder (noch besser) schützen können, da es keine Vorbilder für eine präventive Erziehung gibt und gleichzeitig ein Mangel an seriösen Informationen herrscht (Braun 2002, S. 420).

Elternbildung sollte angesichts der Verunsicherung vieler Mütter und Väter auf Forderungen an die Eltern verzichten. Sie sollte vielmehr entlastend wirken, Unterstützung anbieten und Mut machen, sich mit diesem Thema auseinanderzusetzen. Diese Ziele sind nur zu erreichen, wenn es auf dem Elternabend um einen wirklichen Dialog mit den Eltern geht. Ihre Gefühle und Sorgen müssen ernst genommen werden und ihnen muss breiter Raum auf Elternabenden gegeben werden. Allein das akademische Herunterbeten von Informationen reicht nicht aus und führt meist zu Verärgerung bei den Eltern (ebd., S. 420 f.).

Im ruhigen Gespräch gilt es vielmehr, durch in einfacher Sprache vorgetragene Sachinformationen das Wissen der Eltern zu erweitern. Ihnen sollten in interessanter Form Anregungen für eine Sexualerziehung ihrer Kinder gegeben werden, die die Kinder zu einer selbststimmten Sexualität ermutigt. Dazu sollten den Eltern Materialien vorgestellt werden. Die Eltern sollten sich die Materialien in Ruhe anschauen und in die Hand nehmen können. Unangemessen ist es, über Fallbeispiele aus der Praxis oder der Literatur die Betroffenheit der Mütter und Väter noch weiter zu steigern (Enders 1995, S. 137).

Elternbildung spricht Mütter und Väter mit ihren Alltagsproblemen, Kompetenzen und Defiziten an, d. h. sie mischt sich in die Privatsphäre von (unbekannten) Menschen ein und berührt intime Fragen, die in der Regel in der Öffentlichkeit nicht besprochen werden. Vorwurfsvolle oder belehrende Untertöne sowie eine ideologisch verbrämte Besserwisserei sind deshalb ebenfalls unangemessen (ebd., S. 138).

In Lehrbüchern und Elternratgebern wird über Erziehung im Allgemeinen und die Prävention von sexuellem Missbrauch im Besonderen manches als einfach umzusetzen dargestellt. Demnach ist es z. B. kein Problem, dass jedes Baby schlafen lernt oder die Eltern mit ihren Kindern über Verhütung sprechen. In der alltäglichen Erziehungspraxis können solche Probleme oder ein Gespräch über Sexualität den Eltern aber unendliche Mühe bereiten. Den Müttern und Vätern sollte angesichts dieser Wirklichkeit Verständnis für die Schwierigkeiten und pädagogischen Unvollkommenheiten eines Alltags mit Kindern entgegengebracht werden. Der „pädagogische Zeigefinger" hat in der Elternbildung nichts zu suchen.

Eltern sind Mütter und Väter bzw. Frauen und Männer. In der Elternbildung sind Väter jedoch immer noch unterrepräsentiert bis nicht anwesend (Herschelmann 2009, S. 31 f.; Renz et al. 2002, S. 75; Braun 2001, S. 421). Wenn der Elternabend z. B. unbeabsichtigt mit einer Fußballübertragung im Fernsehen zusammenfällt, kommen oft fast ausschließlich Mütter oder zumindest noch weniger Väter als üblich. In der Studie von Jeanne M. Elrod und Roger H. Rubin (1993, S. 533) meinten viele Väter, sie würden ihre Frauen zu solchen Veranstaltungen schicken, damit sie für die Familie die entsprechenden Informationen einsammeln. Dies deutet immer noch auf eine traditionelle Rollenteilung in den Familien hin. Die Väter fühlten sich insbesondere dann angesprochen, wenn „Autoritäten" wie Ärzte zu Präventionsveranstaltungen einluden. Die Ergebnisse verschiedener Untersuchungen über die unterschiedliche Wahrnehmung von Opfern und Tätern durch Männer und Frauen verdeutlichen noch einmal eindrücklich, wie notwendig eine geschlechtsspezifische Elternarbeit ist. Männer neigen signifikant häufiger als Frauen dazu, die Opfer für weniger glaubwürdig zu halten, sie schreiben den Kindern - insbesondere den Jungen - mehr Verantwortung zu und halten sexuellen Missbrauch von Jungen – insbesondere durch Frauen - häufiger für nicht schädigend (Roger & Davies 2007, 567 ff.). Bei der Planung und Durchführung eines Elternabends müssen deshalb geschlechtsspezifische Aspekte berücksichtigt werden. Dabei kann es sinnvoll sein, „Mütterabende" bzw. „Väterabende" zu veranstalten (s. S. 163). Bezogen auf „Väterabende" bestehen aber drei grundlegende Probleme: Es gibt kaum versierte Fachmänner, es ist schwer, die Väter zur Teilnahme zu motivieren und es existieren kaum Konzepte für solche Abende (Braun 2002, S. 421).

Unter den Frauen und Männern, die beim Elternabend anwesend sind, befinden sich in der Regel selbst Betroffene von sexueller Gewalt. Entweder sind sie selbst als Kinder sexuell missbraucht worden oder Mütter und Väter von betroffenen Kindern. Bei Elternabenden kommt es deshalb immer wieder vor, dass sich eine Mutter oder ein Vater als Opfer sexuellen Missbrauchs zu erkennen gibt. Auf solche Situationen muss der Berater vorbereitet sein und sensibel reagieren können (ebd.).

Eine detaillierte Auseinandersetzung mit solchen Vorfällen gehört nicht auf einen Elternabend. Die oder der Betroffene sollten in einem Gespräch nach dem Ende des Elternabends an eine Beratungsstelle verwiesen werden. Betroffene Väter haben mir im Übrigen erzählt, sie hätten es später bereut, sich auf einem Elternabend „geoutet" zu haben. Im Nachhinein seien sie von anderen Eltern teilweise sehr unsensibel auf ihre Geschichte angesprochen worden.

Meist kommen bei einem Elternabend sehr verschiedene Mütter und Väter zusammen. Es nehmen Eltern aus allen Bildungsschichten, Eltern mit und ohne Migrationshintergrund oder Eltern mit behinderten Kindern teil. Es muss deshalb ein Niveau in Sprache und Darstellung gefunden werden, das möglichst viele Mütter und Väter anspricht (ebd.).

Schließlich sind es nicht nur die Väter und Mütter, an die sich Elternbildung richten sollte. Vor allem die Großeltern haben häufig großen Anteil an der Erziehung der Kinder, manchmal gilt dies auch für Tanten, Onkel oder Nachbarn. Von besonderer Bedeutung können solche Personen sein, wenn ein Kind sexuell missbraucht worden ist und ein soziales Unterstützungsnetz für die Familie geknüpft werden muss. Sie sollten folglich in der Elternbildung Berücksichtigung finden (ebd.). Zu einer umfassenden Prävention gehört es natürlich, die Erzieher, Lehrer oder andere Professionelle ebenfalls einzubeziehen und fortzubilden.

12.3 Inhalte und Ziele der Elternbildung

Motivation der Eltern

Erstes Ziel ist es, die Mütter und Väter zur Teilnahme an den Präventionsveranstaltungen zu motivieren. Fast alle, die Elternbildung anbieten, klagen, dass zu wenig Eltern kommen und dann die falschen – also die, „die es nicht nötig haben". Die Motivation der Eltern zu fördern an Präventionsprojekten teilzunehmen, gehört deshalb als integraler Bestandteil zur Elternbildung dazu (Braun 2002, S. 421). Dabei scheint es hilfreich zu sein, wenn die Veranstalter sehr qualifiziert sind und die Informationen hilfreich für den praktischen Umgang mit diesem Thema sind. Außerdem benötigen einige Familien Unterstützung bei der Kinderbetreuung und die Zeit der Eltern darf nicht überbeansprucht werden. Die meisten Eltern bevorzugen es, wenn die Veranstaltungen an ihnen bekannten Orten – wie der Schule oder der Kindertagesbetreuungseinrichtung ihrer Kinder – stattfinden. Ingesamt sollte sich die Veranstaltung vom Zeitablauf her in die Zeitstruktur der Familien einpassen (Elrod & Rubin 1993, 533 f.). Es müssen folglich entsprechende Konzepte erstellt werden, die beispielsweise elternfreundliche Zeiten und professionelle Werbung und Öffentlichkeitsarbeit vorsehen.

Informationen über sexuellen Missbrauch und Präventionsregeln

Trotz der sogenannten Enttabuisierung des sexuellen Missbrauchs bestehen weiterhin jede Menge Vorurteile und Mythen. Aufklärung und Information über die Fakten und Hintergründe sexuellen Missbrauchs sind deshalb immer noch die Grundlage jeglicher Präventionsarbeit (Braun 2002, S. 422). Damit die Eltern das Thema einordnen und eventuell bestehende extreme Auffassungen relativieren können, sollten im ersten Teil eines Elternabends folgende Fragen behandelt werden:

- Was ist sexueller Missbrauch?
- Wie verbreitet ist er?
- Wer ist betroffen oder gefährdet?
- Wie erleben betroffene Mädchen und Jungen diese Gewalt?
- Was sind die Folgen eines sexuellen Missbrauchs?
- Warum sind viele Kinder ambivalent in ihrer Haltung gegenüber dem Täter?
- Was bedeutet der sexuelle Missbrauch ihres Kindes für nicht missbrauchende Elternteile?
- Wie sollten Eltern nach einer Aufdeckung eines sexuellen Missbrauches mit ihrem Kind umgehen?
- Was sind die Ursachen sexueller Gewalt?
- Was wissen wir über Täter und Täterinnen?
- Wie gehen die Täter vor, um die Kinder „einzuwickeln", ihren Widerstand zu brechen und die Eltern zu täuschen?
- Wie kann dem Kind und der Familie geholfen werden?
- Welche Hilfsangebote gibt es vor Ort?

Im zweiten Teil oder besser noch an einem weiteren Termin sollte Basiswissen über Prävention und die Umsetzung einer präventiven Erziehungshaltung, über Sexualerziehung und über Präventionsmaterialien für Kinder und Erwachsene vermittelt werden (ebd.). Dabei sind den Eltern die folgenden zentralen Themen gemäß einer neueren Präventionsphilosophie zu vermitteln (Bange 1995, S. 27 f.; Damrow 2006, S. 87 ff.):

- Mein Körper gehört mir!
- Ich kann mich auf meine Gefühle verlassen und ihnen vertrauen!
- Es gibt gute, komische und schlechte Berührungen!
- Ich darf „Nein" sagen!
- Es gibt gute, komische und schlechte Geheimnisse! Komische oder schlechte Geheimnisse darf man weitererzählen. Das ist kein Petzen!
- Ich darf Hilfe holen und über den sexuellen Missbrauch sprechen, auch wenn es mir ausdrücklich verboten wurde!
- Kein Erwachsener hat das Recht, Kindern Angst zu machen!
- Kinder sind für den sexuellen Missbrauch nicht verantwortlich und tragen daran keine Schuld. Verantwortlich ist immer der Täter.
- Sexueller Missbrauch geschieht häufig innerhalb der Familie oder im Bekanntenkreis.
- Es ist richtig, sich Hilfe zu holen.
- Wer kann mir helfen?

Außerdem sollte den Eltern vermittelt werden, dass, wenn sich ein Kind ihnen anvertraut, sie ihm glauben, es trösten und ihm vermittelten sollten, dass es nicht für den sexuellen Missbrauch verantwortlich ist, egal wie es sich verhalten hat. Eine solche Haltung und Reaktion ist für die Kinder extrem bedeutsam.

Bei der Elternbildung spielen darüber hinaus Ziele und Inhalte eine Rolle, die sich auf Einstellungen beziehen und zum Nachdenken über das eigene Erziehungsverhalten anregen. So soll die Erziehungskompetenz der Eltern aktiviert, gestärkt und gegebenenfalls modifiziert werden. Dies wird erreicht, indem neue Sichtweisen von kindlicher Entwicklung, kindlichem Verhalten, kindlicher Sexualität und vom Umgang zwischen Erwachsenen und Kindern dargestellt werden. Indem die Eltern solche Informationen erhalten, können sie sich besser auf ihre Kinder einstellen und ihr Verhalten möglicherweise sogar als bereichernd erleben. Dabei steht das Erziehungsverhalten in seiner Gesamtheit zur Debatte und nicht nur Einzelaspekte wie Nein-Sagen (ebd.).

Hinsichtlich der Methoden ist darauf zu achten, dass nicht nur vorgetragen wird, sondern es Möglichkeiten für die Eltern gibt, ihre Fragen zu stellen. Außerdem sollte z. B. Zeit dafür da sein, um ein Rollenspiel oder eine andere Aktivität durchführen zu können. Zahlreiche Untersuchungen belegen, dass durch Rollenspiele und aktives Handeln der Eltern die Effekte der Präventionsprojekte deutlich steigen (Bange 1995, S. 31). Auf sie zu verzichten, heißt folglich viele Möglichkeiten ungenutzt zu lassen.

Was gehört nicht zur Elternbildung?

Es gibt einige Vorgehensweisen, die auf keinen Fall in die Elternbildung gehören:

- Detaillierte Schilderungen von Missbrauchspraktiken dienen niemandem, sie erzeugen höchstens blankes Entsetzen, Abwehr oder auch sexuelle Erregtheit bei dafür empfänglichen Personen (Braun 2002, S. 423).
- Betroffenheitserzeugungsversuche jeglicher Art sind unnötig, weil die meisten Eltern sowieso sehr betroffen sind. Zudem drückt es die Stimmung und senkt den Energiepegel, wenn ein ganzer Saal voller Menschen tief betroffen ist. Außerdem darf Betroffenheitserzeugung nicht mit Sensibilisierung gleichgesetzt werden. Sensibilisierung ist immer ein vorrangiges Ziel der Elternbildung (ebd.).
- Schilderungen angeblicher Folgen von sexuellem Missbrauch im Stile von „lebenslange Schäden", „irreparabel", „Seelenmord" u. Ä. entwerten die Überlebenskraft der Betroffenen. Bei aller gebührenden Ernsthaftigkeit im Umgang mit den Auswirkungen sexueller Gewalt ist es unangemessen, den Betroffenen öffentlich unheilbare Defekte zu bescheinigen (Enders 1995, S. 140 f.). Bei Eltern von betroffenen Kindern werden ansonsten bereits bestehende Ängste über die Zukunft ihrer Kinder unnötig weiter verstärkt.
- Polemische Angriffe gegen Kollegen, Täter, Mütter, Richter, Therapeuten, Beratungsstellen, Gutachter oder andere Personen sind in der Elternbildung fehl am Platz (Braun 2002, S. 423).
- Die Offenlegung persönlicher Betroffenheit seitens der Referenten gehört nicht auf einen Elternabend. Sie ist als Grenzüberschreitung zu bewerten und unprofessionell.

- Die Besprechung einzelner Fälle und/oder Beratung in Einzelfällen sind Teil der Beratungsarbeit, nicht aber der Elternbildung. Die Nennung von entsprechenden Fachstellen genügt.

Zusammenfassend: Elternbildung sollte auf keinen Fall belehrend oder überheblich sein, auch nicht traurig, entsetzlich und Energie raubend und vor allem nicht humorlos (Braun 2002, S. 423).

12.4 Strukturen professioneller Elternbildung

Im Folgenden werden – ohne Anspruch auf Vollständigkeit – einige strukturelle Bedingungen und Notwendigkeiten skizziert, die unabdingbar zur Elternbildung bzw. zur Prävention gehören:

- In jeder pädagogischen Institution muss sich mit dem Thema des sexuellen Missbrauchs und seiner Prävention beschäftigt werden.
- Sexueller Missbrauch und seine Prävention muss zwingender Bestandteil der Ausbildung der Fachkräfte sein. Wie dringlich die Umsetzung dieser Forderung ist, zeigt folgende aktuelle Erfahrung: Auf einer Fachtagung am 01. 11. 2010 in Rendsburg habe ich zwei Workshops zum Thema „sexueller Missbrauch und Heimerziehung" durchgeführt. Von den 45 Teilnehmern hatten sich nur fünf in ihrer Ausbildung mit dem sexuellen Missbrauch an Mädchen und Jungen befasst.
- Die Fachkräfte vor Ort müssen angesichts solcher Mängel in der Ausbildung dringend fort- und weitergebildet werden. Nur sensibilisierte und kompetente Fachkräfte können eine fachlich anspruchsvolle Präventionsarbeit leisten. Zudem brauchen die Fachkräfte zumindest eine Grundkompetenz, um in ihrer Einrichtung, vernetzt mit den Eltern, präventiv arbeiten zu können. Gleiches gilt natürlich auch für die Intervention und Beratung.
- Elternbildung ist professionelle Bildungsarbeit. Das heißt, die Referenten müssen über entsprechende Kompetenzen und Erfahrungen verfügen. Dies ist ein wichtiges Kriterium für Eltern, sich zu beteiligen. Die Referenten müssen entsprechend honoriert werden.
- Elternbildung bzw. Präventionsveranstaltungen dürfen keine einmalige Sache sein. Sie müssen kontinuierlich verlaufen, z. B. in Form einer Veranstaltungsreihe oder in Abständen immer wiederkehrender Veranstaltungen. So müsste mindestens eine Veranstaltung im Vorschulalter, eine in der Grundschulzeit und eine im 5. oder 6. Schuljahr verpflichtend angeboten werden.
- Präventionsveranstaltungen müssen Eltern verschiedener Nationalitäten oder Kulturkreise erreichen. Dafür müssen zum Teil andere als die herkömmlichen Angebote gemacht werden, um auf besondere Bedürfnisse von Eltern und Kindern mit Migrationshintergrund eingehen zu können.
- Elternbildung muss sich spiralförmig von kleineren Zusammenhängen (z. B. Gruppe im Kindergarten) zu größeren Zusammenhängen in Richtung community-education entwickeln (z. B. Elternabend im Stadtteil, in der Familienbildungsstätte, in der Ge-

meinde usw., mehrere Kindergärten zusammen, öffentliche Veranstaltung für alle). Nur so wird ein breiterer sozialer Kontext der Kinder angesprochen. Haben beispielsweise die Eltern, die Lehrerin, der Sporttrainer und die Tante eines Kindes am selben Präventionsprojekt teilgenommen und verwirklichen dann – im Idealfall – die angesprochenen Aspekte von Prävention aus einem Guss, hat dies einem deutlich größeren Effekt, wie wenn das Kind fünf unterschiedlichen Erziehungsstilen ausgesetzt ist. Je mehr Bezugspersonen im kindlichen Umfeld durch Elternbildungsarbeit angesprochen werden, desto besser (ebd., 423 f.).

Gerade wenn man diese letzten Ausführungen liest, wird den meisten Eltern und vielen Fachleuten sicher bewusst, welche Anstrengungen noch unternommen werden müssen, um die Prävention von sexuellem Missbrauch zu einem normalen Bestandteil der Erziehung in der Familie sowie in Kitas, Schulen und Jugendhilfeeinrichtungen zu machen. So gaben z. B. in einer Befragung von 41 nicht missbrauchenden Müttern aus Berlin und Köln 70 % an, dass ihre Kinder in der Schule nicht über sexuellen Missbrauch aufgeklärt worden sind (Klopfer et al. 1999, S. 661). In der im Jahr 2010 in Deutschland durchgeführten Jugendstudie sah etwa ein Drittel der Mädchen bei sich ein Informationsdefizit bezüglich des Themas der sexuellen Gewalt. Bei den Jungen sind es 15 % (Bundeszentrale für Gesundheitliche Aufklärung 2010, S. 68). Dies ist nicht verwunderlich, wenn die Ergebnisse einer Studie aus den USA auch für uns gelten sollten. Dort gaben 81 % der befragten Lehrer an, während ihrer College-Zeit und 66 % im Verlaufe ihres Studiums nichts über die Prävention von sexuellem Missbrauch erfahren zu haben (Renk et al. 2002, S. 76). In einer Studie über Schulsozialarbeiter aus Australien hatten von den 68 Teilnehmern nur 56 % eine formale Fort- und Weiterbildung zum Thema des sexuellen Missbrauchs besucht. Weniger als zehn Prozent fühlten sich sehr sicher hinsichtlich ihres Wissens über die Symptome und das Erkennens eines sexuellen Missbrauchs (Goldman & Padayachi 2005, S. 315). Es bleibt deshalb zu hoffen, dass die von der Politik einberufenen „runden Tische" strukturell etwas bewegen. Eine flächendeckende Prävention wird allein durch „gute Worte", ohne zusätzliche finanzielle Mittel nicht zu machen sein. Da sich Politik gerne an Zahlen messen lässt, kann ihr Engagement in den nächsten Jahren an den Haushaltsplänen des Bundes, der Länder und Kommen überprüft werden. Die Politik, aber gleichermaßen die Kirchen und die Sportverbände werden sich in Zukunft an ihren im Jahr 2010 gemachten Versprechungen und Ankündigungen messen lassen müssen. Sie werden nicht mehr so einfach wie in den vergangenen Jahrzehnten zur Tagesordnung übergehen können. Darüber hinaus muss dringend mehr über sexuellen Missbrauch geforscht werden. Schaut man sich Vorlesungsverzeichnisse von Fachhochschulen und Universitäten an, gewinnt man den Eindruck, es gäbe sexuellen Missbrauch an Mädchen und Jungen nicht. Dass es in Deutschland keinen entsprechenden Lehrstuhl gibt, ist ebenfalls kein tragbarer Zustand.

Für die sexuell missbrauchten Mädchen und Jungen sowie ihre Vertrauenspersonen sind der weitere Ausbau des Hilfesystems, die weitere Qualifizierung der Professionellen und mehr Präventionsveranstaltungen und -projekte ein unerlässlicher Schritt. Nur so kann vielen Kindern und ihren Angehörigen in Zukunft viel Leid erspart werden. Dafür lohnt sich jeder eingesetzte Euro.

Literaturtipps

Fachbücher

Gabriele Amann & Rudolf Wipplinger (Hrsg.). Sexueller Missbrauch: Überblick zu Forschung, Beratung und Therapie. Ein Handbuch. dvgt-Verlag (3. überarbeitete Auflage 2005).

Dirk Bange & Wilhelm Körner (Hrsg.). Handwörterbuch Sexueller Missbrauch. Hogrefe (2002).

Ursula Enders (Hrsg.). Zart war ich, bitter war's. Handbuch gegen sexuelle Gewalt an Mädchen und Jungen. Kiepenheuer & Witsch (3. überarbeitete Auflage 2009).

Selbsthilfe

Ellen Bass & Laura Davis. Trotz allem. Wege zur Selbstheilung für sexuell missbrauchte Frauen. Orlanda Frauenverlag (15. aktualisierte und erweiterte Neuauflage 2009).

Laura Davis. Verbündete. Ein Handbuch für Partnerinnen und Partner von Überlebenden sexueller Gewalt. Orlanda Frauenverlag (3. überarbeitete Auflage 2008).

Mike Lew. Victims no longer: The classic guide for men recovering from sexual child abuse. Harper Collins (2nd edition 2004).

Autobiografien

Liane Dirks. Die liebe Angst. Köln: Kiepenheuer & Witsch (2007).

Kristian Ditlev Jensen. Ich werde es sagen. Geschichte einer missbrauchten Kindheit. Klett-Cotta (2004).

Hilfreiche Adressen für Betroffene

Bei den folgenden Einrichtungen können betroffene Eltern direkt Hilfe erhalten oder Adressen und Telefonnummern der bei ihnen vor Ort tätigen Hilfeeinrichtungen finden:

- Der *„Weiße Ring"* ist eine weithin bekannte Hilfsorganisation für Kriminalitätsopfer und ihre Familien. Er betreibt ein bundesweites Opfertelefon unter der Telefonnummer 08 00/08 00-3 43.

  Internetadresse: www.weisser-ring.de

- Die *„Kinderschutz-Zentren"* bieten Beratung für Kinder und Familien bei allen Formen der Gewalt gegen Kinder an. Auf der Homepage der Bundesarbeitsgemeinschaft der Kinderschutz-Zentren finden sich die Adressen und Telefonnummern aller örtlichen Zentren in 25 Städten.

  Internetadresse: www.kinderschutz-zentren.org

- *„Wildwasser Berlin"* war Anfang der 1980er Jahre die erste Spezialeinrichtung gegen den sexuellen Missbrauch an Mädchen und Jungen. Mittlerweile gibt es in vielen Städten solche Beratungsangebote. Über die Homepage von „wildwasser" finden sich alle Adressen und Telefonnummern entsprechender Beratungsangebote, z. B. auch von Einrichtungen wie *„Zartbitter Köln e. V."*.

  Internetadresse: www.wildwasser.de

- *„N.I.N.A."* steht für „Nationale Infoline, Netzwerk und Anlaufstelle zu sexueller Gewalt an Mädchen und Jungen". Betroffene können bei N.I.N.A. unter der Telefonnummer 0 18 05/12 34 65 anrufen. Sie erhalten dort direkt, unbürokratisch und auf Wunsch auch anonym Hilfe und Informationen.

  Internetadresse: www.nina-info.de

- *„Power-Child e. V."* ist ein Präventionsnetzwerk gegen sexuelle Gewalt an Kindern und Jugendlichen. Der Verein betreibt ein Beratungstelefon unter der Telefonnummer 0 89/38 66-68 88.

  Internetadresse: www.power-child.de

- Die Bundesregierung hat am 24. März 2010 Frau Dr. Bergmann als Unabhängige Beauftragte zur Aufarbeitung des sexuellen Kindesmissbrauchs berufen. Die Unabhängige Beauftragte betreibt eine zentrale Anlaufstelle für von sexuellem Kindesmissbrauch Betroffene unter der Telefonnummer 08 00/2 25 55 30.

  Internetadresse: www.beauftragte-missbrauch.de

Literatur

Abel, G.G. & Rouleau, J.-L. (1990). The nature and extent of sexual assault. In W.L. Marshall, D.R. Laws & H.E. Barbaree (Eds.), Handbook of sexual assault: Issues, Theories and Treatment of the Offender (pp. 9–21). New York & London: Plenum Books.

Adams, C. & Fay, J. (1989). Ohne falsche Scham. Wie Sie Ihr Kind vor sexuellem Missbrauch schützen können. Reinbek: rororo.

Alaggia, R. (2004). Many ways of telling: Expanding conceptualizations of child sexual abuse disclosure. Child Abuse & Neglect, Vol. 28, 1213–227.

Alexander, P.C., Teti, L. & Anderson, C.L. (2000). Childhood sexual abuse history and role reversal in parenting. Child Abuse & Neglect, Vol. 24, 829–838.

Amand, A. St., Bard, D.E. & Silovsky, J.F. (2008). Meta-analysis of treatment for child sexual behavior problems: Practice elements and outcome. Child Maltreatment, Vol. 13, 145–166.

Arata, C.M. (1998). To tell or not to tell: Current functioning of child sexual abuse survivors who disclosed their victimization. Child Maltreatment, Vol. 3, 63–71.

Arbeitsgruppe Deutsche Child Behavior Checklist (1998). CBCL/4-18. Elternfragebogen über das Verhalten von Kindern und Jugendlichen. Köln: Arbeitsgruppe Deutsche Child Behavior Checklist.

Armstrong, L. (1985). Kiss daddy goodnight. Frankfurt a.M.: Suhrkamp.

Association for the Treatment of Sexual Abusers (2006). Report of the task force on children with sexual behavior problems. Verfügbar unter http://atsa.com/pdfs/Report-TFCSBP.pdf (09.10.2010)

Australian Goverment & Australian Institute of Family Studies (2007). Allegations of family violence and child abuse in family law children's proceedings: A pre-reform exploratory study. Research Report, no. 15. Verfügbar unter www.aifs.gov.au/institute/pubs/resreport15/report15pdf/aifsreport15.pdf (29.11.2010)

Avery, L., Massat, C.R. & Lundy, M. (1998). The relationsship between parent and child reports of parental supportiveness and psychopathology of sexually abused children. Child and Adolescent Social Work, Vol. 15, 187–205.

Badinter, E. (1996). Die Mutterliebe. Geschichte eines Gefühls vom 17. Jahrhundert bis heute. München: Piper.

Ballard, D.T., Blair, G.D., Devereaux, S., Valentine, L.K., Horton, A.L. & Johnson, B.L. (1990). A comparative profile of the incest perpetrator: Background characteristics, abuse history, and use of social skills. In A.L. Horton, B.L. Johnson, L.M. Roundy & D. Williams, D. (Eds.). The incest perpetrator. A family member no one wants to treat (pp. 43–64). Sage: Newbury Park.

Bange, D. (1992). Die dunkle Seite der Kindheit. Sexueller Missbrauch an Mädchen und Jungen. Ausmaß – Hintergründe – Folgen. Köln: Volksblatt.

Bange, D. (1995). Nein zu sexuellen Übergriffen – Ja zur selbstbestimmten Sexualität: Eine kritische Auseinandersetzung mit Präventionsansätzen. In Arbeitsgemeinschaft Kinder- und Jugendschutz NRW (Hrsg.), Sexueller Missbrauch an Mädchen und Jungen. Sichtweisen und Standpunkte zur Prävention (S. 19–48). Köln: Arbeitsgemeinschaft Kinder- und Jugendschutz NRW.

Bange, D. (2002). Erinnerungen. In D. Bange & W. Körner (Hrsg.). Handwörterbuch Sexueller Missbrauch (S. 61–68). Göttingen: Hogrefe.

Bange, D. (2004). Definition und Häufigkeit von sexuellem Missbrauch. In W. Körner & A. Lenz (Hrsg.), Sexueller Missbrauch. Band 1: Grundlagen und Konzepte (S. 29–37). Göttingen: Hogrefe.

Bange, D. (2007). Sexueller Missbrauch an Jungen. Die Mauer des Schweigens. Göttingen: Hogrefe.

Bange, D. (2010). Vom Opfer zum Täter – Mythos oder Realität? In P. Briken, A. Spehr, G. Romer & W. Berner (Hrsg.), Sexuell grenzverletzende Kinder und Jugendliche (S. 27–45). Lengerich: Pabst Science Publishers.

Bange, D. & Deegener, G. (1996). Sexueller Missbrauch an Kindern. Ausmaß – Hintergründe – Folgen. Weinheim: Beltz-PVU.

Bange, D. & Enders, U. (1995). Auch Indianer kennen Schmerz. Sexuelle Gewalt gegen Jungen. Köln: Kiepenheuer & Witsch.

Bange, D., Hofmann, S., Kristian, S. & Töwe, C. (2007). Minderjährige Sexual(straf)täter – Fakten, Hintergründe und das Hamburger Modellprojekt. Zeitschrift für Jugendkriminalrecht und Jugendhilfe, 1, 43–52.

Bange, D. & Körner, W. (2004). Leitlinien im Umgang mit dem Verdacht auf sexuellen Kindesmissbrauch. In W. Körner & A. Lenz (Hrsg.), Sexueller Missbrauch. Band 1: Grundlagen und Konzepte (S. 247–273). Göttingen: Hogrefe.

Banyard, V. L. (1997). The impact of childhood sexual abuse and family functioning on four dimensions of women's later parenting. Child Abuse & Neglect, Vol. 21, 1095–1107.

Banyard, V. L., Englund, D. W. & Rozelle, D. (2001). Parenting the traumatized child: attending to the needs of nonoffending caregivers of traumatized children. Psychotherapy, Vol. 38, 74–87.

Banyard, V. L., Williams, L. M. & Siegel, J. A. (2003). The impact of complex trauma and depression on parenting: An exploration of mediating risk and protective factors. Child Maltreatment, Vol. 8, 334–349.

Benedek, E. & Schetky, D. (1985). Allegations of sexual abuse in child custody and vistation disputes. In D. Schetky & E. Benedek (Eds.), Emerging issues in child psychiatry and law (pp. 145–158). New York: Brunner & Mazel.

Bentovim, A., Boston, P. & Elburg, A. V. (1987). Child sexual abuse – children and families referred to a treatment project and the effects of intervention. British Medical Journal, Vol. 295, 1453–1457.

Berliner, L. & Conte, J. R. (1990). The process of victimization: The victims perspective. Child Abuse & Neglect, Vol. 14, 29–40.

Berliner, L. & Conte, J. R. (1995). The effects of disclosure and intervention on sexually abused children. Child Abuse & Neglect, Vol. 19, 371–384.

Berrick, J. D. (1988). Parental involvement in child sexual abuse prevention training: What do they learn? Child Abuse & Neglect, Vol. 12, 543–553.

Bolen, R. M. (1998). Development of an ecological/transactional model of sexual abuse victimization and analysis of its nomological classification system. Unpublished doctoral dissertation. University of Texas, Arlington.

Bolen, R. M. (2001). Child sexual abuse: Its scope and our failure. New York: Kluwer Academic Publishers.

Bolen, R. M. (2002). Guardian support of sexually abused children: A definiton in search of a construct. Trauma, Violence, Abuse, Vol. 3, 40–67.

Bolen, R. M. & Lamb, J. L. (2002). Guardian support of sexually abused children: A pilot study of its predictors. Child Maltreatment, Vol. 7, 265–276.

Bolen, R. M. & Lamb, J. L. (2004). Ambivalence of nonoffending guardians after child sexual abuse disclosure. Journal of Interpersonal Violence, Vol. 19, 185–211.

Bolen, R. M. & Lamb, J. L. (2007). Can nonoffending mothers of sexually abused children be both ambivalent and supportive? Child Maltreatment, Vol. 12, 191–197.

Bonanno, G. A., Noll, J. G., Putnam, F. W., O'Neil, M. & Trickett, P. K. (2003). Predicting the willingness to disclosure childhood sexual abuse from measures of repressive coping and dissociative tendencies. Child Maltreatment, Vol. 8, 302–318.

Bowman, K. G., Ryberg, J. W. & Becker, H. (2009). Examining the relationsship between a childhood history of sexual abuse and later dissociation, breast-feeding practices, and parenting anxiety. Journal of Interpersonal Violence, Vol. 24, 1304–1317.

Boyer, D. & Fine, D. (1992). Sexual abuse as a factor in adolescent pregnancy and child treatment. Family Planning Perspectives, Vol. 24, 4–19.

Bradley, A. R. & Wood, J. M. (1996). How do children tell? The disclosure process in child sexual abuse. Child Abuse & Neglect, Vol. 20, 881–891.

Braun, G. (2002). Prävention als Elternbildung. In D. Bange & W. Körner (Hrsg.), Handwörterbuch Sexueller Missbrauch (S. 420–425). Göttingen: Hogrefe.

Breckenridge, J. & Davidson, J. (2002). The impact of mother's own history of child sexual assault in their child's therapy – Help or hinderance. Paper presented on the Conference „Expanding our Horizons. Understanding the Complexities of Violence Against Women." 18–22 February 2002, University of Sydney, Australia.

Breitenbach, E. (1993). Mütter missbrauchter Mädchen. Pfaffenweiler: Centaurus.

Breitenbach, E. (2002). Mütter. In D. Bange & W. Körner (Hrsg.), Handwörterbuch Sexueller Missbrauch (S. 367–372). Göttingen: Hogrefe.

Briere, J. & Runtz, M. (1989). University males' sexual interest in children: Predicting potential indices of „pedophilia" in a nonoffending sample. Child Abuse & Neglect, Vol. 13, 65–75.

Brockhaus, U. & Kolshorn, M. (1993). Sexuelle Gewalt gegen Mädchen und Jungen. Mythen, Fakten, Therorien. Frankfurt a. M.: Campus.

Budin, L. E. & Johnson, C. F. (1989). Sex abuse prevention programs: Offenders' attitudes about their efficacy. Child Abuse & Neglect, Vol. 13, 77–87.

Bullens, R. (1995). Der Grooming-Prozess – oder das Planen des Missbrauchs. In B. Marquardt-Mau (Hrsg.), Schulische Prävention gegen sexuelle Kindesmisshandlung. Grundlagen, Rahmenbedingungen, Bausteine und Modelle (S. 55–67). Weinheim: Juventa.

Bundesministerium für Familie, Senioren, Frauen und Jugend (2006). Siebter Familienbericht. Familie zwischen Flexibilität und Verlässlichkeit. Perspektiven für eine lebenslaufbezogene Familienpolitik. Deutscher Bundestag. Drucksache 16/1360. Berlin: Autor.

Bundesministerium für Familie, Senioren, Frauen und Jugend (2010). Evaluationsbericht Bundeselterngeld- und Elternzeitgesetz 2009. Berlin: Autor.

Bundeszentrale für gesundheitliche Aufklärung (Hrsg.) (2010). Jugendsexualität – Repräsentative Wiederholungsbefragung von 14- bis 17-Jährigen und ihren Eltern – aktueller Schwerpunkt Migration. Köln: Autor.

Burger, E. & Reiter, C. (1993). Sexueller Missbrauch von Kindern und Jugendlichen. Intervention und Prävention. Herausgegeben vom Bundesministerium für Familie und Senioren. Stuttgart: Kohlhammer.

Burkett, L. P. (1991). Parenting behaviors of women who were sexually abused as children in their familiy of origin. Family Process, Vol. 30, 421–434.

Busse, D., Steller, M. & Volbert, R. (2000). Abschlussbericht zum Forschungsprojekt: Sexueller Missbrauch in familiengerichtlichen Verfahren. Berlin: Institut für Forensische Psychiatrie der Charité Universitätsmedizin Berlin.

Caldwell, M. F. (2007). Sexual offense adjudication and sexual recidivism among juvenile offenders. Sexual abuse: A Journal of Research and Treatment, Vol. 19, 107–113.

Campis, L. B., Hebden-Curtis, J. & Demaso, D. R. (1993). Developmental differences in detection and disclosure of sexual abuse. Journal of the Academy of Child and Adolescent Psychiatry, Vol. 32, 920–924.

Carpentier, M. Y., Silovsky, J. F. & Chaffin, M. (2006). Randomized trial of treatment for children with sexual behavior problems: Ten-year follow-up. Journal of Consulting and Clinical Psychology, Vol. 74, 482–488.

Carter, B. (1993). Child sexual abuse: Impact on mothers. Affilia, Vol. 8, 72–90.

Chaffin, M. (2008). Our minds are made UP – Don't confuse us with the facts: Comment on policies concerning children with sexual behavior problems and juvenile sex offenders. Child Maltreatment, Vol. 13, 111–121.

Clancy, S. A. (2009). The trauma myth. The truth about the sexual abuse of children – and its aftermath. New York: Basic Books.

Cohen, J. A., Deblinger, E., Mannarino, A. P. & Steer, R. (2004). A mulit-site, randomized controlled trail for children with abuse-related PTSD symptoms. Journal of the American Academy of Child & Adolescent Psychiatry, Vol. 43, 393–402.

Cohen, J. A. & Mannarino, A. P. (1996). A treatment outcome study for sexually abused preschool children: Initial findings. Journal of the Academy of Child and Adolescent Psychiatry, Vol. 35, 42–50.

Cohen, J. A. & Mannarino, A. P. (1998a). Interventions for sexually abused children: Initial treatment outcome findings. Child Maltreatment, Vol. 3, 17–26.

Cohen, J. A. & Mannarino, A. P. (1998b). Factors that mediate treatment outcome of sexually abused preschool children: Six and 12-month follow-up. Journal of the Academy of Child and Adolescent Psychiatry, Vol. 37, 44–51.

Cohen, T. (1995). Motherhood among incest survivors. Child Abuse & Neglect, Vol. 19, 1423–1429.

Cole, P. M., Woolger, C., Power, T. G. & Smith, K. D. (1992). Parenting difficulties among incest survivors of father-daughter incest. Child Abuse & Neglect, Vol. 16, 239–249.

Coles, J. (2009). Qualitative study of breastfeeding after childhood sexual assault. Journal of Human Lactation, Vol. 25, No. 3, 317–324.

Conte, J. R. & Schuerman, J. (1987). The effects of child sexual abuse on children: A multidimensional view. Journal of Interpersonal Violence, 2, 380–390.

Conte, J. R., Wolf, S. & Smith, T. (1989). What sexual offenders tell us about prevention strategies. Child Abuse & Neglect, Vol. 13, 293–301.

Coohey, C. & O'Leary, P. (2008). Mothers' protection of their children after discovering they have been sexually abused: An information-processing perspective. Child Abuse & Neglect, Vol. 32, 245–259.

Corcoran, J. & Pillai, V. (2008). A meta-analysis of parent-involved treatment for child sexual abuse. Research on Social Work Practice, Vol. 18, 453–464.

Corwin, D. L., Berliner, L., Goodman, G., Goodwin, J. & White, S. (1987). Child sexual abused and custody disputes. Journal of Interpersonal Violence, Vol. 2, 91–105.

Crisma, M., Bascelli, E., Paci, D. & Romito, P. (2004). Adolescents who experienced sexual abuse: fears, needs and impediments to disclosure. Child Abuse & Neglect, Vol. 28, 1035–1048.

Cyr, M., Wright, J., Toupin, J., Oxman-Martinez, J., McDuff, P. & Thériault, C. (2003). Predictors of maternal support: The point of view of adolescent victims of sexual abuse and their mothers. Journal of Child Sexual Abuse, Vol. 12, 39–65.

Damrow, M. K. (2006). Sexueller Kindesmissbrauch: Eine Studie zu Präventionskonzepten, Resilienz und erfolgreicher Intervention. Frankfurt a. M.: Juventa.

Dannecker, M. (1987). Zur strafrechtlichen Behandlung der Pädosexualität. In M. Dannecker (Hrsg.), Das Drama der Sexualität (S. 72–89). Frankfurt a. M.: Athenäum.

David, K.-P. & Bange, D. (2002). Rückführungskriterien. In D. Bange & W. Körner (Hrsg.), Handwörterbuch Sexueller Missbrauch (S. 516–522). Göttingen: Hogrefe.

De Jong, A. R. (1988). Maternal responses to the sexual abuse of their children. Pediatrics, Vol. 81, 14–21.

Deberding, E. & Klosinski, G. (1995). Analyse von Familienrechtsgutachten mit gleichzeitigem Vorwurf des sexuellen Missbrauchs. Kindheit und Entwicklung, 4, 212–217.

Deblinger, E., Hathaway, C. R., Lippman, J. & Steer, R. (1993). Psychosocial characteristics and correlates of symptom distress in nonoffending mothers of sexually abused children. Journal of Interpersonal Violence, Vol. 8, 155–168.

Deblinger, E., Stauffer, L. B. & Steer, R. (2001). Comparative efficacies of supportive and cognitive behavioral group therapies for young children who have been sexually abused and their nonoffending mothers. Child Maltreatment, Vol. 6, 332–343.

Deblinger, E., Steer, R. & Lippman, J. (1999). Maternal factors associated with sexually abused children's psychosocial adjustment. Child Maltreatment, Vol. 4, 13–20.

Deblinger, E., Thakkar-Kolar, R. R., Berry, E.-J. & Schroeder, C. M. (2010). Caregiver's efforts to educate their children about child sexual abuse: A replication study. Child Maltreatment, Vol. 15, 91–100.

Deegener, G. (1995). Sexueller Missbrauch: Die Täter. Weinheim: Beltz-PVU.

Deegener, G. (1999). Sexuell aggressive Kinder und Jugendliche – Häufigkeiten und Ursachen, Diagnostik und Therapie. In S. Höfling, D. Drewes & I. Epple-Waigel (Hrsg.), Auftrag Prävention. Offensive gegen sexuellen Missbrauch (S. 352–382). München: Hanns Seidel Stiftung.

Derogatis, L. R. & Spencer, P. (1982). The brief symptom inventory: Administration, scoring and procedures manual–I. Baltimore: Clinical Psychometric Research.

Deutscher Verein für öffentliche und private Fürsorge (2010). Empfehlungen des Deutschen Vereins zur Umsetzung gesetzlicher Änderungen im familiengerichtlichen Verfahren (DV 13/09 AF II). Berlin: Deutscher Verein.

Deutschlandfunk 21.09.2010 um 13.15 Uhr. Missbrauch: „Viele haben es verdrängt". Kinderschutzpräsident Hilgers unterstützt die Kampagne der Missbrauchsbeauftragten. Heinz Hilgers im Gespräch mit Silvia Engels. Verfügbar unter: www.dradio.de/dlf/sendungen/interview_dlf/1277281/

DeVoe, E. R. & Faller, K. C. (1999). The characteristics of disclosure among children who may have been sexually abused. Child Maltreatment, Vol. 4, 217–227.

DeYoung, M. (1994). Women as mothers and wives in paternally incestuous families: Coping with role conflict. Child Abuse & Neglect, Vol. 18, 73–83.

Dietrich, P. S., Fichtner, J., Halatcheva, M., Sandner, E. & Weber, M. (2010). Arbeit mit hochkonflikthaften Trennungs- und Scheidungsfamilien. Eine Handreichung für die Praxis. München: Deutsches Jugendinstitut. Verfügbar unter: www.dji.de/hochkonflikt/(05.05.2010).

Dietz, C. A. & Craft, J. L. (1980). Family dynamics of incest: A new perspective. Social casework. The Journal of Contemporary Social Work, Vol. 61, 102–109.

DiLillo, D. & Damashek, A. (2003). Parenting characteristics of women reporting a history of childhood sexual abuse. Child Maltreatment, Vol. 8, 319–333.

Dirks, L. (1986). Die liebe Angst. Reinbek: rororo.

Dorpat, C. (1982). Welche Frau wird so geliebt wie du? Berlin: Rotbuch.

Douglas, A. R. (2000). Reported anxieties concerning intimate parenting in women sexually abused as children. Child Abuse & Neglect, Vol. 24, 425–434.

Drach, K. M., Wientzen, J. & Ricci, L. R. (2001). The diagnostic utility of sexual behavior problems in diagnosing sexual abuse in a forensic child abuse evaluation clinic. Child Abuse & Neglect, Vol. 25, 489–503.

Dubowitz, H., Black, M. M., Cox, C. E., Kerr, M. A., Litrownik, A. J., Radhakrishna, A., English, D. J., Schneider, M. W. & Runyan, D. K. (2001). Father involvement and children's functioning at age 6 years: A multiside study. Child Maltreatment, Vol. 6, 300–309.

Dubowitz, H., Black, M. M., Kerr, M. A., Hussey, J. M., Morrel, T. M., Everson, M. D. & Starr, R. H. (2001). Type and timing of mothers victimization: Effects of mothers and children. Pediatrics, Vol. 107, 728–735.

Dunand, A. (1993). Der sexuelle Missbrauch von Kindern im Kontext von Familie und Gesellschaft. Kontext, Vol. 23, 6–19.

Elkovitch, N., Latzman, R. D., Hansen, D. J. & Flood, M. F. (2009). Understanding child sexual behavior problems: A development psychopathology framework. Clinical Psychology Review, Vol. 29, 586–598.

Elliott, A. & Carnes, C. N. (2001). Reactions of nonoffending parents to the sexual abuse of their child: A review of the literature. Child Maltreatment, Vol. 6, 314–331.

Elliott, D. M. & Briere, J. (1995). Posttraumatic stress associated with delayed recall of sexual abuse: A general population study. Journal of Traumatic Stress, Vol. 8, 629–647.

Elliott, M., Browne, K. & Kilcoyne, J. (1995). Child abuse prevention: What offenders tell us. Child Abuse and Neglect, Vol. 19, 579–594.

Elrod, J. M. & Rubin, R. H. (1993). Parental involvement in sexual abuse prevention education. Child Abuse & Neglect, Vol. 17, 527–538.

Elterman, M. F. & Ehrenberg, M. F. (1991). Sexual abuse allegations in child custody disputes. Journal of International of Law and Psychiatry, Vol. 14, 269–286.

Enders, U. (1995). Über Selbstvertrauen und (Über-)Lebenskraft. Ein Elternabend im Kindergarten und in der Schule. In Arbeitsgemeinschaft Kinder- und Jugendschutz NRW (Hrsg.), Sexueller Missbrauch an Mädchen und Jungen. Sichtweisen und Standpunkte zur Prävention (S. 137–142). Köln: Arbeitsgemeinschaft Kinder- und Jugendschutz NRW.

Enders, U. (Hrsg.). (2001). Zart war ich, bitter war's. Handbuch gegen sexuelle Gewalt an Mädchen und Jungen. Überarbeitete und erweiterte Neuausgabe. Köln: Kiepenheuer & Witsch.

Enders, U. & Stumpf, J. (1991). Mütter melden sich zu Wort. Köln: Volksblatt.

Endres, J. & Scholz, B. O. (1994). Sexueller Kindesmissbrauch aus psychologischer Sicht. Neue Zeitschrift für Strafrecht, Vol. 14, 466–473.

Ernst, C. (2005). Zu den Problemen der epidemiologischen Erforschung des sexuellen Missbrauchs. In G. Amann & R. Wipplinger (Hrsg.), Sexueller Missbrauch: Überblick zu Forschung, Beratung und Therapie. Ein Handbuch (3., aktualisierte Auflage, S. 61–80). Tübingen: dgvt Verlag.

Everson M. D. & Boat, B. W. (1989). False allegations of sexual abuse by children and adolescents. Journal of the American Academy of Child and Adolescent Psychiatry, Vol. 28, 230–235.

Everson, M. D., Hunter, W. M., Runyon, D. K., Edelsohn, G. A. & Coulter, M. L. (1989). Maternal support following disclosure of incest. American Journal of Orthopsychiatry, Vol. 59, 197–207.

Faller, K. C. (1988). The myth of the „collusive mother". Variability in the functioning of mothers of victims of intrafamilial sexual abuse. Journal of Interpersonal Violence, Vol. 3, 190–196.

Faller K. C. (1989). Why sexual abuse? An exploration of the intergenerational hypothesis. Child Abuse & Negect, Vol. 13, 543–548.

Faller, K. C. (1990). Sexual abuse by parental caretakers: A comparison of abusers who are biological fathers in intact families, stepfathers, and noncustodial fathers. In A. L. Horton, B. L. Johnson, LM. Roundy & D. Williams (Eds.), The incest perpetrator. A family member no one wants to treat (pp. 45–73). Sage: Newbury Park.

Faller, K. C. (1991). Possible explanations for child sexual abuse allegations in divorce. American Journal of Orthopsychiatry, Vol. 61, 86–91.

Faller, K. C. & DeVoe, E. (1995). Allegations of sexual abuse in divorce. Journal of Child Sexual Abuse, Vol. 4, 1–25.

FAZ.NET (2010). Bergmann ruft katholoInsche Kirche zu Entschädigung auf. Verfügbar unter www.faz.net.de (22. 09. 2010).

FAZ.NET (2010). Missbrauch im Sport. Vertuschen und Vergessen. Verfügbar unter www.faz.net.de (21. 03. 2010).

Fegert, J. M. (1995). Kinderpsychiatrische Begutachtung und die Debatte um den Missbrauch mit dem Missbrauch. Zeitschrift für Kinder- und Jugendpsychiatrie, Vol. 23, 9–19.

Feiring, C. & Taska, L. S. (2005). The persistence of shame following sexual abuse: A longitudinal look at risk and recovery. Child Maltreatment, Vol. 10, 337–349.

Feiring, C., Taska, L. & Lewis, M. (1999). Age and gender differences in children's and adolescents' adaption to sexual abuse. Child Abuse & Neglect, Vol. 23, 115–128.

Ferenczi, S. (1932). Sprachverwirrung zwischen dem Erwachsenen und dem Kind. In J. M. Masson (Hrsg.), Was hat man Dir, Du armes Kind, getan? Sigmung Freuds Unterdrückung der Verführungstheorie (S. 317–330). Reinbek: rororo.

Fertsch-Röver, J. (2010). Zur Gesprächsführung mit Eltern beim Verdacht auf Kindeswohlgefährdung (durch die Eltern). Zeitschrift für Kindschaftsrecht und Jugendhilfe, 3, 90–96.

Fiedler, P. (2004). Sexuelle Orientierung und sexuelle Abweichung. Weinheim: Beltz-PVU.

Fillipas, H. H. & Ullman, S. E. (2006). Child sexual abuse, coping responses, self-blame, posttraumatic stress disorder, and adult sexual revictimisation. Journal of Interpersonal Violence, Vol. 21, 652–672.

Finkel, M. (2002). Migrantinnen und Migranten. In D. Bange & W. Körner (Hrsg.), Handwörterbuch Sexueller Missbrauch (S. 346–354). Göttingen: Hogrefe.

Finkelhor, D. (1979). Sexually victimized children. New York: The Free Press.

Finkelhor, D. (Ed.). (1984). Child sexual abuse: new theory and research. New York: The Free Press.

Finkelhor, D. (2005). Zur internationalen Epidemiologie von sexuellem Missbrauch an Kindern. In G. Amann & R. Wipplinger (Hrsg.), Sexueller Missbrauch: Überblick zu Forschung, Beratung und Therapie. Ein Handbuch (S. 81–94). Tübingen: dgvt Verlag.

Finkelhor, D. & Berliner, L. (1995). Research on the treatment of sexually abused children: a review and recommandations. Journal of the American Academy of Child and Adolescent Psychiatry, Vol. 34, 1408–1423.

Finkelhor, D., Hotaling, G., Lewis, I. A. & Smith, C. (1990). Sexual abuse in a national survey of adult men and women: Prevalence, characteristics, and risk factors. Child Abuse & Neglect, Vol. 15, 19–28.

Finkelhor, D. & Jones, L. M. (2004). Explanations for the decline in child sexual abuse cases. U.S. Department of Justice. Office of Juvenile Justice and Delinquency Prevention. Verfügbar unter www.ojp.usdoj.gov/ojjdp (15. 05. 2010).

Finkelhor, D., Ormond, R. K. & Turner, H. A. (2009). Lifetime assessment of poly-victimization in a national sample of children and youth. Child Abuse & Neglect, Vol. 33, 403–411.

Finkelhor, D., Ormond, R. K., Turner, H. A. & Hamby, S. L. (2005). The victimization of children and youth: A comprehensive national survey. Child Maltreatment, Vol. 10, 5–25.

Fischer, G. & Riedesser, P. (2003). Lehrbuch der Psychotraumatologie. München: Ernst Reinhardt.

Forbes, F. & Duffy, J. C. (2003). Early intervention service for nonoffending parents of victims of child sexual abuse. The British Journal of Psychiatry, Vol. 183, 66–72.

Foynes, M. M., Freyd, J. J. & DePrince, A. P. (2009). Child abuse: Betrayal and disclosure. Child Abuse & Neglect, Vol. 33, 209–217.

Freund, U. & Riedel-Breitenstein, D. (2004). Sexuelle Übergriffe unter Kindern. Handbuch zur Prävention und Intervention. Köln: mebes & noack.

Friedrich, W. N., Luecke, W. J., Beilke, R. L. & Place, V. (1992). Psychotherapy outcome of sexually abused boys: An agency study. Journal of Interpersonal Violence, Vol. 7, 396–409.

Gahleitner, S. B. (2005). Neue Bindungen wagen. Beziehungsorientierte Therapie bei sexueller Traumatisierung. München: Ernst Reinhardt.

Gershenson, H. P., Musick, J. S., Ruch-Ross, H. S., Magee, V., Rubino, K. K. & Rosenberg, D. (1989). The prevalence of coercive sexual experience among teenage mothers. Journal of Interpersonal Violence, Vol. 4, 204–219.

Gerwert, U. (1996). Sexueller Missbrauch an Mädchen aus Sicht der Mütter. Frankfurt a. M.: Peter Lang.

Gerwert, U., Thurn, C. & Fegert, J. (1993). Wie erleben und bewältigen Mütter den sexuellen Missbrauch ihrer Töchter? Praxis der Kinderpsychologie und Kinderpsychiatrie, Vol. 42, 273–278.

Glöer, N. & Schmiedeskamp-Böhler, I. (1990). Verlorene Kindheit – Jungen als Opfer sexueller Gewalt. München: Weismann Verlag.

Goldman, J. D. G. & Padayachi, U. K. (2005). Child sexual abuse reporting behavior by school counsellors and their need for further education. Health Education Journal, Vol. 64, 302–322.

Gomes-Schwartz, B., Horowitz, J. M. & Cardarelli, A. P. (1990). Child sexual abuse: The initial effects. Newbury Park: Sage Publications.

Gonzalez, L. S., Waterman, J. & Kelley, R. J. (1993). Children's patterns of disclosure and recantations of sexual and ritualistic abuse allegations in psychotherapy. Child Abuse and Neglect, Vol. 17, 281–289.

Goodman-Brown, T. B., Edelstein, R. S., Goodman, G. S., Jones, D. P. H. & Gordon, D. S. (2003). Why children tell: A model of children's disclosure of sexual abuse. Child Abuse & Neglect, Vol. 27, 525–540.

Green, A. H. (1986). True and false allegations of sexual abuse in child custody disputes. Journal of the American Academy of Child Psychiatry, Vol. 25, 449–456.

Green, A. H., Coupe, P., Fernandez, R. & Stevens, B. (1995). Incest revisited: Delayed post-traumatic stress disorder in mother following the sexual abuse of their children. Child Abuse & Neglect, Vol. 19, 1275–1282.

Grocke, M., Smith, M. & Graham, P. (1995). Sexually abused and nonabused mothers discussions about sex and their children knowledge. Child Abuse & Neglect, Vol. 19, 985–996.

Günter, M., Bois R. du, Eichner E., Röcker, D., Boss, R., Klosinski, G. & Deberding, E. (1997). Der Vorwurf des sexuellen Missbrauchs im Sorgerechtsstreit. In G. Lehmkuhl & U. Lehmkuhl (Hrsg.), Scheidung – Trennung – Kindeswohl. Diagnostische, therapeutische und juristische Aspekte (S. 166–172). Weinheim: Deutscher Studien Verlag.

Hall, L. A., Sachs, B. & Rayens, M. K. (1998). Mother's potential for child abuse: The roles of childhood abuse and social resources. Nursing Research, Vol. 47, 87–94.

Halperin, D. S., Bouvier, P., Jaffe, P. D., Mounoud, R. L. Pawlak, C. H, Laederach, J., Wicky, H. R. & Astie, F. (1996). Prevalence of child sexual abuse among adolescents in Geneva: Results of a cross sectional survey. British Medical Journal, Vol. 312, 1326–1329.

Hébert, M., Parent, A., Daignault, I. V. & Tourigny, M. (2006). A typological analysis of behavioral profiles of sexually abused children. Child Maltreatment, Vol. 11, 203–216.

Heiliger, A. (2000). Täterstrategien und Prävention. München: Frauenoffensive.

Herbst, G., Jaeger, U., Leichsenring, F. & Streeck-Fischer, A. (2009). Folgen von Gewalterfahrungen. Praxis der Kinderpsychologie und Kinderpsychiatrie, Vol. 58, 610–634.

Heriot, J. (1996). Maternal protectiveness following the disclosure of intrafamilial child sexual abuse. Journal of Interpersonal Violence, Vol. 11, 181–194.

Herman, J. L. (1981). Father-daughter-incest. Cambridge, MA: Harvard University Press.

Herman, J. L. (1994). Die Narben der Gewalt. Traumatische Erfahrungen verstehen und überwinden. München: Kindler.

Herman-Giddens, M. E., Kotsch, J. B., Browne, D. C., Ruina, E., Winsor, J. R., Jung, J.-W. & Stewart, P. W. (1998). Childbearing patterns in a cohort of women sexually abused as children. Journal of Interpersonal Violence, Vol. 13, 504–513.

Herschelmann, M. (2009). Prävention sexueller Gewalt an Mädchen und Jungen in Grundschulen – Erfahrungen und Empfehlungen aus zehn Jahren praktischer Arbeit. FORUM Sexualaufklärung und Familienplanung der BZgA, Vol. 3, 31–37.

Hershkowitz, I., Horowitz, D. & Lamb, M. E. (2005). Trends in children's disclosure of abuse in Israel: A national study. Child Abuse & Neglect, Vol. 29, 1203–1214.

Hibbard, R. A. & Zollinger, T. W. (1990). Patterns of child sexual abuse knowledge among professionals. Child Abuse & Neglect, Vol. 14, 347–355.

Hiebert-Murphy, D. (1998). Emotional distress among mothers whose children have been sexually abused: The role of a history of child sexual abuse, social support and coping. Child Abuse & Neglect, Vol. 22, 423–435.

Hill, A. (2001). „No-one else could understand“: Women's experiences of a support group run by and for mothers of sexually abused children. British Journal of Social Work, Vol. 31, 385–397.

Hill, A. (2005). Patterns of non-offending parental involvement in therapy with sexually abused children. Journal of Social Work, Vol. 5, 339–358.

Hirsch, M. (1987). Realer Inzest. Berlin: Springer.

Homes, A. (2005). Von der Mutter missbraucht. Frauen und die sexuelle Lust am Kind. Lengerich: Pabst Science Publishers.

Hooper, C. A. & Humphreys, C. (1998). Women whose children have been sexually abused: Reflections on a debate. British Journal of Social Work, Vol. 28, 565–580.

Hovsepian, S. L., Blais, M., Manseau, H., Otis, J. & Girad, M.-E. (2010). Prior victimization and sexual contraceptive self-efficacy among adolescent females under child protective services care. Health, Education & Behavior, Vol. 37, 65–83.

Institut für Demoskopie Allensbach (2010). Monitor Familienleben 2010. Einstellungen und Lebensverhältnisse von Familien. Ergebnisse einer Repräsentativbefragung – Berichtsband. Verfügbar unter: www.bmfsfj.deRedaktionBMFSFJ/Abteilung2/Pdf-Anlagen/familienleben-monitor2010 (31.08.2010)

Isay, R. A. (1993). Schwul sein. Die psychologische Entwicklung des Homosexuellen. München: Piper.

Jensen, K. D. (2004). Ich werde es sagen. Geschichte einer missbrauchten Kindheit. Stuttgart: Klett-Cotta.

Jensen, T. K. (2005). The interpretation of signs of child sexual abuse. Culture & Psychology, Vol. 11, 469–498.

Jensen, T. K., Gulbrandsen, W., Mossige, S., Reichelt, S. & Tjersland, O. A. (2005). Reporting possible sexual abuse: A qualitative study on children's perspective and the context for disclosure. Child Abuse & Neglect, Vol. 29, 1395–1413.

Jinich, S. & Litrownik, A. J. (1999). Coping with sexual abuse: development and evaluation of a videotape intervention for nonoffending parents. Child Abuse & Neglect, Vol. 23, 175–190.

Jones, D. P. H. & McGraw, J. M. (1987). Reliable and fictitious accounts of sexual abuse to children. Journal of Interpersonal Violence, Vol. 2, 27–45.

Jones, D. P. H. & Seig, A. (1988). Child sexual abuse allegations in custody or visitations disputes. In E. B. Nicholson & J. Bulkley (Eds.), Sexual abuse allegations in custody and visitation cases (pp. 22–36). Washington, DC: American Bar Association, National Legal Ressource Center for Child Advocacy and Protection.

Jones, L. M., Atoro, K. E., Walsh, W. A., Cross, T. P., Shadoin, A. L. & Magnuson, S. (2010). Nonoffending caregiver and youth experiences with child sexual abuse investigations. Journal of Interpersonal Violence, Vol. 25, 291–314.

Jönsson, E. (1997). Intervention bei sexuellem Missbrauch. Frankfurt a. M.: Peter Lang.

Jonzon, E. & Lindblad, F. (2004). Disclosure, reactions and social support: Findings from a sample of adult victims of child sexual abuse. Child Maltreatment, Vol. 9, 190–200.

Justice, B. & Justice, R. (1979). The broken tabu. Sex in the family. New York: Human Sciences Press.

Kaplow, J. B., Dodge, K. A., Amaya-Jackson, L. & Saxe, L. (2005). Pathways to PTSD, Part II: Sexually abused children. American Journal of Psychiatry, Vol. 162, 1305–1310.

Karremann, M. (2010). Es geschieht am helllichten Tag: Die verborgene Welt der Pädophilen und wie wir die Kinder vor Missbrauch schützen können. Köln: Dumont.

Kavemann, B. & Lohstöter, I. (1984). Väter als Täter. Reinbek: rororo.

Kazis, C. (Hrsg.). (1988). Dem Schweigen ein Ende. Sexuelle Ausbeutung von Kindern in der Familie. Basel: Lenos.

Kelley, S. J. (1990a). Parental stress responses to sexual and ritualistic abuse in day-care centers. Nursing Research, Vol. 39, 25–29.

Kelley, S. J. (1990b). Responsibility and management strategies in child sexual abuse: A comparison of child protective workers, nurses, and police officers. Child Welfare, Vol. LXIX, 43–51.

Kendall-Tackett, K. A., Williams, L. M. & Finkelhor, D. (2005). Die Folgen von sexuellem Missbrauch bei Kindern: Review und Synthese neuerer empirischer Studien. In G. Amann & R. Wipplinger (Hrsg.), Sexueller Missbrauch: Überblick zu Forschung, Beratung und Therapie. Ein Handbuch (3., aktualisierte Auflage, S. 179–212).Tübingen: dgvt Verlag.

Kentler, H. (1994). Täterinnen und Täter beim sexuellen Missbrauch von Jungen. In K. Rutschky & R. Wolff (Hrsg.), Handbuch sexueller Missbrauch (S. 143–156). Hamburg: Klein.

Kim, K., Noll, J. G., Putnam, F. W. & Trickett, P. K. (2007). Psychological characteristics of non-offending mothers of sexually abused girls: Findings from a prospective, multigenerational study. Child Maltreatment, Vol. 12, 338–351.

Klees, K. (2008). Geschwisterinzest im Kindes- und Jugendalter. Eine empirische Studie im Kontext internationaler Forschungsergebnisse. Lengerich: Pabst Science Publishers.

Klopfer, U., Berger, C., Lennertz, I., Breuer, B., Deget, F., Wolke, A., Fegert, J. M., Lehmkuhl, G., Lehmkuhl, U., Lüderitz, A. & Walter, M. (1999). Institutioneller Umgang mit sexuellem Missbrauch: Erfahrungen, Bewertungen und Wünsche nicht-missbrauchender Eltern sexuell missbrauchter Kinder. Praxis der Kinderpsychologie und Kinderpsychiatrie, Vol. 48, 647–663.

Knappe, A. (1995). Was wissen Eltern über Prävention sexuellen Missbrauchs? In B. Marquardt-Mau (Hrsg.), Schulische Prävention gegen sexuelle Kindesmisshandlung. Grundlagen, Rahmenbedingungen, Bausteine und Modelle (S. 241–258). Weinheim: Juventa.

Koch, H. H. & Kruck, M. (2000). „Ich werd's trotzdem weitersagen!“ Prävention gegen sexuellen Missbrauch in der Schule (Klassen 1–10). Theorie, Praxisberichte, Literaturanalysen, Materialien. Münster: LIT.

Kohlhofer, B., Neu, R. & Sprenger, N. (2008). E. R. N. S. T. machen. Sexuelle Gewalt unter Jugendlichen verhindern. Ein pädagogisches Handbuch. Herausgegeben von Power-Child e. V. Köln: mebes & noack.

König, C. & Fegert, J. M. (2005). Psychotherapie bei misshandelten und missbrauchten Kindern und Jugendlichen. In U. T. Egle, S. O. Hoffmann & P. Joraschky (Hrsg.), Sexueller Missbrauch, Misshandlung, Vernachlässigung (S. 501–516). Stuttgart: Schattauer.

Kopiec, K., Finkelhor, D. & Wolak, J. (2004). Which juvenile crime victims get mental health treatment? Child Abuse & Neglect, Vol. 58. 45–59.

Kouyoumdjian, H., Perry, A. R. & Hansen, D. J. (2005). The role of adult expectations in the recovery of sexually abused children. Aggression and Violent Behavior, Vol. 10, 475–489.

Kovera, M. B., Borgida, E., Gresham, A. W., Swim, J. & Gray, E. (1993). Do child sexual abuse experts hold pro-child beliefs? Journal of Traumatic Stress, Vol. 6, 383–404.

Krück, U. (1989). Psychische Schädigung minderjähriger Opfer von gewaltlosen Sexualdelikten auf verschiedenen Altersstufen. Monatsschrift für Kriminologie und Strafrechtsreform, Vol. 72, 313–325.

Küssel, M., Nickenig, L. & Fegert, J. M. (1993). „Ich hab' auch nie etwas gesagt!“ – Eine retrospektiv-biographische Untersuchung zum sexuellen Missbrauch an Jungen. Praxis der Kinderpsychologie und Kinderpsychiatrie, Vol. 42, 278–284.

Kwella, S. & Mayer, A. (1996). Verschwiegene Verletzungen: Sexuelle Gewalterlebnisse von Mädchen und Frauen mit Behinderungen. In G. Hentschel (Hrsg.), Skandal und Alltag: Sexueller Missbrauch und Gegenstrategien (S. 164–172). Berlin: Orlanda Frauenverlag.

LaFortune, K. A. & Carpenter, B. N. (1998). Custody evaluations: A survey of mental health professionels. Behavioral Sciences & the Law, Vol. 16, 207–224.

Lalor, K. & McElvaney, R. (2010). Child sexual abuse, links to later sexual exploitation/high-risk sexual behavior, and prevention/treatment programs. Trauma, Violence & Abuse, Vol. 11, 159–177.

Lamb, S. & Edgar-Smith, S. (1994). Aspects of disclosure: Mediators of outcome of childhood sexual abuse. Journal of Interpersonal Violence, Vol. 9, 307–326.

Lawson, L. & Chaffin, M. (1992). False negatives in sexual abuse disclosure interviews: Incidence and influence of caretaker's belief in abuse in cases of accidental abuse discovery by diagnosis of STD. Journal of Interpersonal Violence, Vol. 7, 532–542.

Leclerc, B., Wortley, R. & Smallbone, S. (2010). An exploratory study of victim resistance in child sexual abuse: Offender modus operandi and victims characteristics. Sexual abuse: A Journal of Research and Treatment, Vol. 22, 25–41.

Leifer, M., Kilbane, T. & Kalick, S. (2004). Vulnerability or resilience to intergenerational sexual abuse: The role of maternal factors. Child Maltreatment, Vol. 9, 78–91.

Leifer, M., Kilbane, T. & Grossman, G. (2001). A three-generational study comparing the families of supportive and unsupportive mothers of sexually abused children. Child Maltreatment, Vol. 6, 353–364.

Leifer, M., Shapiro, J. P. & Kassem, L. (1993). The impact of maternal history and behavior upon foster placement and adjustment in sexually abused girls. Child Abuse & Neglect, Vol. 17, 755–766.

Lenzen, D. (1991). Vaterschaft. Vom Patriarchat zur Alimentation. Reinbek: rororo.

Lewin, L. & Bergin, C. (2001). Attachment behaviors, depression, and anxiety in nonoffending mothers of child sexual abuse victims. Child Maltreatment, Vol. 6, 365–375.

Lippert, T., Cross, T. P., Jones, L. & Walsh, W. (2009). Telling interviewers about sexual abuse: Predictors of child disclosure at forensic interviews. Child Maltreatment, Vol. 14, 100–113.

Loftus, E. & Ketcham, K. (1995). Die therapierte Erinnerung. Hamburg: Klein.

Longdon, C. (1995). Aus dem Blickwinkel einer Überlebenden und Therapeutin. In M. Elliott (Hrsg.), Frauen als Täterinnen. Sexueller Missbrauch an Mädchen und Jungen (S. 99–112). Ruhnmark: donna vita.

London, K., Bruck, M., Ceci, S. J. & Shuman, D. W. (2005). Disclosure of child sexual abuse. What does the research tell us about the ways that children tell? Psychology, Public, Policy, and Law, Vol. 11, 194–226.

Lovett, B. B. (1995). Child sexual abuse: The female victim's relationship with her nonoffending mother. Child Abuse & Neglect, Vol. 19, 729–738.

Maisch, H. (1968). Inzest. Reinbek: rororo.

Manion, I., Firestone, P., Cloutier, P., Ligezinska, M., McIntyre, J. & Ensom, R. (1998). Child extrafamilial sexual abuse: Predicting parent and child functioning. Child Abuse & Neglect, Vol. 22, 1285–1304.

Manion, I., Firestone, P., Ligezinska, M., Ensom, R. & Wells, G. (1996). Secondary tramatization in parents following the disclosure of extrafamilial child sexual abuse: Initial effects. Child Abuse & Neglect, 20, 111–125.

Massat, C. R. & Lundy, M. (1998). „Reporting costs" to nonoffending parents in cases of intrafamilial child sexual abuse. Child Welfare, Vol. 77, 371–388.

McCloskey, L. A. & Bailey, J. A. (2000). The intergenerational transmission of risk for child sexual abuse. Journal of Interpersonal Violence, Vol. 15, 1019–1035.

McGuffey, C. S. (2005). Engendering trauma. Race, class, and gender reaffirmation after child sexual abuse. Gender & Society, Vol. 19, 621–643.

McIntosh, J. A. & Prinz, R. J. (1993). The incidence of alleged sexual abuse in 603 family court cases. Law and Human Behaviour, Vol. 17, 95–101.

Mebes, M. (2002). Selbsthilfe. In D. Bange & W. Körner (Hrsg.), Handwörterbuch Sexueller Missbrauch (S. 523–529). Göttingen: Hogrefe.

Meiselman, K. (1978). Incest: A psychological study of causes and effects with treatment recommendation. San Francisco, CA: Jossey-Bass Publishers.

Men's Health (2010). Väter mit Kindern bis 3 Jahren. Befragung durchgeführt von forsa. Gesellschaft für Sozialforschung und statistische Analysen. Hamburg: Men's Health.

Menne, K. (2009). Der stumme Skandal der Erziehungsberatung. Das Jugendamt, Vol. 11, 531–539.

Merkle, T. & Wippermann, C. (2008). Eltern unter Druck. Selbstverständnisse, Befindlichkeiten und Bedürfnisse von Eltern in verschiedenen Lebenswelten. Herausgegeben von C. Henry-Huthmacher & M. Borchard. Stuttgart: Lucius & Lucius.

Merrick, M. T., Litrownik, A. J.,Everson, M. D. & Cox, C. E. (2008). Beyond sexual abuse: The impact of other maltreatment experiences on sexualized behavior. Child Maltreatment, Vol, 13, 122–132.

Metzner, F. & Pawils, S (2009). Bundesweiter Einsatz von Risikoinventaren zur Kindeswohlgefährdung. Hamburg: Universitätsklinikum Hamburg-Eppendorf.

Michaelsen, M. (2010). Flüsterkind – Dein Mann hat mich missbraucht. Ein Brief an meine Mutter. Schwarzkopf & Schwarzkopf: Nürnberg.

Miller, R. & Dwyer, J. (1997). Reclaiming the mother-daughter relationship after sexual abuse. Family Therapy, Vol. 18, 194–202.

Moggi, F. (2005). Sexuelle Kindesmisshandlung: Typische Folgen und Traumatheorien. In G. Amann & R. Wipplinger (Hrsg.), Sexueller Missbrauch: Überblick zu Forschung, Beratung und Therapie. Ein Handbuch (3., aktualisierte Auflage, S. 213–228). Tübingen: dgvt Verlag.

Morris, A. (2003). The mother of the victim as potential supporter and protector: Considerations and challenges. Paper presented at the Child Sexual Abuse: Justice Response or Alternative Resolution Conference convened by the Australian Institute of Criminology, held in Adelaide, Australia, 1–2 May 2003.

Morrison, N. C. & Clavenna-Valleroy, J. (1998). Percetions of maternal support as related to self-concept and self-report of depression in sexually abused female adolescents. Journal of Child Sexual Abuse, Vol. 7, 23–39.

Mosser, P. (2009). Wege aus dem Dunkelfeld. Aufdeckung und Hilfesuche bei sexuellem Missbrauch an Jungen. Wiesbaden: VS Verlag für Sozialwissenschaften.

Mulack, C. (1999). Etwas so Unvorstellbares. Sexueller Missbrauch und das Schweigen der Mütter. Stuttgart: Kreuz.

Mullen, P. E., Martin, J. L., Anderson, J. C., Romans, S. E. & Herbison, G. P. (1994). The effect of child sexual abuse on social, interpersonal and sexual function in adult life. British Journal of Psychiatry, Vol. 165, 35–47.

Nakhle Tamraz, D. N. (1996). Nonoffending mothers of sexually abused children: Comparisons of opinions and research. The Journal of Child Sexual Abuse, Vol. 5, 75–104.

New, M. J.-C., Stevenson, J. & Skuse, D. (1999).Characteristics of mothers of boys who sexually abused. Child Maltreatment, Vol. 4, 21–31.

Newberger, C. M., Gremy, I. M., Waternaux, C. M. & Newberger, E. H. (1993). Mothers of sexually abused children: Trauma and repair in longitudinal perspective. American Journal of Orthopsychiatry, Vol. 63, 92–102.

Nonhoff, K. & Orth, C. (2009). Prävention von sexuellem Missbrauch – Sexuelle Aufklärungsstrategie von Eltern, Schulen und Organisationen. Kindesmisshandlung und -vernachlässigung. Interdisziplinäre Fachzeitschrift der Deutschen Gesellschaft gegen Kindesmisshandlung und Vernachlässigung, Vol. 12, 23–36.

Oates, R. K., Tebbutt, J., Swanston, H., Lynch, D. L. & O'Toole, B. I. (1998). Prior childhood sexual abuse in mothers of sexually abused children. Child Abuse & Neglect, Vol. 22, 1113–1118.

Oelze, S. (1996). Mütter als Spiegelbild der Gesellschaft. In G. Hentschel (Hrsg.), Skandal und Alltag: Sexueller Missbrauch und Gegenstrategien (S. 279–289). Berlin: Orlanda Frauenverlag.

Offe, H., Offe, S. & Wetzels, P. (1992). Zum Umgang mit dem Verdacht des sexuellen Kindesmissbrauchs. Neue Praxis, Vol. 3, 240–256.

Okeke, C. (2010). Einwanderungsgesellschaft und sexualisierte Gewalt „Das ist bei denen so". Kindesmisshandlung und -vernachlässigung. Interdisziplinäre Fachzeitschrift für Intervention und Prävention, Vol. 13, 70–81.

Olafson, E., Corwin, D. L. & Summit, R. C. (1993). Modern history of child sexual awareness: Cycles of discovery and suppression. Child Abuse & Neglect, Vol. 17, 7–24.

Olivier, C. (1993). Jokastes Kinder. Die Psyche der Frau im Schatten der Mutter. München: dtv.

Paine, M. L. & Hansen, D. J. (2002). Factors influencing children to self-disclose sexual abuse. Clinical Psychology Review, Vol. 22, 271–295.

Peter, E. & Bogerts, B. (2010). Sexualstraftaten an Kindern – Wer sind die Täter? Eine Hellfeld-Analyse rechtskräftig abgeschlossenere Verfahren auf der Basis der Täter-Opfer-Beziehung. Neue Kriminalpolitik, Vol. 2, 45–51.

Peter, T. (2008). Speaking about the unspeakable: Exploring the impact of mother-daughter sexual abuse. Violence Against Women, Vol. 14, 1033–1053.

Peter, T. (2009). Exploring taboos: Comparing male- and female-perpetrated child sexual abuse. Journal of Interpersonal Violence, Vol. 24, 1111–1128.

Peuckert, R. (1999). Familienformen im sozialen Wandel. Opladen: Leske + Buderich.

Pierce, R. & Pierce, L. H. (1985). The sexually abused child: A comparison of male and female victims. Child Abuse & Neglect, Vol. 9, 191–199.

Pintello, D. & Zuravin, S. (2001). Intrafamilial child sexual abuse: Predictors of postdisclose maternal belief and protective action. Child Maltreatment, Vol. 6, 344–352.

Plummer, C. A. (2006). The discovery process: What mothers see and do in gaining awareness of the sexual abuse of their children. Child Abuse & Neglect, Vol. 30, 1227–1237.

Plummer, C. A. & Eastin, J. A. (2007a). System intervention problems in child sexual abuse investigations: The mother's perspectives. Journal of Interpersonal Violence, Vol. 22, 775–787.

Plummer, C. A. & Eastin, J. A. (2007b). The effect of child sexual abuse allegations/investigations of the mother/child relationsship. Violence Against Women, Vol. 13, 1053–1071.

Prentice, J. C., Lu, M. C. & Lange, L. (2002). The association between reported childhood sexual abuse and breastfeeding initiation. Journal of Human Lactation, Vol. 18, 219–226.

Priebe, G. & Svedin, C. G. (2008). Child sexual abuse is largely hidden from the adult society: An epidemiological study of adolescents' disclosures. Child Abuse & Neglect, Vol. 32, 1095–1108.

Raupp, U. & Eggers, C. (1993). Sexueller Missbrauch von Kindern. Eine regionale Studie über Prävalenz und Charakteristik. Monatsschrift Kinderheilkunde, Vol. 141, 316–322.

Reinhart, M. A. (1987). Sexually abused boys. Child Abuse & Neglect, Vol. 11, 229–235.

Renz, K., Liljequist, L., Steinberg, A., Bosco, G. & Phares, V. (2002). Prevention of child sexual abuse: Are we doing enough? Trauma, Violence & Abuse, Vol. 3, 68–84.

Rheingold, A. A., Campbell, C., Self-Brown, S., de Arellano, M. Resnick, H. & Kilpatrick, D. (2007). Prevention of child sexual abuse: Evaluation of a community media campaign. Child Maltreatment, Vol. 12, 353–363.

Richmond, J. M., Elliott, A. N., Pierce, T. W., Aspelmeier, J. E. & Alexander, A. A. (2009). Polyvictimization, childhood victimization, and psychological distress in college women. Child Maltreatment, Vol. 10, 127–147.

Richter-Appelt, H. (1995). Sexuelle Traumatisierungen und körperliche Misshandlungen in der Kindheit. Geschlechtsspezifische Aspekte. In S. Düring & M. Hauch (Hrsg.), Heterosexuelle Verhältnisse (S. 57–76). Stuttgart: Enke.

Richter-Appelt, H. (2002). Posttraumatische Belastungsstörung. In D. Bange & W. Körner (Hrsg.), Handwörterbuch Sexueller Missbrauch (S. 418–420). Göttingen: Hogrefe.

Rijnaarts, J. (1988). Lots Töchter. Über den Vater-Tochter-Inzest. Köln: DTV.

Rogers, P. & Davies, M. (2007). Perceptions of victims and perpetrators in a depicted child sexual abuse case: Gender and age factors. Journal of Interpersonal Violence, Vol. 22, 566–584.

Rösner, S. & Schade, B. (1993). Der Verdacht auf sexuellen Missbrauch von Kindern in familiengerichtlichen Verfahren. Zeitschrift für das gesamte Familienrecht, Vol. 40, 1133–1139.

Rossihol, J.-B. (2002). Sexuelle Gewalt gegen Jungen. Dunkelfelder. Marburg: Tectum.

Roth, G. (1997). Zwischen Täterschutz, Ohnmacht und Parteilichkeit. Zum institutionellen Umgang mit sexuellem Missbrauch: Bielefeld: Kleine Verlag.

Ruggiero, K. J., Smith, D. W., Hanson, R. F., Resnick, H. S., Saunders, B. E. & Kilpatrick, D. G. & Best, C. L. (2004). Is disclosure of childhood rape associated with mental health outcome? Results from the national women's study. Child Maltreatment, Vol. 9, 62–77.

Runyan, D. K., Hunter, W. M., Everson, M. D., De Vos, E., Cross, T., Peeler, N. & Whitcomb, D. (1992). Maternal support for child victims of sexual abuse. Newton: Educational Development Center.

Russell, D. E. H. (1986). The secret trauma. Incest in the lives of girls and women. New York: Basic Books.

Rust, G. (1986). Sexueller Missbrauch – ein Dunkelfeld in der Bundesrepublik Deutschland. Aufklärung, Beratung und Forschung tun not. In L. Backe, N. Leick, J. Merrick & H. Ostendorf (Hrsg.), Sexueller Missbrauch von Kindern in Familien (S. 7–20). Köln: Deutscher Ärzte-Verlag.

Salt, P., Myer, M., Coleman, L. & Sauzier, M. (1990). The myth of the mother as accomlice to child sexual abuse. In B. Gomes-Schwartz, J. M. Horowitz & A. P. Cardarelli (Eds.), Child sexual abuse: The initial effects (pp. 109–131). Newbury Park: Sage Publications.

Salter, A. (2006). Dunkle Triebe. Wie Sexualtraftäter denken und ihre Taten planen. Goldmann. München.

Salzgeber, J., Scholz, S., Wittenhagen, F. & Aymans, M. (1992). Die psychologische Begutachtung sexuellen Mißbrauchs in Familienrechtsverfahren. Zeitschrift für das gesamte Familienrecht, Vol. 39, 1249–1256.

Saunders, B. E., Berliner, L. & Hanson, R. F. (2003). Child Physical and Sexual Abuse: Guidelines for treatment (Final Report: 15 January 2003). Charleston: National Victims Research and Treatment Center. Verfügbar unter: www.musc.edu/cvc/(05. 05. 2010).

Sawyer, G. K., Tsao, E. H., Hansen, D. J. & Flood, M. F. (2006). Weekly problems scales: Instruments for sexually abused youth and their nonoffending parents in treatment. Child Maltreatment, Vol. 11, 34–48.

Schade, B., Erben, R. & Schade, A. (1995). Möglichkeiten und Grenzen diagnostischen Vorgehens bei Verdacht auf sexuellen Missbrauch eines Kindes. Kindheit und Entwicklung, Vol. 4, 1–10.

Schmid, M., Fegert, J. M. & Petermann, F. (2010). Traumaentwicklungsstörung: Pro und Contra. Kindheit und Entwicklung, Vol. 19, 47–63.

Schenk, H. (1998). Wieviel Mutter braucht der Mensch? Der Mythos von der guten Mutter: Reinbek: rororo.

Schneider, N. (2010). Das veränderte Selbstverständnis von Eltern heute und die veränderte Rolle des Kindes. In Henry-Huthmacher, C. & Hoffmann, E. (Hrsg.), Wenn Eltern nur das Beste wollen. Ergebnisse einer Expertenrunde der Konrad-Adenauer-Stiftung (S. 13–15). Konrad-Adenauer-Stiftung: Sankt Augustin.

Schulz, F. (2007). Häusliche Arbeitsteilung im Eheverlauf. Verfügbar unter www.familienhandbuch.de/cmain/f_Fachbeitrag/a_Familienforschung/s_2110.h (05. 05. 2010).

Schulz, F. & Blossfeld, P. (2006). Wie verändert sich die häusliche Arbeitsteilung im Eheverlauf. Eine Längsschnittstudie der ersten 14 Ehejahre. Kölner Zeitschrift für Soziologie und Sozialpsychologie, Vol. 58, 23–49.

Schuhrke, B. (2002). Sexuell auffälliges Verhalten von Kindern. In D. Bange & W. Körner (Hrsg.), Handwörterbuch Sexueller Missbrauch (S. 542–547). Göttingen: Hogrefe.

Shipman, K., Zeman, J., Fitzgerald, M. & Swisher, L. M. (2003). Regulating emotion in parent-child and peer relationships: A comparison of sexually maltreated and nonmaltreated girls. Child Maltreatment, Vol. 8, 163–172.

Silovsky, J. F. & Niec, L. (2002). Characteristice of young children with sexual behavior problems: A pilot study. Child Maltreatment, Vol. 7, 187–197.

Simon, V. A. & Feiring, C. (2008). Sexual anxiety and eroticism predict the development of sexual problems in youth with a history of sexual abuse. Child Maltreatment, Vol. 13, 167–181.

Sirles, E. A. & Franke, P. J. (1989). Factors influencing mother's reactions to intrafamilial sexual abuse. Child Abuse & Neglect, Vol. 13, 131–139.

Smith, D. W., Letourneau, E. J., Saunders, B. E., Kilpatrick, D. G., Resnick, H. S. & Best, C. L. (2000). Delay in disclosure of childhhod rape: Results from a national survey. Child Abuse & Neglect, Vol. 24, 273–287.

Smith, D. W. & Saunders, B. E. (1995). Personality characteristices of father/perpetrators and non-offending mothers in incest families: Individual and dyadic analyses. Child Abuse & Neglect, Vol. 19, 607–617.

Sorensen, T. & Snow, B. (1991). How children tell: The process of disclosure in child sexual abuse. Child Welfare, Vol. LXX, 3–15.

Statistisches Bundesamt (2007). Leben und arbeiten in Deutschland. Sonderheft 2: Vereinbarkeit von Familie und Beruf. Ergebnisse des Mikrozensus 2005. Wiesbaden: Autor.

Statistisches Bundesamt (2010a). Öffentliche Leistungen. Statistik zum Elterngeld. Gemeldete beendete Leistungsbezüge im Jahr 2009 (Meldung am 04. März 2010). Wiesbaden: Destatis.

Statistisches Bundesamt (2010b). Alles beim Alten: Mütter stellen Erwerbstätigkeit hinten an. (Meldung am 04. März 2010). Wiesbaden: Destatis.

Stauffer, L. B. & Deblinger, E. (1996). Cognitive behavioral groups for nonoffending mothers and their young sexually abused children: A preliminary outcome study. Child Maltreatment, Vol. 1, 65–76.

Steinhage, R. (1989). Sexueller Missbrauch an Mädchen. Ein Handbuch für Beratung und Therapie. Reinbek: rororo.

Tarren-Sweeney, M. (2008). Predictors of problematic sexual behaviors among children with complex maltreatment histories. Child Maltreatment, Vol. 13, 182–198.

Thompson, M. M., Zanna, M. P. & Griffin, D. W. (1995). Let's not be indifferent about (attitudinal) ambivalence. In R. E. Petty & J. A. Krosnick (Eds.), Attitude strength: Antecendents and consequences (pp. 361–386). Hillsdale, NJ: Lawrence Erlbaum.

Thonnes, N. & Tjaden, P. G. (1990). The extent, nature, and validity of sexual abuse allegations in custody/visitation disputes. Child Abuse & Neglect, Vol. 14, 151–163.

Timmons-Mitchell, J., Chandler-Holtz, D. & Semple, W. E. (1997). Post-traumatic stress disorder symptoms in child sexual abuse victims and their mothers. Journal of Child Sexual Abuse, Vol. 6, 1–14.

Tremblay, C., Hébert, M. & Piché, C. (1999). Coping strategies and social support as mediators of consequences in child sexual abuse. Child Abuse & Neglect, Vol. 23, 929–945.

Trocmé, N. & Bala, N. (2005). False allegations of abuse and neglect when parents separate. Child Abuse & Neglect, Vol. 29, 1333–1345.

Ullmann, S. E. & Filipas, H. H. (2005). Gender differences in social reactions to abuse disclosures, post-abuse coping, and PTSD of child sexual abuse survivors. Child Abuse & Neglect, Vol. 29, 767–782.

Van der Kolk, B. (2009). Entwicklungstrauma-Störung: Auf dem Weg zu einer sinnvollen Diagnostik für chronisch kranke Kinder. Praxis der Kinderpsychologie und Kinderpsychiatrie, Vol. 58, 610–634.

Van der Kolk, B., Hopper, J. & Crozier, J. (2001). Child abuse in America: Prevalence and consequences. Journal of Aggression, Maltreatment and Trauma, Vol.1, 1–20.

Voigt, C. (2009). Schluss mit Mutti. Sorgerecht-Urteil für ledige Väter (Nachricht auf Spiegel Online vom 04. 09. 2009).

Volz, R. & Zulehner, P. M. (2009). Männer in Bewegung: Zehn Jahre Männerentwicklung in Deutschland (BMFSFJ Forschungsreihe, Bd. 6). Baden-Baden: Nomos.

Wagner, W. G. (1991). Depression in mothers of sexually abused vs. mothers of nonabused children. Child Abuse & Neglect, Vol. 15, 99–104.

Wakefield, H. (2004). Sexual abuse allegations in custody disputes. Verfügbar unter http://www.ipt-forensics.com/library/jmcraig1.htm (04. 01. 2010).

Watkins, B. & Bentovin, A. (1992). The sexual abuse of male children and adolescents: An review of current research. Journal of Child Psychology and Psychiatry, Vol. 33, 197–248.

Weisbrodt, F. (2010). Kinderschutz zwischen Familiengericht und Jugendamt: Neujustierung des Spannungsfeldes. Konsequenzen des FamFG und der Landeskinderschutzgesetze. Das Jugendamt, Vol. 2, 53–59.

Wetzels, P. (1997). Gewalterfahrungen in der Kindheit. Baden-Baden: Nomos Verlagsgesellschaft.

Whiffen, V. E. & MacIntosh, H. B. (2005). Mediators of the link between childhood sexual abuse and emotional distress. Trauma, Violence & Abuse, Vol. 6, 24–39.

Widom, C. S. & Kuhns, J. G. (1996). Childhood victimization and subsequent risk for promiscuity, prostitution, and teenage pregnancy: A prospective study. American Journal of Public Health, Vol. 86, 1607–1612.

Wipplinger, G. & Amann, R. (2005). Sexueller Missbrauch: Begriffe und Definitionen. In G. Amann & R. Wipplinger (Hrsg.), Sexueller Missbrauch – Überblick zu Forschung, Beratung und Therapie. Ein Handbuch (3., aktualisierte Auflage, S. 17–43). Tübingen: dgvt Verlag.

Wirtz, U. (1989). Seelenmord – Inzest und Therapie. Zürich: Kreuz.

Wolff, R. (1994). Der Einbruch der Sexualmoral. In K. Rutschky & R. Wolff (Hrsg.), Handbuch sexueller Missbrauch (S. 77–94). Hamburg: Klein.

Wright, J., Friedrich, W. N., Cyr, M., Theriault, C., Perron, A., Lussier, I. & Sobourin, S. (1998). The evaluation of Franco-Quebec victims of child sexual abuse and their mothers: The implementation of a standard assessment protocol. Child Abuse & Neglect, Vol. 22, 9–23.

Wyre, R. & Swift, A. (1991). Und bist du nicht willig … Die Täter. Köln: Volksblatt.

Zemp, A. (1996). Sexuelle Gewalt gegen Mädchen und Frauen mit Behinderung. In G. Hentschel (Hrsg.), Skandal und Alltag: Sexueller Missbrauch und Gegenstrategien (S. 145–163). Berlin: Orlanda Frauenverlag.

Zerle, C. & Krok, I. (2008). Null Bock auf Familie? Der schwierige Weg junger Männer in die Vaterschaft (Kurzfassung, Deutsches Jugendinstitut e. V., München). Gütersloh: Bertelsmann Stiftung.

Zierler, S., Feingold, L., Laufer, D., Velentgas, P., Knatrowitz-Gordon, I. & Mayer, K. (1991). Adult survivors of childhood sexual abuse and subsequent risk of HIV infection. American Journal of Public Health, Vol. 81, 572–575.

Zuravin, S. J., McMillen, C., DePanfilis, D. & Risley-Curtiss, C. (1996). The intergenerational cycle of maltreatment: Continuity versus discontinuity. Journal of Interpersonal Violence, Vol. 11, 315–334.

Sachregister